DOMINANDO A DISRUPÇÃO DIGITAL

D411d Dennis, Pascal.
    Dominando a disrupção digital : como as empresas vencem com *design thinking, agile e lean startup* / Pascal Dennis, Laurent Simon ; tradução: Mariana Belloli Cunha ; revisão técnica: Christopher G. Thompson, Maria Fernanda Vieira. – Porto Alegre : Bookman, 2022.
    xvi, 218 p. : il. ; 25 cm.

    ISBN 978-85-8260-582-0

    1. Administração de empresas. 2. Negócios. I. Simon, Laurent. II. Título.

    CDU 005.591.6

Catalogação na publicação: Karin Lorien Menoncin – CRB 10/2147

Pascal Dennis | Laurent Simon

DOMINANDO A DISRUPÇÃO DIGITAL

como as empresas vencem com
DESIGN THINKING,
AGILE e
LEAN STARTUP

Tradução
Mariana Belloli Cunha

Revisão técnica
Christopher G. Thompson
Diretor do Lean Institute Brasil

Maria Fernanda Vieira
Especialista Lean do Lean Institute Brasil

bookman

Porto Alegre
2022

Obra originalmente publicada sob o título
Harnessing digital disruption: how companies win with design thinking, agile, and lean startup, 1st edition

ISBN 9781138323209

Copyright © 2021 by Routledge, an imprint of Taylor & Francis Group, an informa business.

All Rights Reserved. Authorized translation from the English language edition published by Routledge, a member of the Taylor & Francis Group, LLC.

Gerente editorial: *Letícia Bispo de Lima*

Colaboraram nesta edição:

Consultora editorial: *Arysinha Jacques Affonso*

Editora: *Simone de Fraga*

Leitura Final: *Amanda Jansson Breitsameter*

Capa: *Paola Manica | Brand&Book*

Editoração: *Clic Editoração Eletrônica Ltda.*

Reservados todos os direitos de publicação, em língua portuguesa, à
BOOKMAN EDITORA LTDA., uma empresa do GRUPO A EDUCAÇÃO S.A.
Rua Ernesto Alves, 150 – Bairro Floresta
90220-190 – Porto Alegre – RS
Fone: (51) 3027-7000

SAC 0800 703 3444 – www.grupoa.com.br

É proibida a duplicação ou reprodução deste volume, no todo ou em parte, sob quaisquer formas ou por quaisquer meios (eletrônico, mecânico, gravação, fotocópia, distribuição na Web e outros), sem permissão expressa da Editora.

IMPRESSO NO BRASIL
PRINTED IN BRAZIL

Os autores

Pascal Dennis é engenheiro, escritor e *coach* executivo.

É presidente da Lean Pathways e cofundador da Digital Pathways, empresa focada em explorar a tecnologia para promover a transformação digital.

Desde 2000, Pascal e sua equipe dão apoio a empresas internacionais líderes em diversos setores, incluindo automotivo, aeroespacial, de bens de consumo, de energia, da saúde e de serviços financeiros.

É autor de seis livros e venceu quatro vezes o Prêmio Shingo, que prestigia a excelência organizacional. Toca guitarra e piano e é um dedicado compositor e artista. Vive em Toronto, com a esposa Pamela.

www.linkedin.com/in/pascaldennishdd

www.amazon.com/author/pascaldennishdd

Laurent Simon é um dos líderes da Datacom Advisory, cofundador da Digital Pathways e reconhecido pensador em transformação ágil e inovação digital.

Desde 2003, dá apoio a instituições financeiras, empresas de TIC e agências governamentais na proteção ao *core business* da empresa por meio de experiências digitais melhores e no estímulo a novas fontes de crescimento com novas ofertas ou novos empreendimentos digitais.

Colaborador ativo do ecossistema de *startups* da Apac, Laurent mantém a FutureFinTech.io, plataforma de colaboração aberta hospedada pela Insead Business School.

Laurent ama tudo o que pode ser feito ao ar livre: trilha, mergulho, paraquedismo, esqui, *rafting*. Após morar seis anos em Singapura, ele hoje vive em Auckland, Nova Zelândia, com a esposa, Eiko-*san*.

https://www.linkedin.com/in/laurentsimonhdd

https://www.amazon.com/author/laurentsimon

Agradecimentos

De Pascal

Agradeço a todas as pessoas que ajudaram a tornar este livro realidade, às quais listo a seguir.

Steve Blank, Alex Osterwalder, Ash Maurya, Gene Kim e outros pioneiros, cujo trabalho nos inspirou. Todos os meus mentores ao longo dos anos, cuja bondade e generosidade jamais poderei retribuir. Todos os nossos revisores, que dedicaram tempo e atenção para tornar este livro melhor. O número cada vez maior de organizações no mundo inteiro que estão passando por profundas transformações digitais; tenho a sorte de trabalhar com algumas e espero que este livro torne a sua jornada um pouco mais fácil. Meu coautor e *sherpa* digital, Laurent Simon, com quem aprendi muito. Minha querida esposa, Pamela, e nossos filhos, Eleanor, Katie e Matthew.

De Laurent

Escrever este livro foi uma aventura e tanto: mais difícil do que imaginei, mas imensamente gratificante. Jamais esquecerei a montanha-russa de emoções que foi finalizar o livro em meio à crise da covid-19.

Gostaria de começar expressando minha sincera gratidão a meu coautor, mentor e amigo, Pascal Dennis. Sem seu talento e dedicação, Pascal, esta aventura não seria possível.

Também gostaria de agradecer à minha esposa, Eiko-*san*, por seu amor incondicional, muitos talentos e pela bela capa do livro também. Meu agradecimento especial a Daria Romanova, artista extraordinária, que ajudou a transformar os nossos rabiscos e desenhos em ilustrações incríveis.

De nós dois

A escrita deste livro não teria sido possível sem as organizações – grandes e pequenas – que nos permitiram testar, validar e refinar nossa abordagem de Inovadores Pragmáticos ao longo dos últimos cinco anos.

Agradecemos à comunidade Digital@INSEAD e à plataforma de colaboração aberta www.FutureFintech.io, que serviu como um esplêndido *laboratório de aprendizagem*. Que prazer foi unir as mais avançadas *start-ups*, grandes organizações, órgãos reguladores e investidores para testar novas maneiras de trabalhar e incubar inovações escaláveis.

Gostaríamos também de agradecer a *Messrs Ravi Menon*, diretor administrativo da Autoridade Monetária de Singapura (MAS), e a *Kok Yam Tan*, secretário adjunto do Singapore Smart Nation & Digital Government, pelo forte apoio à inovação digital na Ásia.

Por fim, queremos agradecer aos nossos engajados e perspicazes leitores: amamos vocês, pessoal!

Continuem entrando em contato e compartilhando as suas dúvidas, histórias de vida, lições aprendidas e (às vezes loucas) ideias.

Apresentação à edição brasileira

A transformação digital está ocorrendo em uma escala global e gera disrupção nos mais diversos setores e negócios. Há alguns anos, a evolução de tecnologias que aceleraram a conectividade entre negócios e pessoas levou também à jornada de transformação digital das organizações. Com a pandemia da covid-19, o assunto virou prioridade para muitas empresas. A necessidade de ficar em casa e de trabalhar remotamente rompeu uma série de paradigmas. O problema de alguns tornou-se um grande tesouro para outros.

O Brasil não ficou alheio a este movimento: muito foi feito, e todos nós estamos colhendo os benefícios. Alguns exemplos dessas novas realidades incluem aulas à distância, compras e entregas de mercadorias cada vez mais rápidas, redução do tempo médio das pessoas em trânsito, melhoria das plataformas de trabalho remoto, redução de burocracias em processos de assinaturas digitais. Muito foi repensado sobre o que realmente é valor, o que realmente é necessário em tempos de crise e o que é desperdício e pode ser eliminado ou reduzido das nossas atividades.

O setor financeiro é um dos que está reconhecidamente mais imerso nesta jornada, ora como protagonista, ora como vítima. A mudança se tornou necessária para a sobrevivência, levando alguns pioneiros a desenvolverem domínio em habilidades importantes. A disrupção digital funciona como uma grande onda, desestabilizando empresas por onde passa. Alguns setores ainda estão no começo e podem aproveitar para se preparar com aprendizados e conhecimentos já acessíveis.

Este livro traz um caso de jornada de transformação baseado em experiências reais de um banco em Singapura, um dos países mais proeminentes na chamada quarta revolução industrial, segundo o Fórum Econômico Mundial. Pascal Dennis, autor com vasta experiência *lean* graças ao seu trabalho na Toyota, em três países diferentes (Japão, Estados Unidos e Canadá), e Laurent Simon, que trabalhou muito tempo com métodos ágeis, mercado financeiro tradicional e ambiente de *fintech*, se juntaram nesta obra que serve de guia para uma jornada de transformação *lean* digital com maior potencial de sucesso.

Este livro descreve os primeiros 18 meses de uma caminhada com a filosofia *lean* e os métodos ágeis. Partindo do reconhecimento de uma grande crise no negócio e do interesse da alta liderança em dominar a situação, o livro explora os fluxos de valor com entendimento das jornadas dos clientes, captando, ao longo do caminho, os principais problemas (tesouros) na forma do trabalho realizado, no sistema de gestão e a dinâmica das pessoas envolvidas. Com isso, tendo clareza sobre os grandes problemas iniciais, ele, então, desenvolve uma lógica para a vitória, garantindo o alinhamento dos planos de transformação e os projetos de inovação digital com a estratégia do negócio. Depois, oferece um passo a passo para a criação de um ambiente propício, com o desenvolvimento de projetos-piloto para provar as hipóteses da transformação digital. Por fim, expõe os resultados, as reflexões, os aprendizados e as perspectivas de próximos passos. A jornada ganha vida e similaridade com nosso dia a dia, pois é enriquecida pelos sentimentos, em alguns momentos bastante intensos, dos personagens criados pelos autores.

Nós, do Lean Institute Brasil, temos como missão melhorar as organizações e a sociedade por meio da prática da gestão *lean* e entendemos a jornada de transformação *lean* digital como "fazer o melhor uso da tecnologia, entregar valor com agilidade e eliminar desperdícios de forma inovadora, colaborativa e sustentável, melhorando a experiência do cliente". Assim, gostaríamos de convidar você a compartilhar conosco a sua jornada de transformação *lean* digital para gerarmos, juntos, cada vez mais impacto positivo na sociedade, assim como o fez o Asia Pacific Bank deste livro.

Christopher G. Thompson
Diretor do Lean Institute Brasil
www.lean.org.br

Prefácio

> *Quem liderou a transformação digital da sua empresa?*
>
> *a) CEO*
> *b) CTO*
> *c) (Covid-19)*

Nosso mundo mudou, provavelmente para melhor. Até aqui, a mudança do ambiente físico para o *smartphone* vinha ocorrendo por questões como serviço, custo e conveniência; agora, trata-se de uma questão de saúde pública.

Em algumas áreas, essa mudança é uma tendência há bastante tempo; mas agora ela está se acelerando e tomando conta de diversos setores. Como se manter relevante neste novo mundo tão arriscado? Como sobreviver neste novo jogo de incertezas? E se a nossa empresa for totalmente física, que depende da interação presencial? É possível aprender a dominar os métodos, ferramentas e tecnologias digitais?

Felizmente, existe um caminho para a prosperidade. Nossa história se passa no empolgante universo dos bancos internacionais, mas as receitas, métodos e lições aqui descritas se aplicam igualmente a fábricas, serviços públicos, hospitais, seguradoras e agências governamentais.

Para explorar a disrupção digital é preciso aprender novas ferramentas, sistemas e modos de pensar, e fazer isso de modo *eficaz* requer uma abordagem geral sólida, baseada em princípios atemporais. Quanto mais as coisas mudam, mais permanecem iguais – mas, às vezes, elas parecem diferentes.

Mude suas opiniões, mantenha seus princípios. Troque suas folhas, mantenha suas raízes.[1]

Organograma do Asia Pacific Bank (principais personagens)

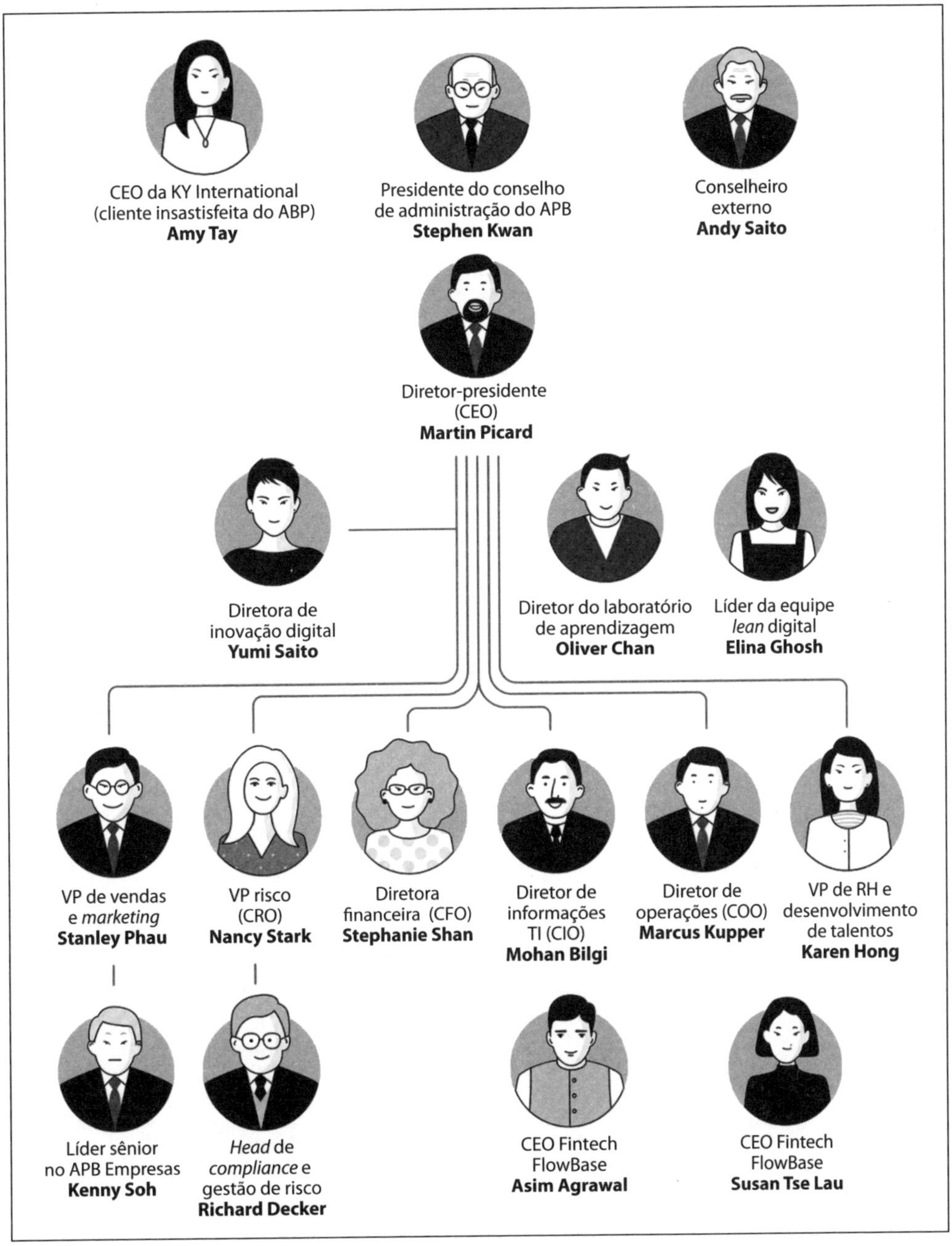

- **Amy Tay** — CEO da KY International (cliente insastisfeita do ABP)
- **Stephen Kwan** — Presidente do conselho de administração do APB
- **Andy Saito** — Conselheiro externo
- **Martin Picard** — Diretor-presidente (CEO)
- **Yumi Saito** — Diretora de inovação digital
- **Oliver Chan** — Diretor do laboratório de aprendizagem
- **Elina Ghosh** — Líder da equipe *lean* digital
- **Stanley Phau** — VP de vendas e *marketing*
- **Nancy Stark** — VP risco (CRO)
- **Stephanie Shan** — Diretora financeira (CFO)
- **Mohan Bilgi** — Diretor de informações TI (CIO)
- **Marcus Kupper** — Diretor de operações (COO)
- **Karen Hong** — VP de RH e desenvolvimento de talentos
- **Kenny Soh** — Líder sênior no APB Empresas
- **Richard Decker** — *Head* de *compliance* e gestão de risco
- **Asim Agrawal** — CEO Fintech FlowBase
- **Susan Tse Lau** — CEO Fintech FlowBase

Sumário

1 O elefante e os cães de corrida 1
O Asia Pacific Bank é lento, não confiável e caro…

2 Mapeamento das jornadas do cliente para entender a real situação 17
Aprendendo a pensar "de fora para dentro"

3 Compreensão dos nossos obstáculos 33
Problemas valem ouro

4 Encontrando o Norte verdadeiro com nossa bússola de estratégia digital 51
Qual é o nosso propósito e a nossa lógica para a vitória?

5 Promovendo a inovação em uma cultura avessa ao risco 71
Qual é a jornada e por onde começamos?

6 Aceitando novas maneiras de trabalhar.. 87
Hackers, hipsters e *hustlers* trabalhando juntos – montando a plataforma de inovação do Asia Pacific Bank

7 Lançamento dos nossos projetos de inovação de primeira onda 103
Melhoria do *core business*: unindo tecnologia e operações

8 Lançamento dos nossos projetos de inovação de segunda onda 127
Uma iniciativa piloto de um fluxo de ponta a ponta. Será que conseguimos criar produtos digitais inteiramente novos?

9 Avaliação de final de ano no Asia Pacific Bank 147
O império contra-ataca

10 Como acelerar a transformação digital? **159**
  Todo mundo quer ir para o céu, mas ninguém quer morrer

11 Novos empreendimentos digitais **183**
  O que conquistamos, o que aprendemos e o que está por vir?

Apêndice A – Locais de Singapura mencionados neste livro **201**
Apêndice B – Lista de figuras **207**
Índice **211**

Capítulo 1

O elefante e os cães de corrida

O Asia Pacific Bank é lento, não confiável e caro...

Não é necessário mudar. A sobrevivência não é obrigatória.
W. Edwards Deming (engenheiro americano)

Bar no jardim da cobertura, Mr. Stork – hotel Andaz Singapore[1]

Amy Tay está sentada de frente para Martin Picard. "Este é um dos meus lugares favoritos", diz ela, enquanto contempla a vista panorâmica do lugar. Eles pedem o almoço e conversam sobre amenidades.

"Por que perdemos vocês, Amy?", Martin pergunta. "Trabalhamos com sua família por meio século."

Amy respira fundo. "O Asia Pacific Bank (APB) é lento, não confiável e caro."

Martin olha em direção ao Distrito Comercial Central e ao icônico edifício Marina Bay Sands. Como sempre, o Estreito de Malaca está movimentado, com navios chegando dos mares Andaman e do Sul da China. Martin tem uma boa relação com Amy e o pai dela, Kwong Yip, que hoje está semiaposentado. Ele percebe que ela está sendo tão franca porque quer ajudar.

Martin se lembra de quando o negócio de *design* e venda de roupas da família Tay, a KYTay International, tinha apenas algumas lojas. Hoje ela é uma potência do leste asiático, um dínamo regional, com centenas de lojas e uma presença digital impressionante – um cliente dos sonhos para a divisão de banco corporativo do APB.

"Me dói ouvir isso, Amy. Você pode ser mais específica?"

"Como pessoa jurídica no segmento APB Empresas, muitas vezes era uma luta receber pagamentos e pagar nossos fornecedores e funcionários.

---

[1] https://www.hyatt.com/en-US/hotel/singapore/andaz-singapore/sinaz.

Sempre havia pagamentos feitos a mais, a menos e não feitos. Na parte da gestão de ativos, seus consultores eram lentos, desorganizados e caros. Às vezes parecia que eu é que estava ensinando a eles. Como pessoa física no segmento APB Varejo, alguns meses atrás vocês chegaram a perder o dinheiro destinado à universidade da minha filha. Ela estava aos prantos, preocupadíssima com a possibilidade de perder a vaga em Oxford. Foram necessários vários dias para resolver o problema, e vocês ainda queriam me cobrar por isso!"

Martin está no cargo de CEO (*chief executive officer*) há poucos meses. A rentabilidade está em queda, os custos, em alta, e ele conta com o crescimento do negócio para resolver seus problemas. E agora vem Amy Tay dizer que três das principais áreas de atuação e volumes de negócios dele – APB Empresas, Gestão de ativos e APB Varejo – são ruins. Será que embarquei em uma canoa furada?, ele pensa.

"Não me entenda mal", Amy continua, "você sabe que os relacionamentos são muito importantes para a nossa família, mas precisamos de outras alternativas agora, e seus serviços só estão piorando."

"Que tipo de alternativas?", pergunta Picard.

Amy levanta o *smartphone* dela. "Martin, os recursos digitais me ajudam a gerenciar *projetos*, fornecedores, controle de estoque, vendas e armazenagem, e esperamos que também ajudem a gerenciar nossa logística complexa e o financiamento do comércio. Sabe onde está o nosso gargalo hoje? No Asia Pacific Bank. Desculpe-me a franqueza, mas trabalhar com vocês é como voltar no tempo."

Picard escuta em silêncio, as palavras de Amy ecoando em sua mente: *lento, não confiável e caro...*

Por fim ele diz, "Amy, o que precisamos fazer para melhorar?"

"Vocês precisam acordar, Martin."

Martin ficou por mais um tempo depois que Amy Tay foi embora. Ele olhou ao longe de novo, em direção ao Porto de Singapura, um dos maiores e mais bem-sucedidos do mundo. Seria de se esperar que eles não mexeriam em time que está ganhando, mas a república estava apostando alto em tendências de longo prazo. O imenso projeto de expansão do porto TUAS para o oeste *triplicaria* o tamanho do porto; além disso, seria um porto "inteligente", com tecnologia digital, sensores, guindastes automatizados, veículos autônomos, drones de inspeção de equipamentos e rede elétrica inteligente. O time executivo estava comprometido em atingir um desembaraço portuário eficiente e sem percalços. "Queremos cortar o tempo de *turnaround* pela metade", foram as palavras do diretor de operações a ele, "ninguém quer esperar".

Mas os clientes do Asia Pacific Bank precisam esperar por tudo, pensou Martin. Eles esperam na abertura de contas, na liberação de pagamentos, na aprovação de empréstimos e também quando o APB precisa corrigir erros nas transações. Atrasos, erros e incomodação, isso é o que somos. Será que podemos aprender a empregar a tecnologia da mesma forma que o Porto de Singapura ou a empresa de Amy? Será que podemos nos tornar um banco *digital*? E será que a tecnologia é a solução para tudo? Um colega respeitado certa vez lhe dissera que transformação era, fundamentalmente, uma questão de *cultura*.

Martin era um homem de negócios, muito mais interessado em estratégia, orçamentos e tecnologia do que em "coisas intangíveis", como cultura. É claro que ele sabia da disrupção provocada pelas tais *fintechs*, mas acreditava que a ameaça era exagerada (**ver Figura 1.1**). Temos a *confiança* das pessoas, disse a si mesmo, e no setor bancário isso é o mais importante. Clientes PF e PJ e órgãos reguladores do mercado financeiro confiam em nós com dinheiro e informações. Também temos escala, recursos, uma licença bancária e uma força de *marketing* incomparável. Como as *fintechs* conseguiriam competir com isso? Por outro lado, parece que são as *fintechs*, e não os bancos, que mais estão contratando.

Fintech é a união de duas expressões: serviços financeiros e inovação tecnológica. *Fintech* representa uma onda de novos serviços, oferecidos tanto por *startups* quanto por empresas consolidadas nas principais áreas do setor de serviços financeiros:

Pagamentos
Transferência por carteira digital

Financiamento
Empréstimos P2P
Financiamento coletivo

Robô assessor
Investimento
Negociação (ETF)

Insurtech
Saúde
P&C (de bens e contra acidentes)
Economia compartilhada

Infraestrutura (*deeptech*)
Autenticação (biometria), escore de crédito, *data analytics*, inteligência artificial e aprendizado de máquina, regtech, segurança (cibernética), *blockchain*

FIGURA 1.1 O que é *fintech*?
Fonte: FutureFintech.io.

E eis que agora Amy Tay nos chama de dinossauros. Será que tenho sido um tolo? Se é isso que Amy pensa, quais são as nossas chances com os filhos dela e com a próxima geração de empreendedores?

O faturamento estava estagnado, os custos estavam subindo e a relação entre custos e receitas[2] só piorava, ou seja, os investidores também não estavam satisfeitos com o que viam. Martin sentia-se velho e cansado, mas coragem nunca lhe faltara. Talvez possamos transformar essa ameaça em oportunidade, ele pensou. Talvez o APB possa aprender com as *fintechs* e as empresas de tecnologia em geral e, assim, melhorar suas capacidades, operações e oferta atual. E foi nesse momento que ele decidiu ligar para Yumi Saito.

Tanto para clientes corporativos quanto para pessoas físicas, as melhores *fintechs* oferecem serviços e produtos *mais baratos, mais rápidos, mais convenientes* e *mais transparentes* do que os das instituições financeiras tradicionais. Elas têm forçado bancos, seguradoras e órgãos reguladores de serviços financeiros de todo o mundo a reverem sua abordagem e atividades.

"Olá, Yumi-*san*, aqui é o Martin. Quanto tempo... então, quero que você volte para o Asia Pacific Bank!"

Após uns instantes, Martin ouviu uma risada já familiar. "Martin Picard, sempre tão sutil! Fiquei sabendo que você foi promovido: CEO do Asia Pacific Bank. Parabéns!"

"Obrigado, Yumi. Mas falo sério, precisamos que você volte. Já não tenho mais certeza sobre esse lugar."

"Você não mudou nada, Martin-*san*. Como estão Monique e as crianças?"

"A família está ótima. Os meninos estão terminando o colégio e Monique voltou a trabalhar. Está tudo muito bem. Os negócios, no entanto... precisamos de ajuda, Yumi-*san*. Sinto que vem um furacão por aí, e acho que vai ser pior do que a Crise Financeira Global de 2008."

Martin contou a Yumi sobre a conversa que tivera com Amy Tay, o que significava para o APB perder um cliente como a KYTay International e tudo o que tinha aprendido desde que se tornara CEO. "Yumi, quero que você me ajude a transformar o nosso negócio. Quero conhecer e aplicar as mais novas e melhores tecnologias, aprender com as *fintechs* e as empresas de tecnologia em geral, e talvez até fazer parcerias com elas. Quero mudar nossa cultura. Pretendo criar um novo cargo sênior para você e dar todos os recursos de que precisar."

---

[2] A relação entre custos e receitas (*cost-to-income ratio*) é uma métrica financeira essencial na avaliação de bancos. Para obter a relação, dividem-se os custos operacionais (custos fixos e administrativos, como salários e despesas com imóveis, mas não dívidas incobráveis que já foram baixadas) pelo lucro operacional. Por meio da relação, os investidores conseguem ter uma visão clara da eficiência com que a empresa vem sendo gerida – quanto mais baixa a relação, mais lucrativo o banco.

Martin Picard passou seus três primeiros meses como CEO conversando com clientes, funcionários, fornecedores e parceiros das principais áreas de atuação e volumes de negócios, os *core businesses* do Asia Pacific Bank: *APB varejo, APB empresas e gestão de ativos*. Ele se reuniu com líderes do APB em todos os níveis e com funcionários de linha de frente; conversou com agentes reguladores, concorrentes e especialistas; leu livros, assistiu a vídeos e palestras.

Fintechs brotavam por toda Singapura e o sudeste asiático. Elas pareciam estar repletas de jovens criativos e cheios de energia fazendo coisas muito interessantes. As pessoas pareciam se identificar com o mantra dessas empresas: *"Pense grande, comece pequeno, cresça rápido"* e *"Crie produtos que seu cliente queira"*.

Martin tinha sentimentos conflitantes sobre isso. Por um lado, as *fintechs* eram concorrentes diretas, com tecnologia de ponta e poucas restrições regulatórias, e havia informações preocupantes sobre o possível impacto das *fintechs* no APB (**ver Figura 1.2**). Como disse Jamie Dimon, "Há centenas de *startups* com muita inteligência e dinheiro trabalhando em alternativas para o serviço

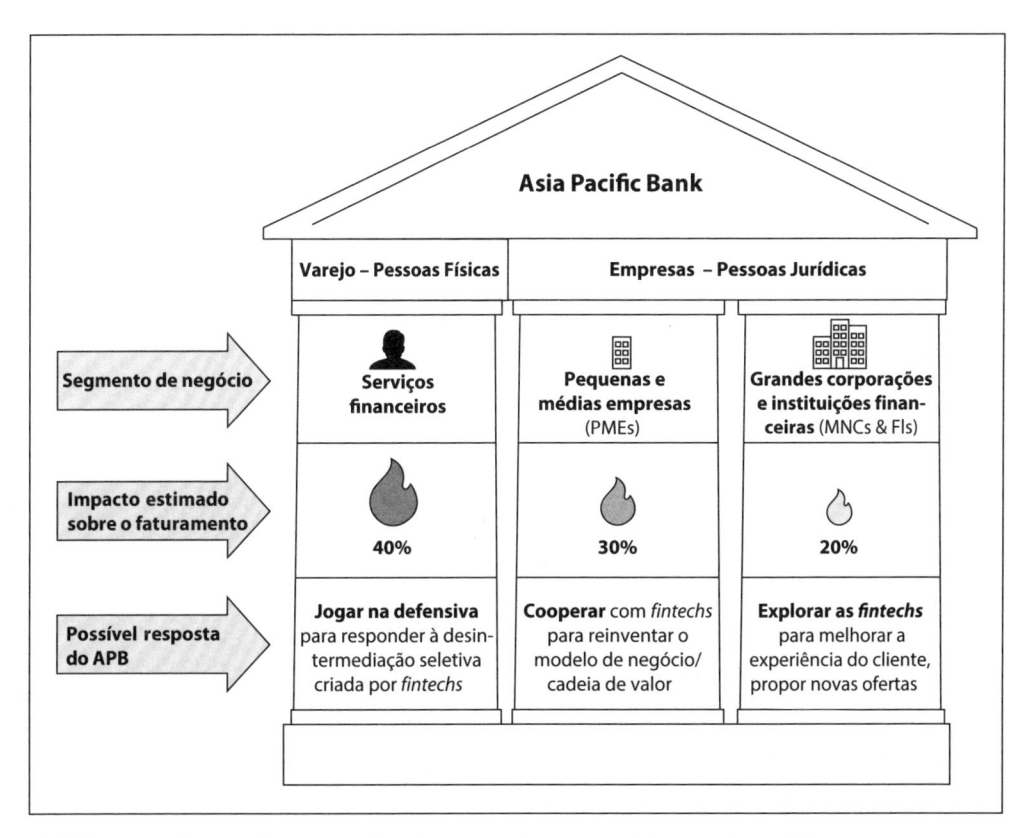

	Asia Pacific Bank		
	Varejo – Pessoas Físicas	Empresas – Pessoas Jurídicas	
Segmento de negócio	Serviços financeiros	Pequenas e médias empresas (PMEs)	Grandes corporações e instituições financeiras (MNCs & FIs)
Impacto estimado sobre o faturamento	40%	30%	20%
Possível resposta do APB	Jogar na defensiva para responder à desintermediação seletiva criada por *fintechs*	Cooperar com *fintechs* para reinventar o modelo de negócio/cadeia de valor	Explorar as *fintechs* para melhorar a experiência do cliente, propor novas ofertas

FIGURA 1.2 Possível impacto das *fintechs* sobre o negócio geral do APB.
Fonte: Singapore Fintech Festival.

bancário tradicional. Todas querem roubar a nossa merenda, e cada uma delas tentará fazer isso".[3] (**Ver Figura 1.3**)

Por outro, pensou Martin, talvez possamos *aprender* com as *fintechs* – não apenas sobre a tecnologia que usam, mas também sobre a maneira como trabalham. Talvez elas possam ajudar a reavaliar a nossa oferta, nossos canais e o modo como *nós* trabalhamos.

Para a decepção de Martin, poucas *fintechs* bem estabelecidas tiveram interesse em trabalhar com o APB. "É perda de tempo", disse o líder de uma *startup*, sem saber com quem falava. "Foi quase um ano de luta com compras,

Os preços do APB são 6× mais altos...
Envio de $ 10.000 de Singapura a Hong Kong, em dólar de Singapura (SGD)

	Tarifa	Margem no Câmbio	Total
TransferWise	50	0	50
Asia-Pacific Bank	83	225	308

... colocando em risco 84% do faturamento com transferências
Faturamento do APB com transferências internacionais de dinheiro ($m)

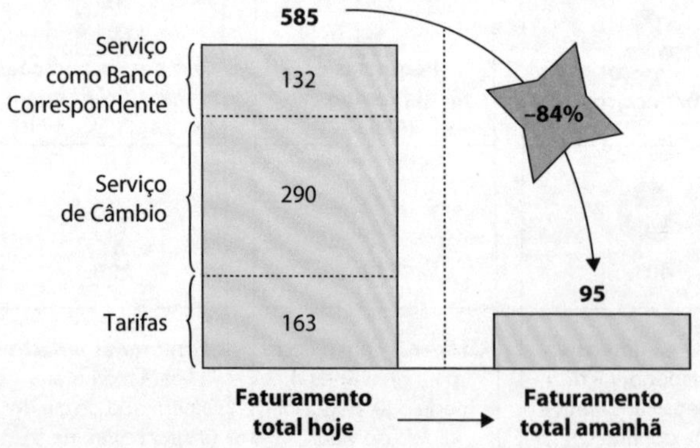

	Faturamento total hoje	Faturamento total amanhã
Serviço como Banco Correspondente	132	
Serviço de Câmbio	290	
Tarifas	163	
Total	**585**	**95**

−84%

FIGURA 1.3 Impacto das *fintechs* no negócio de pagamentos do APB.
Fonte: Digital Pathways (inspirada em situações reais).

---

[3] CEO do JP Morgan, em *Carta para os Acionistas JPMC de 2014*.

jurídico e todo o resto para fazer a integração. Depois dedicamos três meses para fazer um protótipo[4] e provamos que ele funcionaria, mas o APB não fez nada com ele. Foi como se estivéssemos presos no inferno dos protótipos. Nunca mais!"

O APB tinha montado um "laboratório de inovação" próprio, mas a maioria das pessoas o considerava um "exercício de marketing e RP". Alguns chegavam a usar o termo *teatro da inovação*.[5] Os funcionários do laboratório, embora obviamente talentosos e dedicados, pareciam desconectados do negócio principal do APB. Mesmo quando o laboratório desenvolvia um produto ótimo, com um modelo de negócios bom e escalável, enfrentava muita resistência da empresa mãe. Além disso, poucos conseguiam expressar o propósito geral e a contribuição esperada do laboratório para a agenda estratégica do banco, e menos ainda conseguiam dizer a Martin quantos projetos estavam em andamento ou dar exemplos de impactos tangíveis no negócio. Ele se deu conta de que eram somente aparências.

Os agentes reguladores com quem ele conversou na Autoridade Monetária de Singapura (MAS) também contaram uma história desanimadora: "O que está acontecendo com o APB, Martin? Vocês têm departamentos inteiros empenhados em garantir a conformidade às normas e, ainda assim, continuamos encontrando infrações importantes."

※

Martin era um garoto de Montreal que se mudou com a família para Singapura há quase duas décadas. Ele tinha saudade do time de *hockey* Montreal Canadiens, mas não do inverno canadense. Não se importava com o clima quente e úmido de Singapura ou com a chuva quase sempre presente. Amava a energia e a criatividade de Singapura, a comida maravilhosa e a mistura apimentada de culturas – chinesa, indiana, malaia, inglesa, francesa, japonesa... acima de tudo, valorizava a estabilidade e a prosperidade. Martin vivenciara um período de dificuldade econômica quando criança em Montreal, entre os anos 1970 e 1980, período em que empresas fecharam ou mudaram-se para Toronto e Calgary. Lembrava-se do clima de medo em casa: será que papai vai perder o emprego? Será que vamos perder nossa casa?

Martin construiu sua reputação no APB durante a Grande Crise Financeira (GCF) de 2008, quando parecia que o banco ia quebrar. A crise despertou nele ansiedades adormecidas, e ele trabalhou com afinco. Ajudou a estabilizar a divisão de serviços para empresas, desenvolveu a organização e os processos que

---

[4] Protótipo também pode ser chamado de "prova de conceito" (PoC, *proof of concept*).
[5] Expressão cunhada por Steven Blank para enfatizar os problemas associados com programas de inovação corporativos.

satisfaziam à nova e desafiadora estrutura regulatória e de *compliance*. O custo humano foi alto – muitas pessoas perderam o emprego. O APB colocou a casa em ordem e retomou a lucratividade mais rapidamente do que a maioria dos outros bancos, o que fez de Picard um herói e o colocou na trilha do sucesso. A onda de crescimento no sudeste asiático que veio na sequência da crise o levou aos cargos de diretoria.

A mão direita de Picard na época, uma jovem nipo-americana chamada Yumi Saito, liderara as equipes de melhoria de processo da GCF. Yumi era um grande talento, e o APB tinha grandes planos para ela, mas depois que o banco se reequilibrou, Yumi pediu demissão e se uniu a uma empresa de consultoria e *coaching* focada em transformação digital e *lean* para serviços financeiros.

Yumi sempre sonhou em mudar o mundo para melhor. Na época do APB, ela sentia que não tinha alcançado esse objetivo e que seu conhecimento e suas habilidades tinham contribuído para as demissões em massa. "Martin, não posso fazer isso", ela disse, "quero ajudar a cultivar algo."

"Você está sendo muito dura consigo mesma", Martin lhe falou. "Pelo menos salvamos alguns dos empregos", mas isso não foi suficiente para persuadir Yumi a ficar.

Yumi crescera em Nagoya, Japão, e no Kentucky, Estados Unidos, e estudara engenharia, tecnologia e administração. Adorava resolver problemas complexos, e grandes empresas de tecnologia a fascinavam. Herdou do pai, Andy Saito, um executivo sênior aposentado da Toyota, um entendimento sólido das operações e sistemas de gestão *lean*.[6] Ela também herdou a paixão por *jiu-jitsu* e *aikido*, que praticava na Associação Japonesa de Singapura. O conhecimento e a experiência ímpares de Yumi a tornaram valiosa para as instituições financeiras passando por transformações digitais. Ela foi uma das primeiras a combinar o *lean* com o *design thinking* – e foi assim que Martin a conheceu, durante um evento na SIBOS[7], em São Francisco, Estados Unidos.

Yumi Saito tinha uma perspectiva singular, e Andy era um mentor raro. Ele tinha um apartamento em Singapura e frequentemente trabalhava com Yumi e a equipe dela no que eles chamavam de projetos de inovação "*lean* digital". Ao longo do tempo, Andy e Yumi adaptaram o sistema de planejamento

---

[6] Consulte *Andy & Me and the Hospital – Further Adventures on the Lean Journey* (New York: Productivity Press 2016). *Andy & Me – Crisis and Transformation on the Lean Journey* 2nd Edition (New York: Productivity Press 2011). *The Remedy – Bringing Lean Out of the Factory to Transform the Entire Organization* (New York: John Wiley & Sons 2010).

[7] Conferência bancária e financeira anual, organizada pela Society for Worldwide Interbank Financial Telecommunication (SWIFT) em várias cidades do mundo.

e execução *lean* e o chamaram de *Honshin Kanri*,[8] a fim de ajudar instituições financeiras a implementarem e executarem corretamente sua estratégia digital por toda a hierarquia da empresa. Essa abordagem também ajudava imensamente a acompanhar visualmente o progresso geral, bem como os resultados de iniciativas individuais de inovação.

"Você tem toda a razão de estar preocupado, Martin", disse Yumi, "a disrupção das *fintechs* é real. Fico muito honrada com sua oferta, mas não estou interessada em outro trabalho de enxugar o tamanho das empresas. Quero ajudar a criar algo duradouro, algo que foque crescimento e gere prosperidade, e, para fazer isso, precisamos abalar as estruturas. Você está preparado?"

"Também quero tudo isso", respondeu Martin, "quero que o Asia Pacific Bank entre para a era digital. Como disse, quero aprender com as *fintechs* e as empresas de tecnologia como um todo e, se necessário, fazer parcerias com elas. Acredito que possa existir alguma sinergia entre a gente (**ver Figura 1.4**).

"Quero reinventar o que vendemos aos nossos clientes e a maneira como trabalhamos", Martin continuou. "Haverá demissões? Imagino que sim. Contudo, se nos prepararmos agora, acho que podemos *salvar* muitos empregos e, se conseguirmos nos reinventar, talvez possamos criar outros também."

Isso surpreendeu Yumi, que tinha decidido nunca mais trabalhar para um banco grande. Haveria algo diferente ali? Ela sabia que Martin era uma pessoa muito direta. "Você tem ideia dos obstáculos que tem pela frente, Martin-*san*?"

Martin respondeu, "Estou começando a entendê-los, mas gostaria de saber a sua opinião. Você trabalhou no nosso setor na última década. O que aprendeu?"

"Quão franca posso ser com você?"

"Pode ser totalmente franca, Yumi-*san*."

"Ok. Com todo o respeito, quando penso em grandes bancos, as palavras que me vêm à mente são *silos*, *rigidez* e *desconexão* com os clientes, tanto pessoas jurídicas quanto pessoas físicas. Acrescentaria também aversão ao risco e à mudança. Você está certo sobre os filhos de Amy Tay – para os *millennials*, o Asia Pacific Bank é cada vez mais irrelevante. Explico."

---

[8] Também conhecido como desdobramento da estratégia (*Hoshin Kanri* em japonês), um método comprovado para garantir que as metas e atividades estratégicas da empresa estejam alinhadas em todos os níveis. *Hoshin kanri* foca em alinhamento, implantação e execução, enquanto proporciona aos líderes e à diretoria uma visão confiável e consolidada do que acontece em toda a organização. Para mais informações, ver *Fazendo Acontecer a Coisa Certa* – Um guia de planejamento e execução para líderes (São Paulo, 2007, Lean Institute Brasil), de Pascal Dennis.

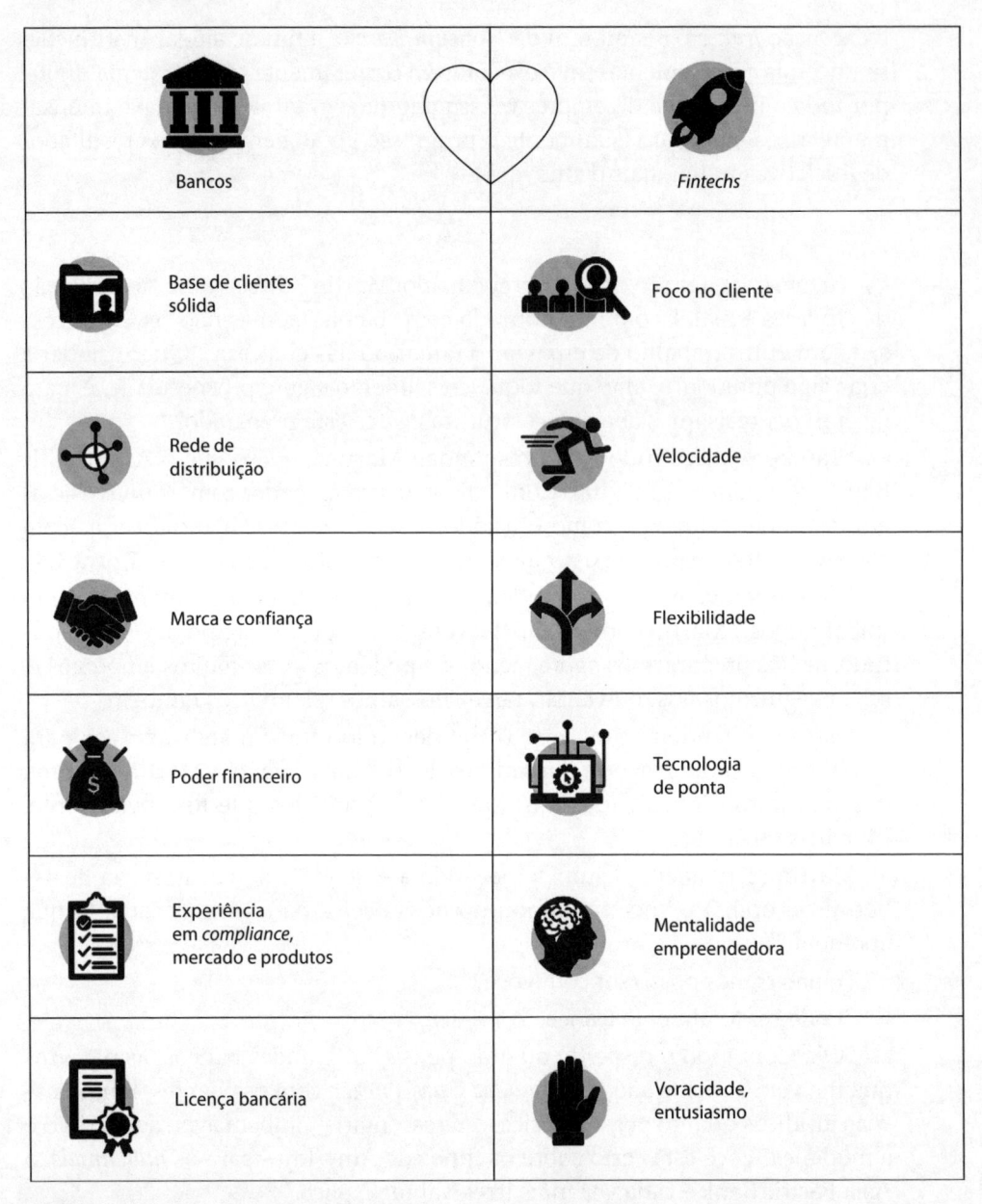

Bancos	Fintechs
Base de clientes sólida	Foco no cliente
Rede de distribuição	Velocidade
Marca e confiança	Flexibilidade
Poder financeiro	Tecnologia de ponta
Experiência em *compliance*, mercado e produtos	Mentalidade empreendedora
Licença bancária	Voracidade, entusiasmo

FIGURA 1.4 Colaboração com *fintechs* – por que faz sentido na teoria.
Fonte: Digital Pathways.

"Silos – os silos são tantos e tão profundos que poucos bancos conseguem enxergar, e muito menos entender, a experiência do cliente de ponta a ponta. Silos geram equipes, processos, sistemas de TI e modelos de dados fragmentados. As pessoas focam nas suas próprias funções e na excelência local, em vez de na necessidade do cliente. Vocês são viciados em hierarquia e em controle de cima para baixo. Equipe e gerência tendem a esconder os problemas de vocês. Tudo isso torna o APB lento e não muito inteligente.

"Vocês também estão desconectados dos funcionários, que não se sentem engajados nem interessados em melhorar o negócio. Na verdade, eles sabem que, se desafiarem o *status quo*, correm o risco de serem punidos. Tudo isso faz os grandes bancos serem avessos ao risco e à mudança."

Martin respirou profundamente. "Suas palavras são, basicamente, as mesmas que tenho ouvido de clientes."

"Para transformar o Asia Pacific Bank é preciso refazer não só a maneira como trabalhamos", Yumi continuou, "mas também a maneira como *pensamos*. Só comece se topar essa empreitada para o longo prazo e estiver preparado para assumir alguns riscos e aprender com os erros. Você quer trabalhar com *fintechs*? Pois bem, elas são o extremo oposto do APB. Hoje o APB se parece com um elefante disputando uma corrida com galgos*. As *fintechs* são ágeis, focadas, flexíveis e rápidas. São criativas, sem hierarquias e têm uma profunda empatia para com seus clientes. Para trabalhar com *fintechs*, você precisará abrir mão de certo controle." (**Ver Figura 1.5**)

"É muita informação para processar!", respondeu Martin, "gostaria de ter algum controle sobre a nossa transformação."

"Não dá para controlá-la, Martin. Ainda não conhecemos as perguntas, muito menos as respostas. Precisamos *descobri-las* fazendo experimentos, precisamos *aprender* quais serão as contramedidas. Para lidarmos de forma eficiente com o atual nível de incerteza, precisamos de diferentes *maneiras de trabalhar*. Alguns chamam isso de *agile*, outros de *design thinking* e outros ainda chamam de *lean startup*; na verdade, é tudo isso e muito mais. Nos últimos cinco anos, eu e minha equipe desenvolvemos um processo de inovação estruturado que integra tudo o que aprendemos.

"Chamamos esse processos de 'novas maneiras de trabalhar' (NMdT) e temos tido sucesso com bancos e seguradoras pequenos. Mas será que os nossos métodos funcionarão com um grande banco internacional, com todos os impedimentos que descrevi? Não sei."

"Estou pronto para tentar", disse Martin. "Não quero ser um CEO temporário gerenciando o lento declínio do APB. Quero criar algo novo."

Foi a vez de Yumi ficar em silêncio. "Antes que eu responda", finalmente ela disse, "preciso falar com minha família."

---

* N. de T. Raça de cães que possuem grande agilidade, criados originalmente para caça e posteriormente para corridas.

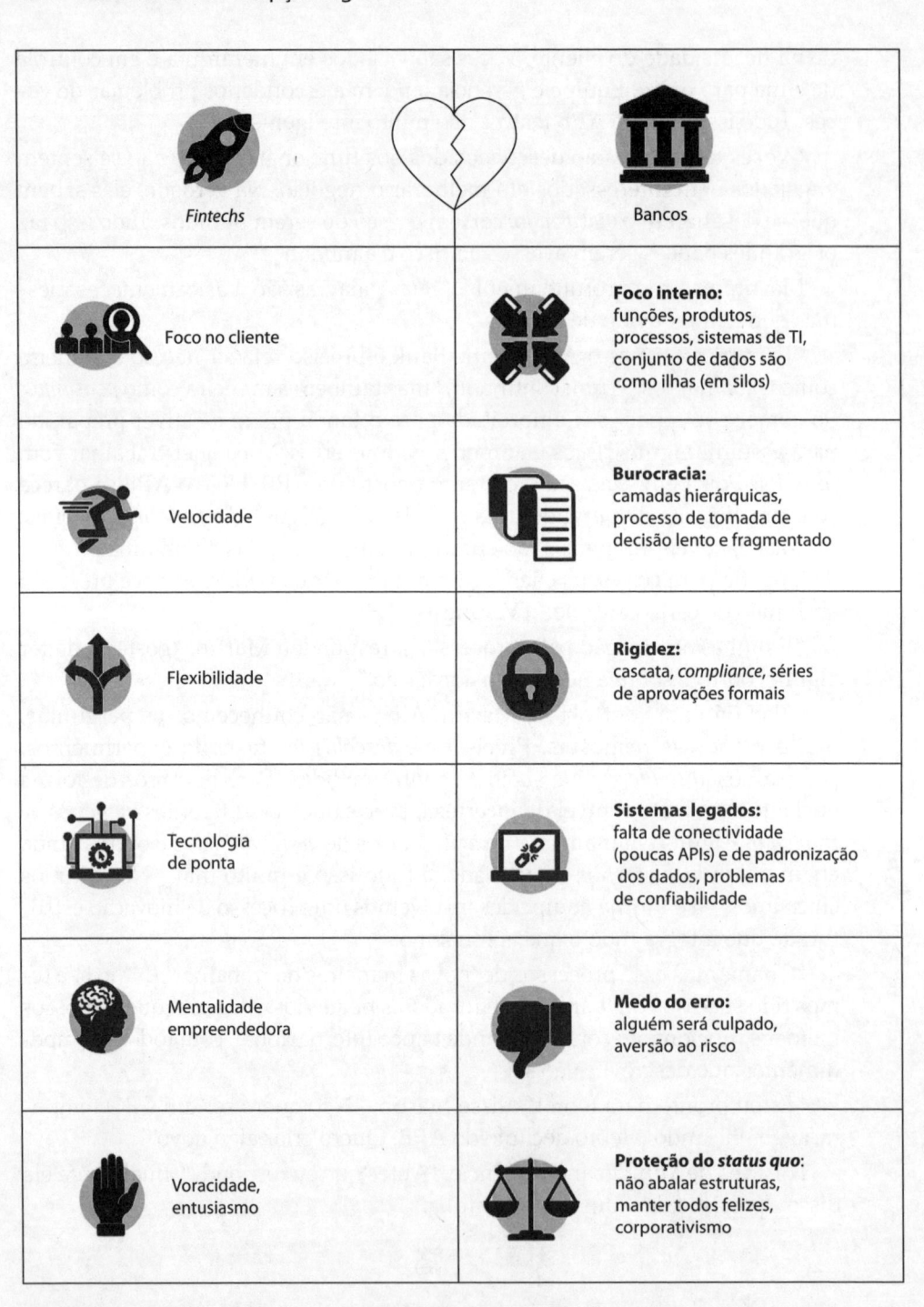

Fintechs	Bancos
Foco no cliente	**Foco interno:** funções, produtos, processos, sistemas de TI, conjunto de dados são como ilhas (em silos)
Velocidade	**Burocracia:** camadas hierárquicas, processo de tomada de decisão lento e fragmentado
Flexibilidade	**Rigidez:** cascata, *compliance*, séries de aprovações formais
Tecnologia de ponta	**Sistemas legados:** falta de conectividade (poucas APIs) e de padronização dos dados, problemas de confiabilidade
Mentalidade empreendedora	**Medo do erro:** alguém será culpado, aversão ao risco
Voracidade, entusiasmo	**Proteção do *status quo*:** não abalar estruturas, manter todos felizes, corporativismo

FIGURA 1.5 Colaboração com *fintechs* – por que é difícil na prática.
Fonte: Digital Pathways.

Yumi serviu chá verde na xícara do pai dela e depois na sua. "O novo CEO do Asia Pacific Bank me fez uma grande oferta, *Otou-San*."[9]

"Eles são boas pessoas?", Andy perguntou. "Você confia neles?"

"O CEO é um bom homem", Yumi respondeu. "Ele disse que quer reinventar o que o APB vende aos clientes e a maneira como o banco trabalha. Acredito que esteja sendo sincero, mas acho que ele não tem ideia de o quão atrasado o banco está ou o que essa jornada exige."

"E o que a jornada exige, Yumi-*chan*?"

"Uma nova maneira de trabalhar e pensar para as empesas de serviços financeiros. Isso tudo está baseado no que você me ensinou desde criança, traduzido para o mundo digital. Falo de agilidade e aprendizado em alta velocidade, definição e testagem rápida de hipóteses para, assim, chegar cada vez mais perto do valor ao cliente. É como naquele filme que o senhor gosta, *Onze homens e um segredo*. Equipes autônomas se unem de forma fluida: a equipe principal pequena adiciona *experts* conforme a necessidade; uma vez que o problema em questão foi resolvido, a equipe se dissolve de novo – até o próximo desafio. As grandes empresas industriais conseguem fazer isso, mas é um passo muito grande para os bancos.

"É um modelo excelente", disse Andy, "mas é muito difícil. Será preciso manter dois modelos de negócio diferentes em paralelo – uma cultura de 'zero defeito' no negócio principal e uma cultura de experimentação no negócio digital emergente. Para implementar novas maneiras de trabalhar e conduzir experimentos junto com o *core business* do banco, o comprometimento e o apoio forte e contínuo da diretoria e das lideranças seniores do APB serão indispensáveis."

"Concordo, *Otou-San*. Se não for assim será apenas maquiagem digital. Inovação possibilitada pela tecnologia tem tudo a ver com aprender fazendo. Fomos muito bem-sucedidos com nossos clientes, mas a maioria é de *startups* – bancos e seguradoras jovens, flexíveis, nativos digitais ou de pequeno porte. Eles conhecem bem nossos métodos e estão confortáveis com eles. Com o APB, o enunciado do problema é diferente: como ensinar um grande banco multinacional a ser rápido, flexível e centrado no cliente? A prática, a cultura e a mentalidade do APB são exatamente o oposto do que precisamos desenvolver."

"Faz tempo que você procura uma oportunidade para testar suas ideias em grande escala", disse Andy. "Este seria 'o teste'."

"O projeto sendo bem-sucedido ou não, provavelmente haverá muitas demissões."

---

[9] Papai em japonês.

"O setor bancário está mudando muito rápido, Yumi-*chan*. Se tudo der certo, acredito que você conseguirá salvar alguns empregos e criar novos."

"Há tantos impedimentos, *Otou-San*. Tenho medo de não dar certo."

Andy tomou um gole de chá. "Sei que está com medo, mas confio totalmente em você. No mínimo você aprenderá muito, e acredito que tenha todas as chances de sucesso."

Yumi ligou para Martin algumas semanas depois. "Certo, Martin, estou dentro, mas com algumas condições. Um contrato de três anos, extinguível por ambas as partes. Gostaria que você criasse um novo cargo para mim – diretora de inovação digital, no mesmo nível da direção de operações (COO, *chief operations officer*) e da direção de TI (CIO, *chief information officer*). Respondo diretamente a você e poderei escolher minha equipe. Precisamos estar preparados para enfrentar grande resistência e pelo menos certo nível de 'rejeição de corpo estranho'. Se você não levar isso a sério ou se esquivar de tomar decisões difíceis, caio fora e você terá que me pagar uma boa indenização."

"É justo", disse Martin.

"Para transformar esta empresa, precisamos (a) nos reconectar com clientes; (b) construir capacidade e habilidade de inovação digital; e, mais importante, (c) mudar a maneira como pensamos. Mais adiante, provavelmente precisaremos de um plano amplo de recapacitação da força de trabalho. Precisamos andar rápido; eu mesma vou montar e liderar a primeira equipe *lean* digital do APB – uma equipe de elite multidisciplinar composta por 10 pessoas, para começar. Com o tempo, provavelmente vamos incluir algumas posições para 'multiplicadores', nos quais as pessoas ficam por um período e adquirem conhecimento antes de voltarem para seus departamentos originais."

"Feito", respondeu Martin.

"Queremos demonstrar como uma equipe composta por três personas muito diferentes – pessoas do negócio, engenheiros de *software* e *designers*[10] – consegue gerar inovação disruptiva. Queremos mostrar o que pode acontecer quando conectamos e alinhamos silos. Precisaremos combinar resultados e *timing* de negócios específicos, é claro, e como vamos levar novos produtos, serviços e modelos de negócio para o negócio principal do APB.

Yumi continuou, "Precisamos aprender *fazendo*, ou seja, precisamos desenvolver novos processos, produtos e, por fim, novos *negócios*. Será essencial termos uma boa governança. Precisaremos montar um *conselho de inovação* para garantir que as iniciativas geradas por novas tecnologias contribuam para a nossa agenda estratégica e tenham recursos para crescer. Esse conselho é,

---

[10] O Capítulo 5 aborda os chamados *hustlers*, *hackers* e *hipsters*.

basicamente, um comitê de gestão de nível sênior que se reúne regularmente para planejar, verificar e ajustar as atividades de transformação. O conselho de inovação administrará o portfólio de inovação e fará um *metered funding*, um investimento modular e progressivo para inovações promissoras – como uma empresa de capital de risco interna."

"Os membros serão líderes seniores comprometidos em mudar a cultura e os processos do APB para que os resultados de negócios necessários sejam obtidos. Você será o presidente, e eu serei a vice-presidente. Você precisa liderar esse conselho – e ser visto liderando-o. Para superarmos todos os impedimentos, precisaremos de um patrocínio forte e visível."

"De acordo", disse Martin.

"Outra coisa: meu pai, Andy, é meu mentor e vou contar com os conselhos dele. Ele é um executivo sênior aposentado e tem um apartamento em Singapura. Não será necessário pagá-lo, mas talvez você o veja circulando por aí de vez em quando."

"Conselhos gratuitos de um executivo de alto nível – parece um ótimo negócio para o Asia Pacific Bank", disse Martin. "Vou verificar com a diretoria, mas acredito que isso não será problema."

"Com relação ao estilo", continuou Yumi, "Não vou pegar leve. Serei respeitosa, mas não temos tempo a perder."

"Pode mandar ver, Yumi-*san*", Martin respondeu.

"Uma última coisa. A abordagem e os métodos que ensinarei a vocês têm uma base sólida e uma longa história de sucesso, mas é como montanhismo: serei a guia até o topo da montanha, mas você e a liderança sênior têm que estar inteiramente comprometidos com a jornada. Vocês precisarão caminhar e carregar as suas próprias mochilas; se não o fizerem, as coisas não darão certo, e a culpa será de vocês."

CAPÍTULO 1 – QUESTÕES PARA ESTUDO

1. Martin sugere que os grandes bancos estão diante de uma disrupção digital relacionada ao surgimento das *fintechs* e à mudança nas preferências dos clientes.
   a. Algum outro setor enfrenta ameaça semelhante?
   b. Que ameaças você vê no horizonte de sua organização? O que está em jogo?
   c. Uma possível disrupção é amplamente reconhecida em sua organização? Como a sua organização está se preparando para ela?
   d. Você teria alguma observação, história ou reflexão para contar?

2. Espera-se que a pandemia de covid-19 acelere a tendência de haver cada vez menos interações presenciais e mais interações remotas (por exemplo, via *smartphone*).
   a. Quais são as implicações disso para a sua organização?
   b. Como a sua organização está se preparando?

3. Yumi sugere que a maioria dos grandes bancos é rígida, dividida em silos, desconectada dos clientes e avessa a riscos e mudanças.
   a. Essas características são exclusivas das instituições financeiras? Explique a sua resposta.
   b. Você teria alguma história, observação, experiência ou reflexão pessoal para contar?
   c. Que ofertas de produto ou serviço seus clientes veem como velha ou desatualizada?

4. Yumi sugere que os itens a seguir são prioridades estratégicas para o APB: (a) reconectar com clientes; (b) construir capacidade e habilidade de inovação digital; (c) mudar a maneira de pensar.
   a. Quais são as prioridades estratégicas da sua organização? Como ela está abordando essas prioridades?
   b. Quais são as armadilhas mais comuns em grandes transformações corporativas?
   c. Você teria alguma observação, história ou reflexão para contar?

5. Yumi menciona que irá montar e liderar uma equipe de elite multidisciplinar composta por perfis diferentes (pessoas do negócio, engenheiros de *software* e *designers*).
   a. Por que esses três perfis são importantes para a equipe? É necessário alguma outra persona, específica do seu setor de atuação?
   b. Quais são as vantagens que equipes multidisciplinares podem oferecer? O que pode atrapalhar essas equipes?
   c. Você teria alguma observação, história ou reflexão para contar?

CAPÍTULO **2**

Mapeamento das jornadas do cliente para entender a real situação

Aprendendo a pensar "de fora para dentro"

A inovação começa com a observação minuciosa do seu cliente.
Jeremy Gutsche (empresário canadense)

Sala de Martin Picard, Asia Pacific Bank, 37º andar

Madeira teca, couro, biombos antigos. Yumi caminha até uma caixa de vidro com uma peça de cerâmica azul e branca dentro. "Vasos Ming", diz Martin, "parte da nossa coleção. O restante está no Museu das Civilizações Asiáticas."

"Um velho jogador de *hockey* no gelo cercado de antiguidades de valor inestimável. O que poderia dar errado?"

"Bem-vinda de volta ao APB, Yumi-*san*", Martin fala, sorrindo. "Para as nossas sessões de mentoria, gostaria de trabalhar assim: como um velho jogador de *hockey*, gosto das coisas simples; se eu não entender algo, direi que não entendi e farei perguntas até entender. Pode ser?"

Yumi acena que sim com a cabeça. "Também farei perguntas. Meu pai chama isso de 'investigação respeitosa', e ela reflete uma nova maneira de trabalhar que o APB precisa aprender."

Martin faz um sinal afirmativo.

"Nosso primeiro tópico é 'estratégia'", diz Yumi, enquanto caminha até o quadro branco. *"Onde estamos agora? Aonde precisamos chegar? O que nos impede?* Essas são as grandes perguntas. Vamos focar na primeira: onde estamos agora, Martin?"

> *"Lento, não confiável e caro* – uma citação direta de cliente. Outra: *Trabalhar com vocês é como voltar no tempo..."*
>
> "Que resumo intenso", diz Yumi. "Vamos explorá-lo mais. Quais são os pontos de dor específicos de cada jornada do cliente? E como nossos processos, tecnologia e mentalidade contribuem para cada um?"
>
> "As jornadas do cliente são como a voz do cliente, certo?" Martin indaga.
>
> "Uma voz do cliente turbinada. O nome que meu pai dá a isso é 'entendendo a nossa bagunça'. Essa não é uma visão negativa, a vida é uma bagunça. Começamos mapeando nossas jornadas do cliente mais importantes e então conectamos cada ponto de dor a *gaps* internos; depois reportamos toda a bagunça à Diretoria. Isso deve criar um senso de urgência, não?"
>
> "Que tal começarmos com a KYTay International?"
>
> "Você leu a minha mente", responde Yumi.
>
> Martin coça a cabeça. "Devo me preparar?"
>
> "Acho que sim."

Asia Pacific Bank, 33º andar, farol da transformação

Yumi começou a todo vapor. Junto com a diretora de recursos humanos, começou a montar a equipe *lean digital* do APB, procurando, primeiro internamente, por pessoas que entendessem os clientes, as tecnologias e as operações do banco, e que também estivessem abertas à inovação e não tivessem medo de errar. Ao longo do tempo, ela desenvolveu atividades como *hackathons* e palestras no estilo TED Talks para identificar os executivos que aceitavam a inovação e a mudança. Mais tarde ela procuraria por talentos de fora, explorando o próspero ecossistema das *fintechs* de Singapura.

A primeira recruta de Yumi foi Elina Ghosh, uma jovem engenheira de *software* natural de Gurgaon, que estudara no vibrante núcleo tecnológico de Bengaluru, na Índia. Ela tinha implementado com sucesso as metodologias *lean e agile* em partes do labiríntico sistema de tecnologia da informação (TI) do APB. Elina não perdeu tempo e montou o "farol"[1], um espaço de convívio amplo e

---

[1] Inspirado no conceito japonês de *obeya* (grande sala), o farol é uma sala de fácil acesso cujo objetivo é dissolver silos e fomentar a comunicação e o alinhamento. Gestão visual e reuniões em pé (*stand-up meetings*) interdisciplinares ajudam as equipes a monitorar o progresso, entender os bloqueios e os problemas e planejar contramedidas. *Obeya* é comparada ao passadiço de um navio, a um centro de comando e até mesmo a um "cérebro compartilhado da equipe".

aberto que serviria como um *hub* para a transformação digital do APB e uma residência para a equipe *lean digital*.

Yumi convidou Martin para uma *tour* de introdução. "A inovação inicia com o modo como trabalhamos", ela começou. "Este é o nosso farol da transformação; o objetivo deste espaço é informar, engajar e alinhar pessoas (**Ver Figura 2.1**). Pense nele como nossa torre de comando, *cockpit* ou centro de comando. Ele conta a nossa história: *O que estamos tentando fazer? Estamos perdendo ou ganhando? Quais são os pontos de tensão? O que estamos fazendo a respeito deles?*"

"Espera aí", interrompeu Martin, "o que estamos fazendo não é ultrassecreto? Como vamos deixar o farol aberto desse jeito?"

"Para a coisa acontecer precisamos envolver todo mundo", respondeu Yumi, "e, para isso, temos que ser transparentes. Teremos cautela, claro, mas não faz muito sentido manter a estratégia em sigilo na nossa situação."

Martin coçou a cabeça. "Ok".

"Contaremos nossa história em três murais:

- **Mural 1 –** *Propósito* **(Norte verdadeiro)**
    - O que estamos tentando alcançar e como faremos isso agora?
    - Metas, métricas e alvos
    - Resultados esperados (melhorias em faturamento e custos)
- **Mural 2 –** *Iniciativas*
    - Plano (macro) anual – lógica para a vitória, principais iniciativas
    - *Sprint* semanal
- **Mural 3 – Obstáculos e resolução de problemas na causa-raiz (RPCR)**
    - Causas e consequências do obstáculo
    - Contramedidas propostas, resultados esperados e responsabilidades
    - *Status* e impacto das contramedidas

"A transformação digital exige uma colaboração *radical*, e isso vai contra a cultura bancária. Como derrubar silos? Alocando pessoas de negócios, vendas, TI, jurídico, risco e também do ecossistema *fintech* de Singapura e transformando-as em um equipe *interdisciplinar* e *autodirigida*; ensinando gestão visual, realizando reuniões diárias em pé e praticando RPCR. Com o tempo e a prática, os membros da equipe vão internalizar essas novas maneiras de trabalhar. Nosso farol expressa o modo com que queremos trabalhar daqui para frente; ele é nosso 'cérebro compartilhado', se você preferir, e a chave para velocidade, alinhamento e responsabilidade."

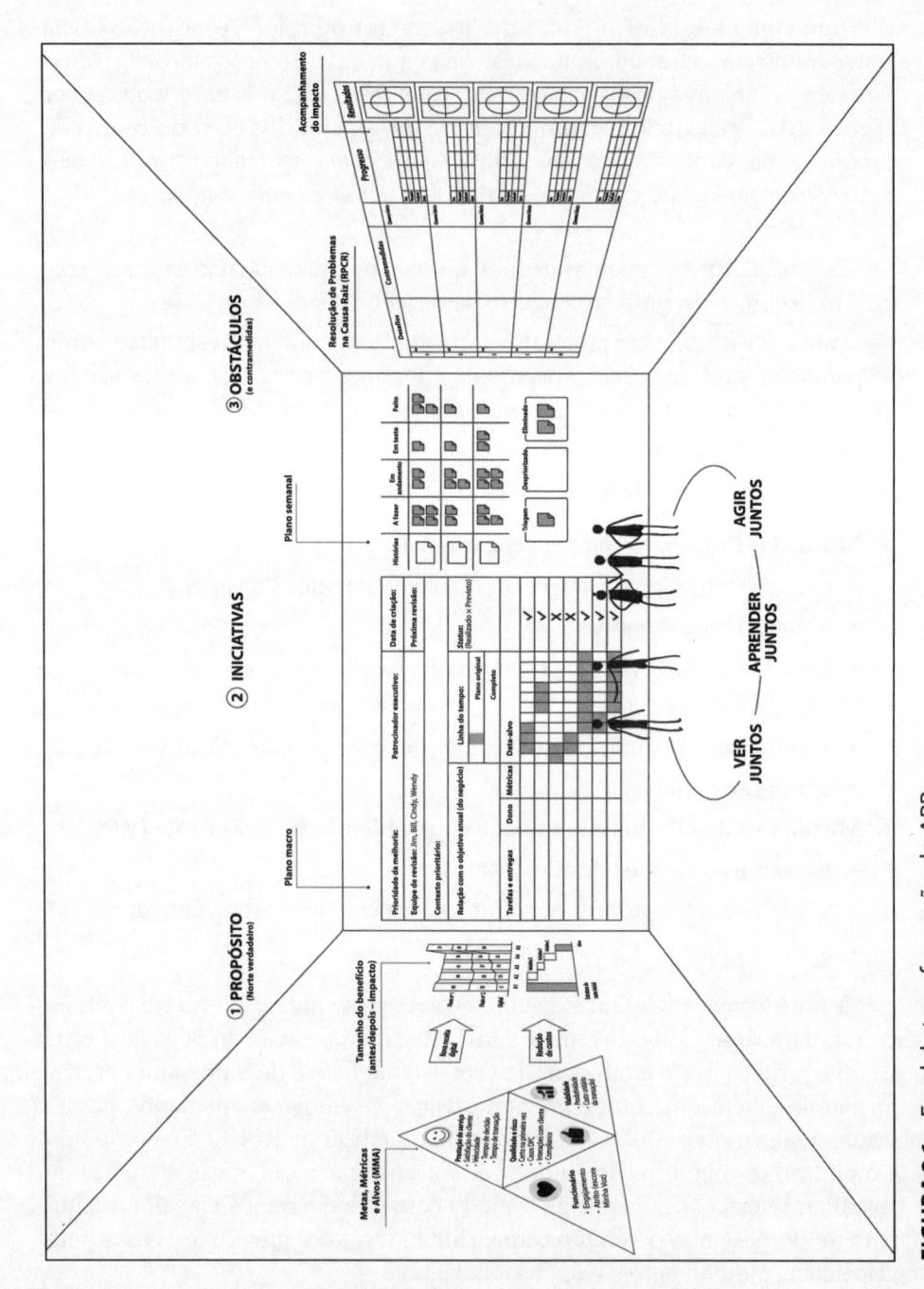

FIGURA 2.1 Farol da transformação do APB.
Fonte: Digital Pathways.

Martin escutou tudo em silêncio e finalmente disse, "Acho que entendi, mas vamos precisar de muito treinamento. Aliás, quero que a diretoria e a liderança sênior entendam a nossa 'bagunça', como você diz, quero que eles vejam o quão desconectados estamos de nossos clientes – e o tamanho da oportunidade que temos. Você conseguiria me passar um cronograma?"

"Claro", respondeu Yumi, "este é o plano para o próximo mês (**Ver Figura 2.2**):

Passo 1. Construir um entendimento compartilhado (consenso) baseado em dados: alinhar *stakeholders* internos sobre quais clientes, produtos, jornadas, metas e hipóteses precisamos testar.

Passo 2. Rascunhar o mapa da jornada do cliente: começar a mapear as jornadas dos clientes a partir da perspectiva do banco, considerando processos internos e tecnologia existente. Entrevistaremos equipes envolvidas nos processos, analisaremos o cenário de TI atual e estabeleceremos nosso desempenho de referência. São métricas de desempenho tradicionais a velocidade (*lead time*, para medir a velocidade do serviço ao cliente, também conhecido como *turn-around-time* para empresas de tecnologia); o número de pontos de contato (para entender as interações com o cliente); a satisfação do cliente; o número de funcionários envolvidos; o percentual de transações que têm retrabalho (percentual de transações certas na primeira vez para medir qualidade); e o custo unitário por transação. Em resumo, vamos fazer uma pesquisa interna no APB e gerar um primeiro rascunho, baseado em hipóteses, de um mapa de jornada.

Passo 3. Finalizar o mapa da jornada do cliente: escutar histórias de clientes para entender melhor como é trabalhar com um banco como o nosso. A isso chamaremos de pesquisa etnográfica, pois, literalmente, percorremos a jornada dos clientes. Nosso objetivo é entender os 'trabalhos a fazer' (*jobs to be done*) do cliente e o contexto, enquanto os observamos passar pela jornada. Essa observação de campo é fundamental para validar os mapas da jornada do cliente. Suplementaremos esse trabalho com uma análise competitiva, estudando não apenas outros bancos, mas também *fintechs* e outros setores. Sintetizaremos os principais achados de forma visualmente atraente, destacando os maiores pontos de dor, as possíveis causas e as oportunidades de melhoria. Resultado: um mapa da jornada validado pela realidade do cliente, baseado em fatos.

Passo 4. Realizar uma imersão da diretoria: ajudar a alta liderança a vivenciar, através de um mergulho profundo, a perspectiva do cliente – a entender o quão penoso pode ser fazer negócios conosco. Entender as oportunidades de melhoria e o possível retorno que teremos. O objetivo é chegar a

	1. Gerar consenso	2. Fazer rascunho do mapa da jornada do cliente		3. Finalizar mapa da jornada validado com cliente	
PASSOS	Alinhamento de stakeholders	Pesquisa interna (perspectiva do banco)	Mapa da jornada baseado em hipóteses	Pesquisa externa (perspectiva do cliente)	Mapa da jornada baseado em fatos
ATIVIDADES	• Definir o escopo e o objetivo do mapeamento da jornada (personas e cenários) • Engajar e educar stakeholders-chave	• Entrevistar várias equipes (funções) envolvidas na entrega do produto/serviço • Visualizar o estado atual: processo + TI • Estabelecer desempenho	• Reunir pesquisas já feitas sobre clientes e concorrência • Visualizar a experiência do cliente, cada passo da jornada • Identificar *gaps* (a fim de orientar a pesquisa externa)	• Realizar pesquisa etnográfica (entrevistas, observações…) • Preencher *gaps* de pesquisa • Validar ou invalidar hipóteses do primeiro rascunho do mapa da jornada	• Visualizar a experiência do cliente, baseada em dados e evidências • Identificar pontos de dor e possíveis causas • Priorizar as oportunidades de melhoria
RESULTADOS	• Equipe principal e patrocinadores alinhados quanto aos objetivos • Jornada prioritária selecionada • Persona do cliente	• Mapas de fluxo de valor + cenário de TI • Principais métricas: inventário de pontos de contato, tempo de espera…	• Primeiro rascunho do mapa da jornada do cliente • Principais *insights* incluem: interações mais críticas	• Síntese da pesquisa qualitativa do cliente (entender por quê)	• Mapa final da jornada do cliente, enfatizando os principais *insights*: pontos de dor e contramedidas propostas 4. Realizar uma imersão dos diretores para decidir o caminho adiante

FIGURA 2.2 Plano de Yumi para os primeiros 30 dias.
Fonte: Digital Pathways.

um consenso sobre o rumo que tomaremos e conseguir autorização e recursos para nos reinventarmos o mais rapidamente possível.

Isso faz algum sentido?"

Martin acenou com a cabeça e respirou fundo. "O que é uma reunião de *imersão*?"

"Uma reunião de *imersão* é um marco importante em qualquer jornada de transformação, pois reúne a liderança sênior com a equipe de transformação digital mais ampla. Ela acontece no farol e normalmente dura a metade de um dia. O objetivo é desenvolver coletivamente uma empatia profunda para com nossos clientes e vivenciar o que eles realmente valorizam e o que o APB oferece atualmente. Ao entendermos as principais lacunas e pontos de dor, podemos começar a entender o retorno que podemos ter."

"Tá, mas qual é a diferença dessa reunião para uma reunião normal com a liderança sênior?"

"Uma reunião de *imersão* é *interativa* – um espaço para receber *feedback* e compartilhar *insights* –, não é uma apresentação de via única, há vários apresentadores e perspectivas. Utilizamos recursos visuais, simples e diretos – slides cheios de texto e informações inúteis estão proibidos. Isso representa uma grande mudança cultural para o APB, de conversas fiadas e troca de amenidades para gestão baseada em evidências." (**Ver Figura 2.3**)

- **Totalmente imersivo:** utilize recursos visuais – mostre e conte
- **Abordagem se julgamentos:** mantenha o espaço aberto para perguntas, escute primeiro, procure entender antes de falar
- **Trabalho em grupo genuíno (sem hierarquias):** deixe seu cargo do lado de fora, colabore a partir do que os outros dizem (diga "e" em vez de "mas")
- **Problemas valem ouro:** deixe-os visíveis – procuramos as causas deles, não culpados
- **Honestidade e humildade:** nada de vacas sagradas, balas de prata, pensamento mágico
- **Gestão baseada em evidências:** teste e valide hipóteses, utilize dados para embasar a sua afirmação

FIGURA 2.3 Imersão da alta liderança – regras de engajamento.
Fonte: Digital Pathways.

"O que a diretoria e a liderança sênior devem esperar de um bom mapa da jornada do cliente?"

"Este é um bom modelo", Yumi respondeu. (**Ver Figura 2.4**)

Martin processou o que via. "Tudo isso nos ajudará a responder '*Onde estamos agora?*' e '*O que nos impede?*', mas como respondemos '*Para onde queremos ir?*'"

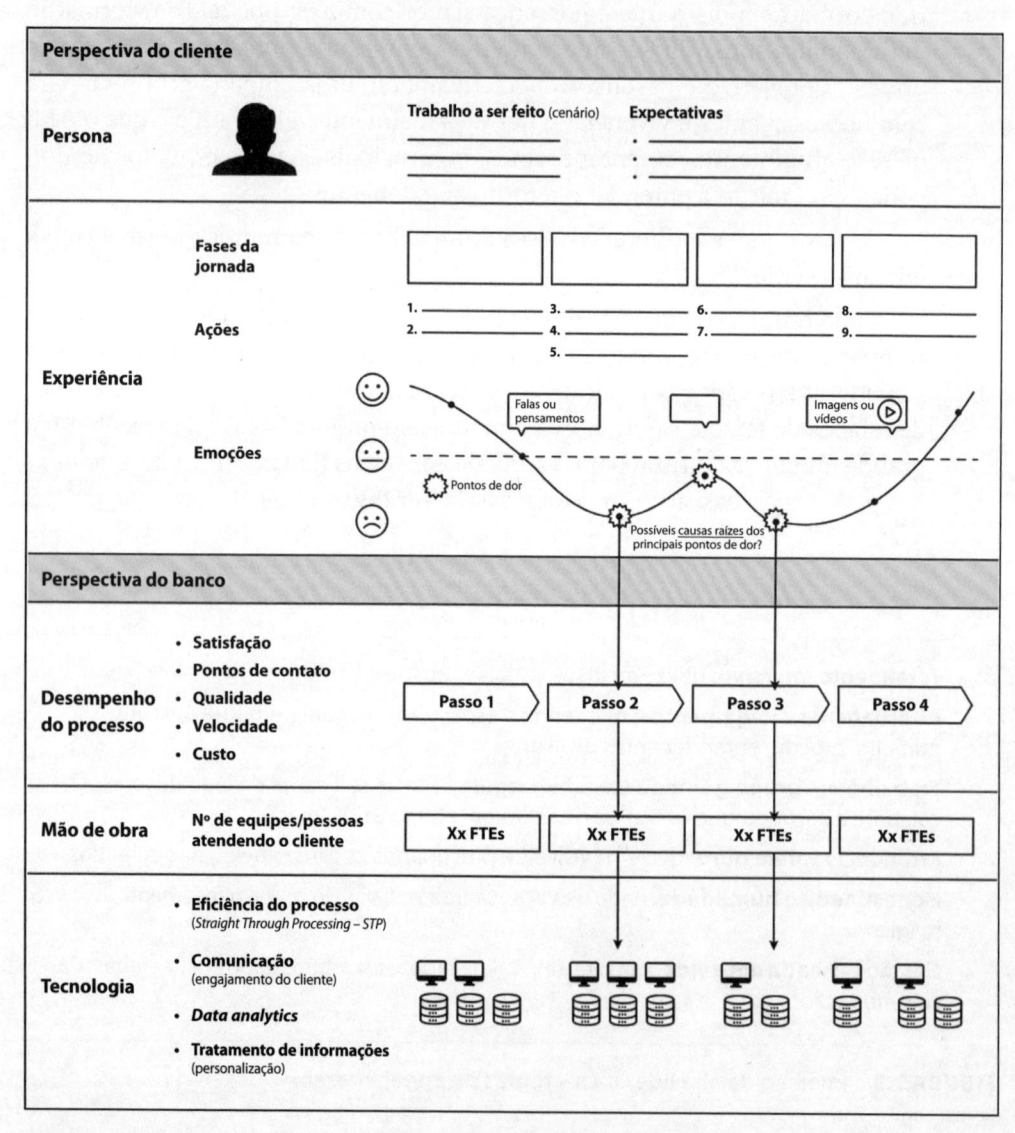

FIGURA 2.4 Mapa da jornada do cliente – principais elementos.
Fonte: Digital Pathways.

"O futuro do setor bancário é uma folha em branco, qualquer coisa pode acontecer", disse Yumi. "Sendo assim, sugiro postergarmos a resposta a essa pergunta. Depois que entendermos melhor as *fintechs*, talvez possamos explorá-las, e talvez as limitações se transformem em oportunidades."

"Faria sentido começarmos pelo ABP empresas?", perguntou Martin. "É uma importante linha de negócios, com grande visibilidade, e é de onde venho. Conheço os líderes e equipes mais fortes que nos dariam uma maior chance de sucesso."

"Seria uma boa opção", Yumi respondeu. "As equipes da área-piloto terão que ser fortes, como você sugeriu, e determinadas. Faremos uma triagem baseada nas notas de satisfação do cliente e no volume de clientes. Podemos começar com uma jornada simples, de um cliente que precisa abrir uma conta em um novo mercado em função da expansão dos negócios dele, por exemplo. Depois trabalharíamos os empréstimos empresariais, para pequenas e médias empresas. Isso nos ajudaria a ganhar confiança e experiência para lidar com desafios mais complexos dos serviços bancários corporativos e internacionais."

Restaurante Akane, Associação Japonesa de Singapura[2]

Yumi oferece um arranjo de flores à amiga – orquídeas em um delicado vaso de bambu – enquanto se curva em reverência, "Obrigada por aceitar meu convite, Amy-*san*."

Amy Tay retribui a reverência "Obrigada pelo lindo presente, Yumi-*san*, é um prazer estar aqui. Há quanto tempo somos colegas fazendo *ikebana*[3]?"

"No mínimo três anos", Yumi responde. "É muito gentil da sua parte dar apoio ao nosso trabalho no Asia Pacific Bank. Sei que sua experiência não foi das melhores."

"O APB está reconhecendo a necessidade de mudar e de tentar melhorar, respeito isso, e Martin Picard é um amigo da família. Então me diga em que posso ser útil."

"Martin me chamou para ajudá-lo a transformar o Asia Pacific Bank. Sou diretora de inovação e meu foco é a experiência do cliente. Decidimos começar pelo ABP Empresas. Clientes importantes têm nos dito que '*é difícil fazer negócios conosco*', e queremos entender o porquê. Queremos nos colocar no lugar de nossos clientes, mapear suas jornadas e entender as interações mais importantes e as fontes de emoções positivas e negativas. O nome disso é pesquisa

---

[2] http://www.jas.org.sg/
[3] *Ikebana* (flores vivas) é a arte japonesa de compor arranjos florais.

etnográfica. Então, com a sua permissão, gostaríamos de observar as suas operações e entrevistar pessoas-chave da sua equipe, incluindo você."

"Vocês têm todo o meu apoio", responde Amy. "Vou colocá-la em contato com as pessoas certas e responderei às suas dúvidas com prazer. Gostaria que o APB tivesse feito isso cinco anos atrás."

"Obrigada, Amy-*san*. Segundo Martin, o APB levou uma eternidade para abrir contas em novos mercados para acompanhar a expansão geográfica da sua empresa. Gostaria de saber mais sobre a sua experiência, se possível..." (**Ver Figura 2.5**)

Preparação para a reunião de *imersão*

Farol da transformação, Asia Pacific Bank, 33º andar

Yumi e a equipe lean digital fizeram uma sessão de planejamento em preparação para a imersão e organizaram o trabalho da seguinte maneira (**Ver Figura 2.6**):

A equipe de Yumi liderou os fluxos de trabalho, em colaboração com representantes de áreas-chave, incluindo vendas, riscos, *compliance*, jurídico, TI, gestão de dados e gestão de sistemas de informação. Elina Ghosh se concentrou na pesquisa externa, no mapeamento da jornada de clientes-chave selecionados e em coletar informações sobre a concorrência, especialmente *fintechs* estreantes. Martin solicitou que eles fizessem o *benchmark* do APB em relação aos melhores bancos, bem como às *fintechs* líderes.

Após três semanas, Yumi ligou para Martin. "Você pode me encontrar no farol? Quero mostrar o nosso trabalho até agora."

Martin chegou cedo para ir se acostumando ao espaço da equipe lean digital. Pé-direito alto, dutos de circulação aparentes, longas mesas de madeira, uma pequena cozinha e quadros brancos por todos os lados. Ele preparou um *cappuccino* e olhou os quadros: *propósito, processo, status atual, os maiores problemas*... evidentemente, cada equipe estava tentando contar a sua história utilizando as mesmas orientações. "Gestão visual", ele pensou, "parece bom".

Yumi chegou alguns minutos depois e conduziu Martin até o mural da equipe da jornada do cliente. "Estes são os resultados da nossa pesquisa etnográfica. Como você pode ver, temos fotos, vídeos e citações reais para dar à diretoria um entendimento profundo dos nossos problemas. Vejamos um importante mapa da jornada do cliente da KYTay – abertura de uma conta-corrente e poupança em Hong Kong. (**Ver Figura 2.7**)

Capítulo 2 ▪ Mapeamento das jornadas do cliente para entender a real situação

Cliente com matriz em Singapura que deseja abrir uma conta-corrente e poupança em Hong Kong (KYTay International, importante cliente do APB Empresas)

Trabalho a fazer (cenário)

Amy TAY (persona)

Como... CEO, sou responsável por expandir nosso negócio internacionalmente

Preciso... abrir uma nova conta com produtos simples, como dinheiro em espécie e *financiamento comercial*

Para que... possamos fazer negócios em novos mercados

Coisas que Amy pode falar

"Somos clientes do APB há 19 anos! Para abrir uma nova conta, precisamos preencher mais de 40 páginas de formulários e entregar 12 conjuntos de documentação. Por que desperdiçam nosso tempo pedindo informações que já têm?"

"Precisamos estar preparados para realizar transações em, aproximadamente, uma semana. O que espero é que o APB se comprometa com um prazo."

"Nem sempre acredito que o APB é capaz de abrir nossa conta a tempo – parece que não há ninguém responsável por cumprir nosso prazo. E não há uma maneira simples e digital de acompanhar o andamento do nosso pedido."

"O APB não forneceu todas as informações necessárias para integrar a conta ao nosso sistema. Por causa desse erro, não conseguimos utilizar a conta imediatamente."

Satisfação geral: 5/10
★★★★★☆☆☆☆☆

Expectativas

Conveniência

- **Certo na primeira vez:** redução do número de pontos de contato ao mínimo (< 5), sem vai e volta (perguntar só uma vez)
- **Velocidade:** < 7 dias para abrir uma nova conta (vocês já me conhecem); < 10 para enviar/receber $

Agilidade

- **Informação direta:** documentos concisos, em linguagem clara
- **Clareza:** atualizações regulares sobre minhas solicitações e transações (progresso e resultados)
- **Facilidade:** sistema acessível em diferentes dispositivos, a qualquer hora, em qualquer lugar

Personalização

- **Propostas personalizadas:** potencialize meus dados e forneça incentivos (recompense minha fidelidade)
- **Custo-benefício:** plano de cobrança competitivo, ofertas especiais (descontos em função do volume)

FIGURA 2.5 Persona do cliente – CEO da KYTay International Retail Group.
Fonte: Digital Pathways.

Fluxo de trabalho	Principais *insights* para a liderança sênior
Experiência do cliente	• Ações e emoções do cliente, para cada fase da jornada • Principais causas dos pontos de dor: analisar as queixas dos clientes, identificar detratores e razões para insatisfação • Lista de pontos de dor do cliente em ordem de prioridade: piores momentos da jornada, mapeados em relação aos processos e tecnologias envolvidos
Métricas (base de desempenho)	• Eficiência: nº de pontos de contato do cliente, *lead time*, índice de valor agregado[1] • Eficácia: taxas de conversão (entre processo/ produto, por canal), custo unitário da transação (custo por canal/custo para atender), satisfação do cliente (relacionada às principais causas de queixas)
Processos do APB	• Pontos de dor do processo, integrados ao mapa geral da jornada • Lista de processos prioritários a focar, utilizando três critérios: que alcançam o maior número de clientes; que causam o maior número de queixas; e que mais custam ao APB (p. ex., maior carga de trabalho, maior número de funcionários envolvidos)
Tecnologia do APB[2]	• Pontos de dor de tecnologia, integrados ao mapa geral da jornada • Lista de facilitadores de TI prioritários a focar e/ou de recursos digitais a desenvolver rapidamente

[1] Frequentemente, o índice de valor agregado é analisado por meio da eficiência do ciclo do processo (PCE, *process cycle efficiency* = tempo de valor agregado dividido pelo tempo total do processo).

[2] A avaliação da tecnologia se concentra nos seguintes recursos: eficiência do processo (*Straight Through Processing – STP*), *analytics*, comunicação (engajamento do cliente), tratamento das informações.

FIGURA 2.6 Plano de trabalho de três semanas para surpreender os diretores do APB.
Fonte: Digital Pathways.

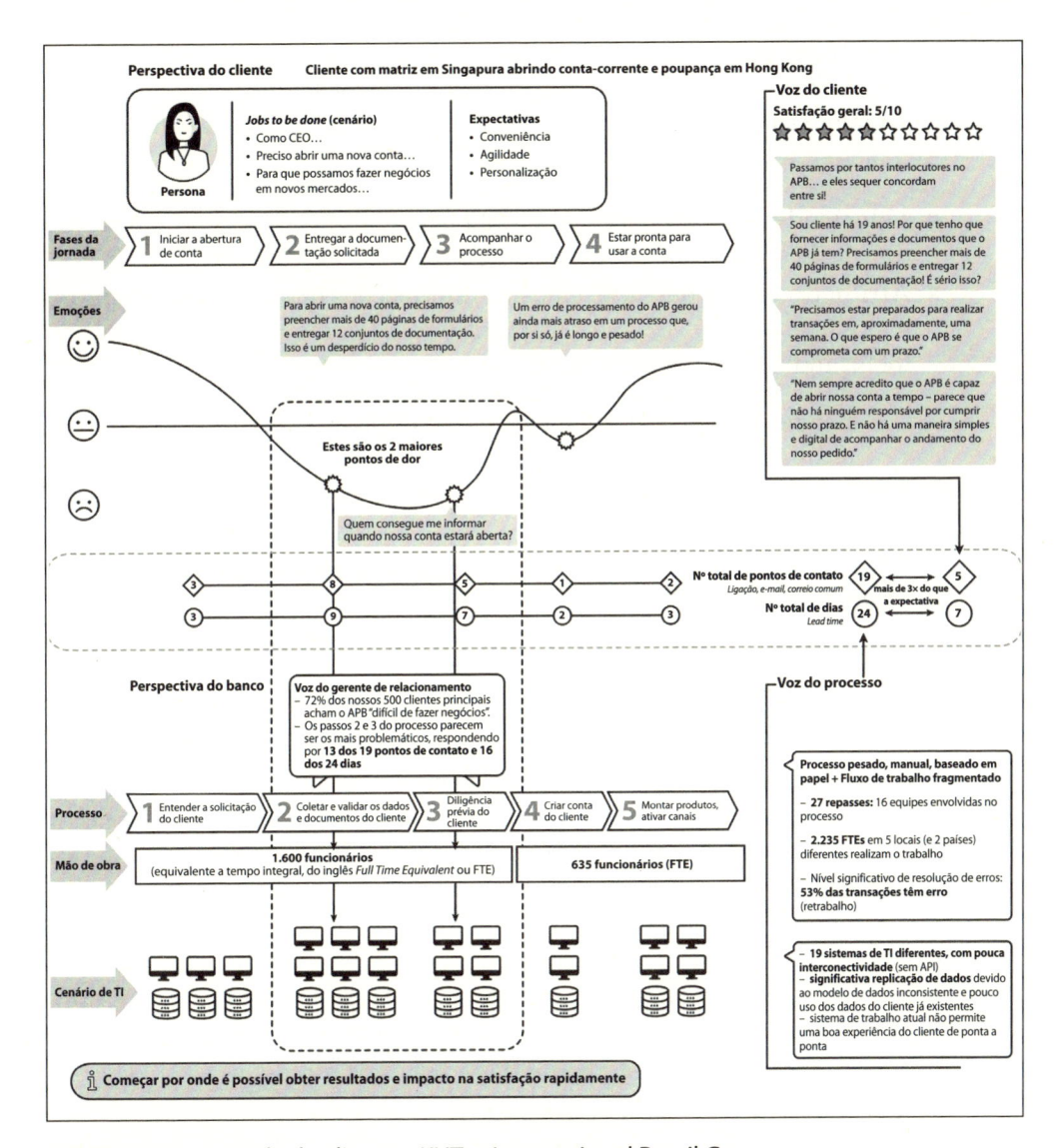

Capítulo 2 ▪ Mapeamento das jornadas do cliente para entender a real situação

FIGURA 2.7 Jornada do cliente – KYTay International Retail Group.
Fonte: Digital Pathways.

"Está bem claro por que Amy Tay estava tão descontente", disse Yumi. Ela tinha tido uma experiência ruim nas interações críticas.[4] No geral, há uma grande lacuna entre o que ela esperava e o que de fato recebeu. Alguns exemplos:

- **Velocidade:** Amy espera estar 'pronta para realizar transações' em menos de sete dias, mas o APB leva 24 dias para finalizar esse processo.
- **Atrito:** ela espera que utilizemos as informações que já temos e 'perguntemos apenas uma vez', mas, na prática, passa por um vai e volta sem fim, totalizando 19 pontos de contato.

"Os maiores pontos de dor coincidem com os passos 2 e 3 do processo – *Coletar e validar dados e documentos do cliente* e *diligência prévia do cliente* (DPC)." Esses parecem ser um fruto fácil de colher; começando por aqui, podemos atingir bons resultados e ganhar força."

"Nossa", disse Martin, "um *leadtime* de 24 dias, 19 pontos de contato com o cliente, taxa de falha de 53% – tudo isso para um cliente que já é nosso e que quer entrar em um novo mercado. Quais são os números do melhor da categoria?"

"Para bancos grandes, o melhor *leadtime* é sete dias. Algumas *fintechs* afirmam integrar novos clientes em menos de um dia", respondeu Yumi. "As melhores integrações digitais no mercado têm uma taxa de falha de até 10%, uma experiência do cliente muito melhor e um custo por transação unitária mais baixo. Nossos outros mapas da jornada do cliente nos mostram algo semelhante."

Martin ficou em silêncio por vários minutos. "Não sabia que as coisas estavam tão feias assim", finalmente falou. "O que realmente dói é que empregamos mais de 2.200 funcionários para alcançarmos esse nível péssimo de serviço. Não me admira que a nossa relação custo/receita esteja decaindo."

"Quer saber quais são os achados das equipes de processo e tecnologia?"

Martin deu de ombros, "Por que não?"

"Estes são alguns *insights* iniciais", prosseguiu Amy, enquanto eles caminhavam até o quadro do processo. "Os processos do APB *não* são construídos em torno do cliente. Cada equipe tende a funcionar como uma ilha, muitas vezes trabalhando em diferentes locais e despreocupada com o que acontece na sequência. Processamos muita papelada manualmente; os problemas do cliente passam por várias equipes e, frequentemente, perdem-se nas transferências. Os fundamentos do serviço bancário *lean*, como gestão visual, trabalho padronizado e RCPR, são fracos ou inexistentes. Talvez esses termos não digam muito agora, mas você aprenderá mais sobre eles nas nossas mentorias."

---

[4] Também conhecidas como "pontos de contato" e "momentos da verdade".

Yumi então passou ao quadro da tecnologia. "Estamos mapeando os sistemas de TI relacionados às jornadas do cliente e avaliando os recursos digitais de base utilizados atualmente. Nossos sistemas de TI refletem nossos processos: são lentos, propensos a erros e desconectados – entre si e do mundo exterior. Estamos apenas arranhando a superfície. Gostaria de falar em mais detalhes sobre nossos obstáculos agora."

"Será que podemos deixar essa discussão para outra hora?", Martin perguntou. "Preciso de um tempo para processar tudo isso. Para ser sincero, é um processo doloroso, mas valorizo o empenho e conhecimento empregados aqui. Agradeça em meu nome, por favor, a Elina e toda equipe *lean digital*. Até a próxima semana."

CAPÍTULO 2 – QUESTÕES PARA ESTUDO

1. Quais são as vantagens de ter um *farol da transformação* e realizar *reuniões de imersão - IT*?
    a. Que tipo de cultura é necessária para que esses elementos funcionem?
    b. É possível realizar esse tipo de reunião com equipes geograficamente dispersas? Como realizar essas reuniões virtualmente?
    c. Descreva alguma experiência relacionada que tenha tido. Quais foram os seus aprendizados ou reflexões?
2. Quais são as personas de cliente mais importantes da sua organização?
    a. Essas personas são bem compreendidas pela sua organização?
    b. De que forma é possível compreender melhor o que os clientes valorizam *versus* a experiência real deles?
3. Quais são as jornadas do cliente mais importantes na sua organização?
    a. Essas jornadas são bem compreendidas pela sua organização?
    b. O que a sua organização pode fazer para entender melhor as jornadas do cliente?
    c. O que significam os "trabalhos a fazer" (*jobs to be done*) do cliente?
    d. Selecione algumas jornadas do cliente e identifique os trabalhos a fazer mais importantes.
    e. Atualmente, que dados a sua organização tem sobre as necessidades, os trabalhos a fazer, as preferências e os hábitos do cliente? Como sua organização pode melhorar?
4. Quais são os pontos de dor mais importantes do seu cliente?
    a. Quais são as causas desses pontos de dor?
    b. Como você pode reduzir essa dor e desconforto para seus clientes?
    c. Como você diferencia um "fruto fácil de colher" de um "fruto difícil de colher"?

CAPÍTULO **3**

Compreensão dos nossos obstáculos

Problemas valem ouro

"Se eu tivesse uma hora para resolver um problema e minha vida dependesse da solução, passaria os primeiros 55 minutos determinando qual é a pergunta certa a fazer... uma vez que sei a pergunta certa, consigo resolver o problema em menos de cinco minutos."

– Albert Einstein

Centro de Singapura, fim de tarde

Yumi deixa o Asia Pacific Bank e segue em direção noroeste pela Marina Boulevard. Vai à Brasserie Gavroche, no bairro de Duxton Hill, para jantar com o pai, que voltou do Japão.

Yumi adora caminhar pelos bairros antigos no fim da tarde: Chinatown, Little India, Kampong Glam, Joo Chiat, Katong, Panjong Pajar, Tiong Aahru... até os nomes exalam mistério, magia e todo o romance da península da Malásia.

Pelo caminho encontram-se o Fullerton Hotel, com suas colunas de granito cinza que se tornam rosa-alaranjadas com a luz do entardecer; a estátua do Merlion, símbolo da cidade, jorrando água de sua boca; e a elegante ponte Esplanade Bridge, que proporciona as melhores vistas noturnas da cidade.

Yumi vira à esquerda na Raffles Quay, passando pelo Lau Pa Sat Food Hawker Center, que, a essa hora, começa a encher. Vira à direita na Boon Tat Street e então à esquerda na Telok Ayer.

> Ela passa pelo templo Yu Huang Gong Temple of Heaven, pela mesquita Al Abrar e pela adorável Igreja Metodista Chinesa restaurada. O Telok Ayer Park está cheio de famílias jovens – malaias, indianas, chinesas, indonésias, japonesas, inglesas, francesas – fazendo seu passeio noturno.
> Os mais velhos sentam-se em bancos rodeados por árvores e jardins exuberantes. O sol poente deixa tudo em tons de rosa e violeta.
> Yumi vira na Tras Street, encontra a Gavroche e entra por uma porta rosa e branca, passa pelo bar com bancada de nogueira e arandelas de bronze na parede e vai até uma mesa nos fundos, sob a luz do céu, onde o pai a espera.
> Andy cumprimenta a filha calorosamente, "Que bom ver você, Yumi-*chan*."
> Eles pedem o jantar e conversam sobre a família, a vida, Singapura e, por fim, o APB.
> "Estamos começando a entender nossos obstáculos, *Otou-san*", diz Yumi, "e eles são tão desafiadores quanto esperávamos".
> "A liderança sênior está dando apoio e demonstrando comprometimento? E a Diretoria?"
> Yumi toma um gole de Chablis. "É o que descobriremos muito em breve."

Asia Pacific Bank, 33º andar, farol da transformação digital

Martin e Yumi concluíam uma sessão de mentoria executiva sobre lean digital. O tópico de hoje eram os encontros de equipe *lean* e *agile*. Yumi passou uma lição de casa a Martin e perguntou se ele tinha dúvidas.

"Estou pronto para ouvir sobre nossos obstáculos", disse Martin. "Ajude-me a entender o que nos impede de seguir em frente."

"Vamos até os quadros brancos correspondentes", Yumi respondeu. "É provável que essa discussão também seja difícil. Podemos fazer uma pausa sempre que você quiser."

"Pode ir direto ao ponto, Yumi. Vou assimilar o máximo que puder. Sem dúvida, vamos repetir nossas discussões."

O que nos impede?

Entendendo nossos obstáculos

Yumi prosseguiu, "Agrupamos os obstáculos nas seguintes categorias:" (**Ver Figura 3.1**)

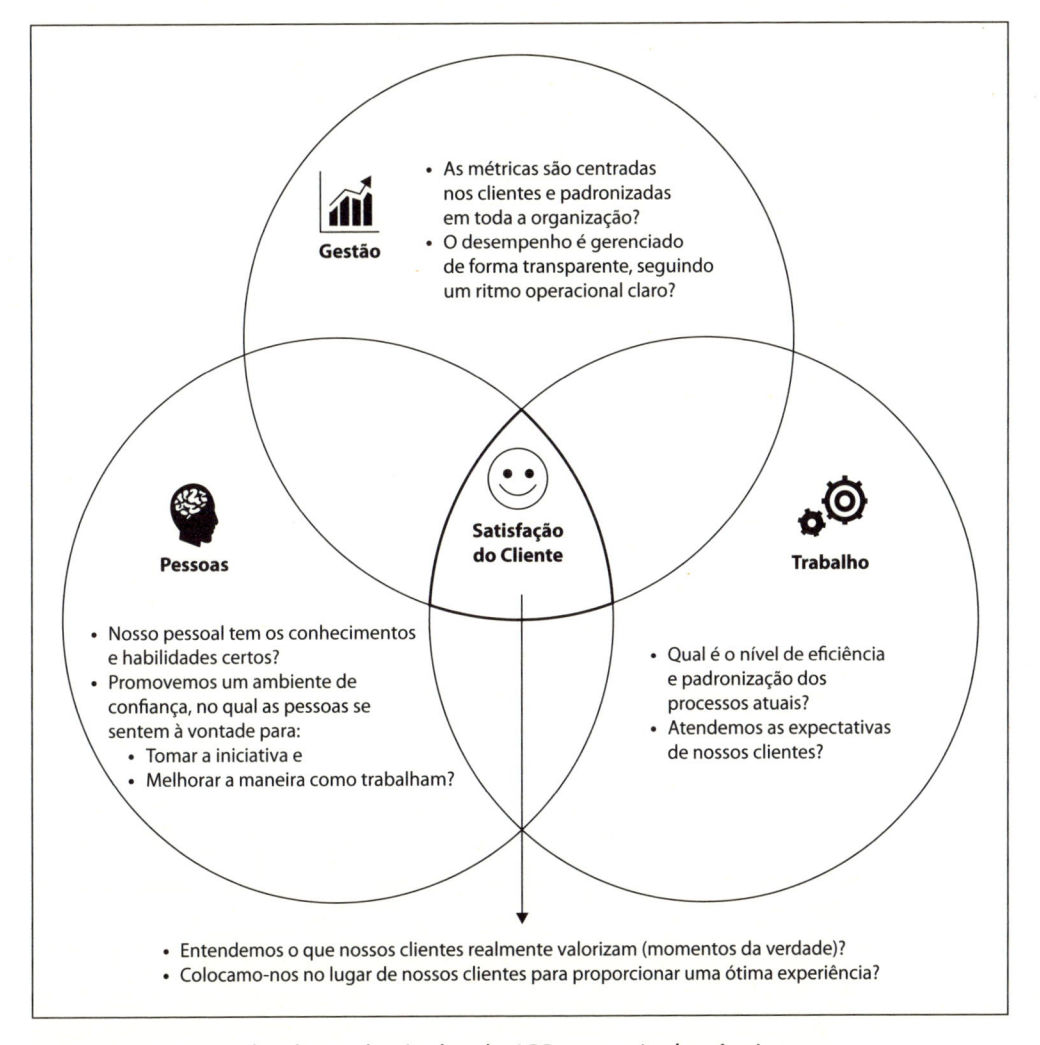

Gestão
- As métricas são centradas nos clientes e padronizadas em toda a organização?
- O desempenho é gerenciado de forma transparente, seguindo um ritmo operacional claro?

Satisfação do Cliente

Pessoas
- Nosso pessoal tem os conhecimentos e habilidades certos?
- Promovemos um ambiente de confiança, no qual as pessoas se sentem à vontade para:
  - Tomar a iniciativa e
  - Melhorar a maneira como trabalham?

Trabalho
- Qual é o nível de eficiência e padronização dos processos atuais?
- Atendemos as expectativas de nossos clientes?

- Entendemos o que nossos clientes realmente valorizam (momentos da verdade)?
- Colocamo-nos no lugar de nossos clientes para proporcionar uma ótima experiência?

FIGURA 3.1 Entendendo os obstáculos do APB por meio de três sistemas.
Fonte: Digital Pathways.

1. Pessoas
   a. Conjunto de habilidades
   b. Mentalidade e comportamento (cultura)
2. Trabalho
   a. Processo
   b. Tecnologia
3. Gestão
   a. Métricas utilizadas para medir o desempenho
   b. Desdobramento e cadência gerencial (ritmo operacional)

Uma história clara está surgindo: *O APB ainda precisa ter seu 'momento Copérnico'*[1]. Somos bons de conversa, mas o cliente está longe de ser o centro do nosso universo."

"Por que agrupar os obstáculos dessa forma?", Martin pergunta. "Qual é a vantagem disso?"

"Para que a mudança perdure, é preciso elevar o nível dos três sistemas", respondeu Yumi. "Aprendi isso da maneira mais difícil. A maioria das transformações não dá certo porque as empresas negligenciam um ou mais sistemas, geralmente o de pessoas. Essa forma de organização dá uma perspectiva útil para visualizarmos nossas atividades."

"Faz sentido. Sinto que temos sérios desafios nos três sistemas."

1. Sistema de pessoas (habilidades, mentalidade e comportamentos)

Gap *de habilidades*

"Vamos começar com a capacitação das pessoas", continuou Yumi. "Fica claro que temos grandes *gaps* de conhecimento em torno dos fundamentos do *lean*, como gestão visual, trabalho padronizado e qualidade no processo. Quanto às metodologias avançadas, como Fluxo de Valor e Desdobramento da Estratégia, simplesmente não as entendemos.

O resultado é que líderes em todos os níveis têm dificuldade de desenvolver e gerenciar processos sólidos. É por isso que os fundamentos *lean* são uma parte importante do nosso currículo de mentoria executiva."

"Quero entender esse negócio", disse Martin, "e quero que a equipe sênior também entenda."

"Apenas quatro das 26 equipes entrevistadas fazem reuniões diárias regulares em pé"[2], disse Yumi. "Isso é um grande problema, porque os encontros de

---

[1] Nicolau Copérnico, matemático e astrônomo do período do Renascimento que formulou um modelo de universo que posicionava o Sol, e não a Terra, no centro do universo.

[2] Estas reuniões diárias em pé vêm do inglês *stand-up meetings*, que são reuniões das quais os participantes normalmente participam em pé. O desconforto de permanecer em pé por longos períodos tem o objetivo de manter as reuniões curtas.

equipe são a força vital de um sistema de gestão. Por conta disso, poucas equipes conseguem articular claramente as necessidades do cliente, a condição atual ou os maiores problemas. Nenhuma das 26 equipes entrevistadas realiza resoluções de problemas em suas causas-raízes. Vimos muitos remendos por aí.

"Por causa da falta de processos sólidos, de encontros diários e de resolução de problemas, temos dificuldade de desenvolver novos funcionários. É um ciclo descendente clássico – quanto mais nos esforçamos, pior ficamos e mais temos que nos esforçar..."

"Mas como as coisas estão sendo feitas?", perguntou Martin.

"Na verdade, estamos com excesso de recursos. Quando não compreendemos o trabalho, não sabemos de quantas pessoas precisamos, então, contratamos mais e mais pessoas."

"Essa tem sido a nossa história nos últimos 10 anos", Martin falou, passando a mão na testa. "Vamos adicionando pessoas para mascarar processos ruins. Não nos demos mal porque o mercado estava crescendo rapidamente, mas agora o crescimento está se estabilizando enquanto nossos custos seguem aumentando..."

"Vamos dar uma olhada nas habilidades necessárias para realizar uma transformação digital", disse Yumi. "Isso inclui *data analytics*, *design thinking*, metodologias ágeis, marketing e experimentação lean. Com a ajuda de Karen Hong e da equipe de RH, fizemos uma pesquisa voluntária e confidencial com funcionários, pedimos que avaliassem os níveis de capacitação atuais e os exigidos dentro de uma série de habilidades. E sabe de uma coisa? Nossos funcionários estão abertos e ávidos por compartilhar e aprender. Eis o que eles disseram. (**Ver Figura 3.2**)

"Como você pode ver, temos grandes *gaps* de conhecimento. Nosso conhecimento digital é baixo – poucas pessoas entendem de *mainframes*, interfaces de programa de aplicações (APIs, *application program interfaces*), microsserviços, nuvem ou *Big Data*. Poucas pessoas entendem de *design thinking* ou metodologias ágeis e menos ainda sabem como desenvolver bons processos, quanto mais automatizá-los. A boa notícia é que nosso pessoal tem muita vontade de aprender. Precisamos investir neles e capacitá-los. Não é sorte ou mágica."

O gap de cultura (mentalidade e comportamentos)

"Cultura é *o que fazemos quando ninguém está olhando*. Como você sabe, a cultura é alimentada por nossas crenças centrais ou modelos mentais sobre como a organização funciona. Os modelos mentais, por sua vez, são alimentados por nossa experiência, temperamento, treinamento e educação. Com a ajuda do RH, também fizemos uma pesquisa de engajamento dos funcionários, e mais de 500 pessoas responderam em menos de um mês. Então, quais são as crenças centrais dos funcionários do Asia Pacific Bank?"

Competência	Mercado 1				Mercado 2			
	Alta liderança	Gerentes	Supervisores	Equipe	Alta liderança	Gerentes	Supervisores	Equipe
Novas maneiras de trabalhar - *Data analytics* - *Design thinking* - Desenvolvimento ágil de produto - Marketing de crescimento - Experimentação lean								
Resumo de habilidades nº 1	◔	◔	◑	◔	◑	◔	◑	◔
Negócios - Orientação ao cliente - Serviços digitais lean - Execução da estratégia - Gestão visual - Tomada de decisão baseada em dados								
Resumo de habilidades nº 2	◑	◑	●	◔	●	◑	◑	◑
Liderança - Direcionar por propósito - Comunicação eficaz - Comportamentos e Atitudes - Desenvolvimento da equipe - Mentoria e *Coaching*								
Resumo de habilidades nº 3	◔	◔	◑		◑	◔	◑	

FIGURA 3.2 Entendendo os *gaps* de habilidades do APB (sistema de pessoas).
Fonte: Digital Pathways.

"Talvez eu precise de um *drink* depois dessa", disse Martin. Yumi sorriu. "Estes são alguns dos temas centrais:

- Não assuma riscos. Evite erros a todo custo.
- Somos bons em reagir às reclamações do cliente, mas não tão bons em resolvê-las.
- Não é seguro compartilhar problemas ou preocupações relacionados ao trabalho.
- Analisar nunca é demais.
- É quase impossível uma pessoa sozinha mudar o sistema.
- Sempre ceda à opinião da pessoa mais bem paga (*HiPPo*, do inglês *highest paid person's opinion*).
- O foco no cliente tem uma das pontuações mais baixas.

E aqui estão mais alguns destaques." (**Ver Figura 3.3**)

"Você deve concordar", continuou Yumi, "que tudo isso é incompatível com as ideias do lean digital, como *construir-medir-aprender; tornar os problemas visíveis;* e *errar rápido, a um baixo custo e frequentemente*. Outra preocupação é que parece que os líderes dedicam pouco tempo ou atenção ao treinamento

Primeiras 5 crenças (respostas com notas mais altas)

% de pessoas que responderam "quase sempre" e "frequentemente"

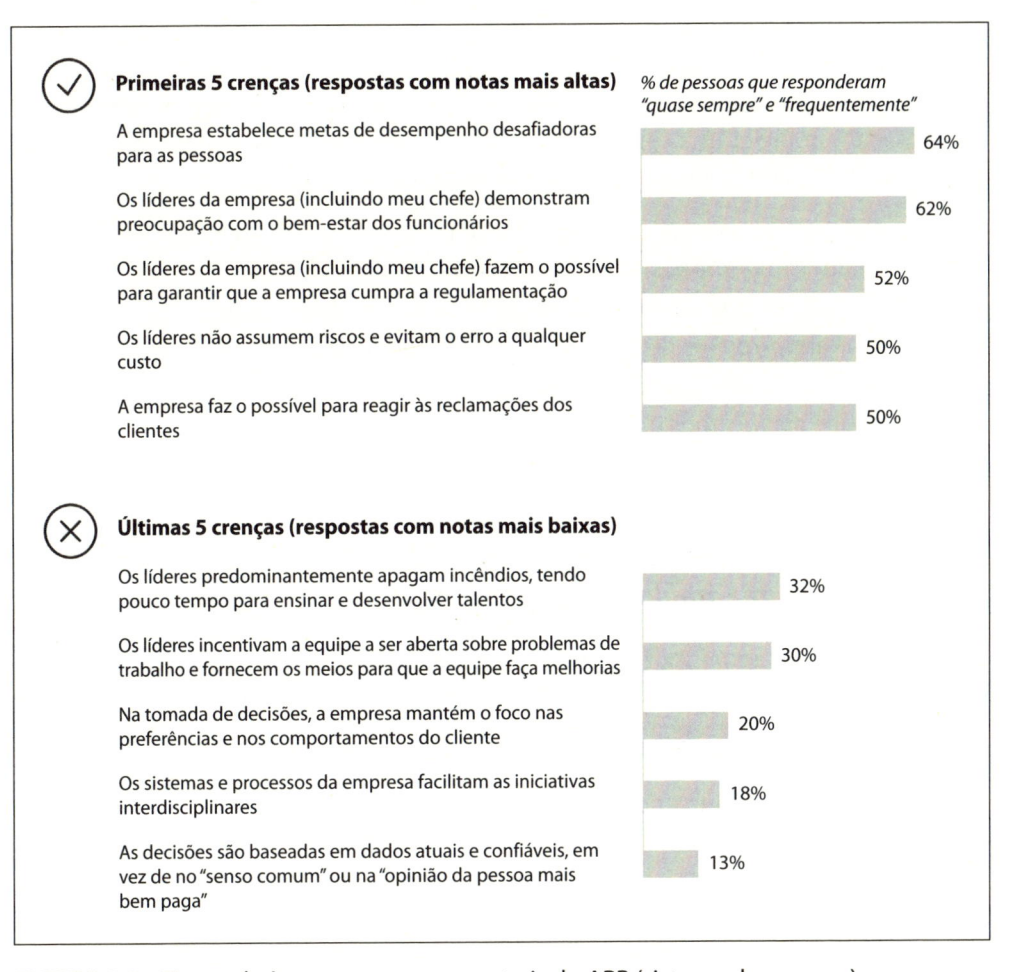

Crença	%
A empresa estabelece metas de desempenho desafiadoras para as pessoas	64%
Os líderes da empresa (incluindo meu chefe) demonstram preocupação com o bem-estar dos funcionários	62%
Os líderes da empresa (incluindo meu chefe) fazem o possível para garantir que a empresa cumpra a regulamentação	52%
Os líderes não assumem riscos e evitam o erro a qualquer custo	50%
A empresa faz o possível para reagir às reclamações dos clientes	50%

Últimas 5 crenças (respostas com notas mais baixas)

Crença	%
Os líderes predominantemente apagam incêndios, tendo pouco tempo para ensinar e desenvolver talentos	32%
Os líderes incentivam a equipe a ser aberta sobre problemas de trabalho e fornecem os meios para que a equipe faça melhorias	30%
Na tomada de decisões, a empresa mantém o foco nas preferências e nos comportamentos do cliente	20%
Os sistemas e processos da empresa facilitam as iniciativas interdisciplinares	18%
As decisões são baseadas em dados atuais e confiáveis, em vez de no "senso comum" ou na "opinião da pessoa mais bem paga"	13%

FIGURA 3.3 Trazendo à tona as crenças centrais do APB (sistema de pessoas).
Fonte: Pesquisa realizada pela equipe de Yumi em parceria com o Desenvolvimento de Talentos do RH. Os percentuais correspondem às pessoas que responderam "quase sempre" e "frequentemente".

e desenvolvimento de talentos. Isso não vai nos ajudar a preencher os *gaps* de capacitação."

Martin olhou pela janela. "É difícil ouvir tudo isso, mas não posso dizer que estou surpreso. Isso, em parte, é característica do nosso setor, mas a culpa é, principalmente, nossa e da maneira como condicionamos as pessoas."

"É preciso maturidade para dizer isso", disse Yumi.

"Acho que já passei da fase de negação e entrei na de depressão..."

"Podemos dar uma pausa, se quiser".

"Não, não, continue. Precisamos entender nossos obstáculos."

"O resultado final da nossa cultura e dos *gaps* no sistema de gestão é a falta de rigor. A maior parte do nosso trabalho é superficial, chamativa e, em última análise, sem sentido. Os tais laboratórios de inovação são um bom exemplo: esse é um programa caro e com grande visibilidade, mas ninguém consegue responder às perguntas mais básicas sobre ele:

- Qual é o propósito dos nossos laboratórios de inovação e como eles se alinham com o propósito geral e a estratégia do APB?
- Qual é a condição atual e a contribuição geral deles até agora?
- Quantos projetos de PoC (prova de conceito) estão em andamento?
- Qual é o *status* de cada projeto?
- O que alcançamos e aprendemos até agora?"

Martin olhou pela janela mais um pouco. "Somos bons na fachada, mas não tão bons em gestão baseada em evidências."

2. Sistema de trabalho (organização, processo e tecnologia)

"Vamos falar agora sobre o nosso sistema de trabalho, que inclui nosso processo e tecnologia", disse Yumi. "Este é um esboço feito por um membro da nossa equipe. Ficou interessante, né?" (**Ver Figura 3.4**)

Martin estudou a imagem por vários minutos. "Nossos processos são mesmo tão ruins assim?", por fim perguntou.

Yumi balançou os ombros. "Nosso pessoal nunca foi ensinado a projetar um bom processo, isso nunca foi tão importante quanto é em outros setores."

Gap *de capacidade do processo*

"Em qualquer caso, nossos processos não são projetados em torno do cliente", continuou Yumi. "Um diretor sênior me disse, 'Não ganhamos dinheiro com o cliente, ganhamos dinheiro com o dinheiro' – imagine uma coisa dessas! Mas ele não é má pessoa, está apenas expressando as atitudes que aprendeu.

"As equipes tendem a funcionar como ilhas, indiferentes ao que acontece na sequência. Por exemplo, apenas sete das 26 equipes do ABP Empresas que entrevistamos têm métricas de saída alinhadas com seus clientes (internos) subsequentes. Apenas duas dessas equipes têm sessões de *feedback* regulares e significativas com seus clientes subsequentes.

"A maioria dos processos do APB é manual e mal definida. Apenas três das 26 equipes têm o que chamaríamos de 'trabalho padronizado'. Por 'trabalho padronizado' quero dizer resumos simples e fáceis de entender como fazer o trabalho.

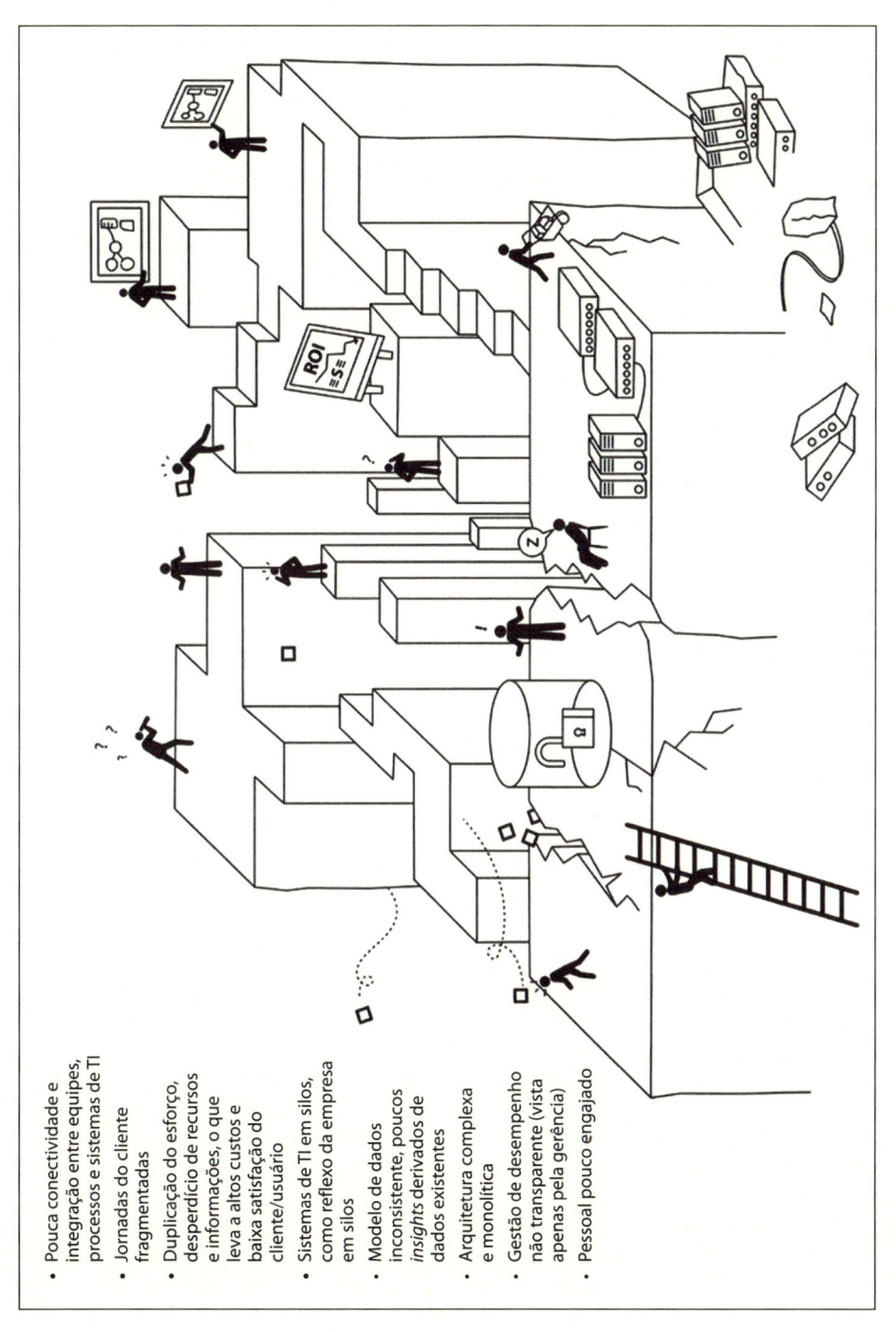

- Pouca conectividade e integração entre equipes, processos e sistemas de TI
- Jornadas do cliente fragmentadas
- Duplicação do esforço, desperdício de recursos e informações, o que leva a altos custos e baixa satisfação do cliente/usuário
- Sistemas de TI em silos, como reflexo da empresa em silos
- Modelo de dados inconsistente, poucos *insights* derivados de dados existentes
- Arquitetura complexa e monolítica
- Gestão de desempenho não transparente (vista apenas pela gerência)
- Pessoal pouco engajado

FIGURA 3.4 Entendendo como estão os Processos e a TI do APB (sistema de trabalho).
Fonte: Membro da equipe de Yumi (que prefere ficar anônimo...).

O que temos, em vez disso, são 'procedimentos operacionais padrão' extensos e confusos, que são amplamente ignorados. O resultado é que o treinamento é desorganizado e geralmente equivale a 'nadar ou afundar'. Com isso, as pessoas fazem as coisas cada uma à sua maneira e não compartilham seus conhecimentos. Padrões de trabalho ruins levam a altas taxas de erro, apesar de termos um grande departamento de QA[3]. Para reduzirmos os erros, precisaríamos de verificações do nosso trabalho padronizado ao longo do processo."

Martin respirou fundo. "Não é à toa que volta e meia somos multados pelo órgão regulador."

"Sendo assim", disse Yumi, "os processos do APB estão cheios de desperdício.[4] Nosso índice de valor agregado[5] está bem abaixo de 1%. Nossas atividades criam pouquíssimo valor – elas agregam apenas custos. Vamos fazer uma pausa aqui. Alguma pergunta?"

Martin pensou em todos os vídeos de Jeff Bezos que já tinha assistido. *O cliente está no centro de tudo o que fazemos.* Bezos sempre fala sobre valor em termos muito concretos, pensou Martin. *A Amazon existe para gerar valor para os clientes.* Isso não é só papo, não, percebeu Martin, Bezos fala *sério*. E qual é o mantra do APB? *Não ganhamos dinheiro com os clientes, ganhamos dinheiro com o dinheiro.*

"Finalmente a verdade", Martin disse. "Estou chocado, não fazia ideia..."

Gap *de tecnologia*

Yumi então passou para o quadro Tecnologia. "Também mapeamos os pontos de dor do cliente nos sistemas de TI." (**Ver Figura 3.5**)

"Dos nossos 23 grandes sistemas de TI, 19 afetam a integração do cliente e eles têm as seguintes características em comum:

- Pouca interconectividade (poucas conexões de API ou *bus*)[6]
- Muita duplicação de dados (causada por um modelo de dados fraco e inconsistente)
- Pouco uso dos dados de quem já é cliente

---

[3] *Quality Assurance*, ou garantia da qualidade.

[4] Exemplos típicos de desperdício nos processos do APB: retrabalho para corrigir casos de erro; duplicação de esforços; numerosos repasses (fluxo de trabalho em silos); alternação entre sistemas de TI para copiar e colar dados; incompatibilidades entre demanda e capacidade (gargalos)...

[5] Uma medida comum do desempenho do processo, que envolve medir o tempo de valor agregado e dividi-lo pelo tempo total do processo.

[6] *Application Program Interface*. Em termos gerais, um conjunto de métodos de comunicação claramente definidos entre vários componentes. Uma boa API facilita o desenvolvimento de um programa de computador, fornecendo todos os blocos de construção, que são então "montados" pelo programador.

Digitalização – área de desempenho	Nível de maturidade (1 = baixo; 4 = alto)			
	1	2	3	4
Tratamento da informação: demonstrar ao cliente que conhecemos ele/ela → personalizar produtos e serviços		○		
Eficiência do processo: *straight-through processing* (STP) → automatizar tarefas simples em uma só plataforma			○	
Analytics: entender comportamentos/prever necessidades → antecipar e corrigir erros mais rapidamente		○		
Comunicação: engajar-se proativamente com os clientes em diferentes canais → habilidade de adaptar-se rapidamente a situações de mudança		○		

FIGURA 3.5 Entendendo a plataforma de tecnologia do APB (sistema de trabalho).
Fonte: Equipe de Yumi, diagnóstico feito junto com o mapeamento da jornada do cliente

Nesse sentido, nosso cenário de TI é um reflexo da nossa estrutura organizacional. Nossos sistemas não têm conexões de API externas, o que prejudica uma colaboração com as *fintechs*.

"Nossos *mainframes* não são ruins, de forma alguma. Eles são burros de carga robustos, que, a cada segundo, processam com precisão um número gigantesco de transações. Disponibilidade, velocidade e segurança são excelentes. Eles simplesmente não foram configurados para interagir com outros sistemas, e especialmente não com o ecossistema *fintech*."

"Toda hora escuto que precisamos acabar com nossos sistemas legados e mover tudo para a nuvem", disse Martin, a que Yumi replicou, "Não é verdade. Os *mainframes* de hoje são abertos para colaboração e compatíveis com API. E, apesar de todo o *hype*, a computação em nuvem não é a resposta para tudo. Temos que ser inteligentes e encontrar o *mix* de *mainframe*, servidor e nuvem que funciona para nós em todos os nossos negócios. Temos que jogar xadrez, e não apenas movimentar peças pelo tabuleiro."

"Nosso pessoal de vendas e marketing diz que nossos sistemas de TI são inúteis", disse Martin. "Eles reclamam que não conseguem conhecer mais a fundo o cliente."

"Talvez isso seja verdade", respondeu Yumi, "mas não porque nosso *hardware* seja ruim ou nosso pessoal, incapaz. Há um motivo mais profundo pelo qual Mohan e a equipe de TI não estão investindo em APIs e microsserviços – só não encontramos ainda, e, até agora, Mohan e equipe têm mantido a cabeça baixa.

"Com relação à eficiência, há pouca automação ou autoatendimento. Os clientes precisam entregar muita papelada e insistir com nossa equipe para conseguir o serviço mais básico. Com relação ao *data analytics*, que, realmente, é um recurso avançado, coletamos dados em cada estágio da jornada, mas não os aproveitamos, e assim fica difícil mostrar aos clientes que os conhecemos e que estamos trabalhando para facilitar a vida deles (p. ex., com campos pré-preenchidos). Não entendemos o que nossos clientes compram, com que frequência ou por quê. Entre os nossos concorrentes, os que estão mais avançados envolvem os clientes em potencial de maneira atraente, oferecem conselhos personalizados e podem prever seu desejo por serviços e produtos específicos."

"Dizem que dados são o novo petróleo", comentou Martin.

"Dados são mais como o ar", respondeu Yumi, "estão ao nosso redor, em todos os lugares, e todos os dias criamos mais. Precisamos aprender a mapear e entender os dados de que dispomos, nosso *data lake*; depois, temos que organizá-los em *data warehouses*, a partir dos quais podemos começar a obter *insights*. A ciência de dados é um campo esplêndido que teremos que dominar. O desafio é equilibrar o desejo do cliente por uma experiência personalizada com a ética da privacidade – afinal, nosso ativo mais importante é a confiança."

3. Gap *do sistema de gestão*

"O que você quer dizer com *sistema de gestão*, Yumi-*san*?", perguntou Martin. "Nosso sistema de gestão determina o modo como *administramos* e *melhoramos* o negócio. É uma forma prática e comprovada de alinhar e conectar nossos silos e de engajar nosso pessoal. O sistema de gestão define como as informações fluem para cima e para baixo na organização e como conectamos as equipes umas às outras e ao nosso propósito. Tomamos esse conceito emprestado das grandes empresas industriais – este material ilustra os principais elementos do sistema de gestão." (**Ver Figura 3.6**)[7]

"Buscamos um alinhamento *horizontal* pelas jornadas do cliente e *vertical* pelas camadas da organização. A informação flui para cima, o suporte para

---

[7] Interessados podem consultar *Fazendo Acontecer a Coisa Certa – Um guia de planejamento e execução para líderes* (Lean Institute Brasil: São Paulo SP 2007), de Pascal Dennis.

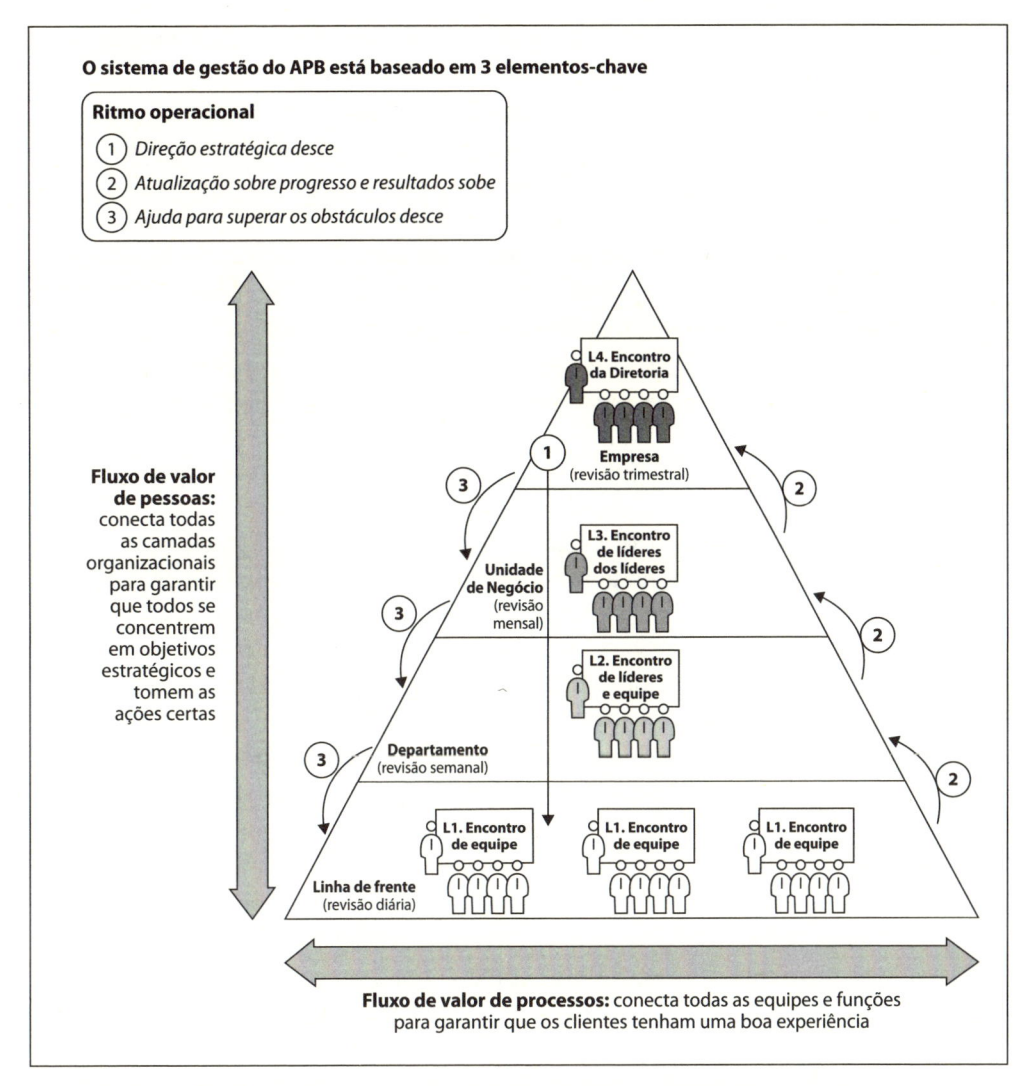

O sistema de gestão do APB está baseado em 3 elementos-chave

Ritmo operacional
① *Direção estratégica desce*
② *Atualização sobre progresso e resultados sobe*
③ *Ajuda para superar os obstáculos desce*

Fluxo de valor de pessoas: conecta todas as camadas organizacionais para garantir que todos se concentrem em objetivos estratégicos e tomem as ações certas

L4. Encontro da Diretoria
Empresa (revisão trimestral)

L3. Encontro de líderes dos líderes
Unidade de Negócio (revisão mensal)

L2. Encontro de líderes e equipe
Departamento (revisão semanal)

L1. Encontro de equipe | L1. Encontro de equipe | L1. Encontro de equipe
Linha de frente (revisão diária)

Fluxo de valor de processos: conecta todas as equipes e funções para garantir que os clientes tenham uma boa experiência

FIGURA 3.6 Ativando a execução eficaz da estratégia no APB (sistema de gestão).
Fonte: Digital Pathways, inspirada pelo desdobramento de estratégia (*Hoshin Kanri*).

obstáculos flui para baixo; a gestão visual é um facilitador central. Cada nível realiza reuniões em pé regulares ou 'encontros', a uma frequência predeterminada e diante de quadros brancos organizados em torno da finalidade da reunião – processo, *status* atual e os maiores problemas. Queremos equipes em todos os níveis, contando suas histórias de uma forma simples e visual."

"As reuniões de Nível 1 geralmente acontecem todas as manhãs, as reuniões de Nível 2 geralmente são semanais e as reuniões de Nível 3, quinzenais ou mensais. Esses 'ritmos operacionais', ou rotinas centrais, são o batimento cardíaco e o sistema nervoso da organização. Cada equipe resolve seus próprios problemas e, quando não consegue, pede ajuda."

"Isso parece um sistema nervoso", disse Martin.

Yumi balança a cabeça em concordância. "Essa é uma boa metáfora. Nosso sistema de gestão também envolve itens de governança mais amplos, como qual é a nossa estrutura organizacional, como tomamos decisões, como decidimos o que financiar e quem é promovido. Mas vamos nos limitar ao básico, por enquanto."

"Os Níveis 1 e 3 correspondem à linha de frente e à alta liderança e são fáceis de entender", disse Martin, "mas não consigo entender o Nível 2."

"O Nível 2 se concentra no fluxo de ponta a ponta e é difícil de colocar em prática em empresas organizadas em silos, como a nossa. No Nível 2 é necessário que alguém *se aproprie* de toda a experiência do cliente. As métricas geralmente incluem *lead time*, erros e satisfação do cliente. No APB, ninguém é dono da experiência do cliente de ponta a ponta. As grandes empresas industriais resolveram esse problema se organizando explicitamente em função do fluxo de ponta a ponta, geralmente na forma de plataformas de produtos. As instalações da Toyota, por exemplo, são organizadas em torno de plataformas como Corolla, Camry e Lexus. No final de cada dia, as equipes das plataformas se reúnem em frente a um quadro branco para revisar os resultados de ponta a ponta e tomar as contramedidas necessárias."

Martin processou tudo em silêncio. "Então é assim que administramos e melhoramos o negócio", finalmente disse. "E qual é o *gap* do sistema de gestão?"

"Como disse antes, apenas quatro das 26 equipes de serviço bancário comercial entrevistadas fazem encontros regulares. Apenas 5% dos fluxos de valor centrais analisados têm governança de Nível 2 (ponta a ponta). Tudo isso levanta a questão: *Quem é o dono dos resultados de ponta a ponta do APB?*"

Martin coçou a testa. "Ninguém e é por isso que perdemos a KYTay International. Como disse, somos bons de fachada, mas não tão bons de gestão baseada em evidências. E mesmo assim, Yumi-*san*, temos pessoas inteligentes..."

"Pessoas inteligentes em um sistema ruim", respondeu Yumi, "e elas estão com medo, Martin. Elas sabem que nossos resultados são ruins e o significado disso. Temos que lhes dar algo em que acreditar."

Martin ficou em silêncio por um minuto inteiro. "Obrigado pelo excelente trabalho, Yumi. Gostaria de refletir sobre tudo isso por alguns dias e depois conversar com nosso presidente, Stephen Kwan. Depois disso, vamos fazer nossa imersão (*deep dive*) com a diretoria."

Yumi concordou com a cabeça. "Precisamos construir uma aliança. O apoio do Sr. Kwan é um primeiro passo essencial."

"Stephen foi vice-ministro das finanças por mais de duas décadas", disse Martin. "Ele é um bom homem e, acima de tudo, um patriota. Ele acredita que a prosperidade futura de Singapura depende de serviços financeiros e tecnologia."

Discussão com o presidente

Farol da transformação lean, Asia Pacific Bank, 33º andar

Alguns dias depois, Yumi e Martin mostraram a Stephen Kwan os quadros jornada do cliente, tecnologia e processo e, em seguida, fizeram uma imersão (*deep dive*) sobre "o que nos impede?".

"Nossa reunião de imersão será interessante", disse Stephen. "Me digam como posso ajudar."

"Seria de grande valor sabermos o que o senhor pensa sobre a provável postura dos principais participantes", disse Yumi.

"Aqui entre nós, acredito que a tecnologia da informação será um grande desafio", respondeu Stephen. "Eles são nosso maior e mais poderoso departamento. Nada acontece sem o apoio de Mohan Bilgi. Como você disse, temos 23 grandes sistemas de TI e centenas de aplicações – que não se comunicam muito bem.

"Mohan é um bom homem, mas parece que a TI exemplifica todas as dificuldades culturais do APB: controle de cima para baixo, medo do erro, pouca interconectividade entre sistemas e ciclos de *feedback* fracos. Para ser justo, Mohan e sua equipe precisam gerenciar sistemas legados complexos, o que certamente não é fácil. Nossos sistemas são temperamentais. Temos sorte de fazer um lançamento de código por mês – uma grande desvantagem que atrapalha nossas vendas e esforços de crescimento.

"Muita gente fala de *agile* e *devops*, mas seguimos com a abordagem tradicional em cascata. E, no entanto, tenho certeza de que Mohan se considera o responsável pela inovação em TI. Parece que ele quer desenvolver um novo sistema internamente, e me disseram que apresentará um orçamento e plano de recrutamento a vocês muito em breve."

"Com todo o respeito a Mohan, criar um novo sistema pode ser um passo maior do que a perna, pelo menos agora", disse Yumi, "e comprar seria caro demais; portanto provavelmente precisamos fazer parceria com alguém."

"Entendo você perfeitamente, Yumi", Martin disse. "Não se preocupe, vou conversar com Mohan. Mas continue, Stephen. Mais algum *insight*?"

"Richard Decker é o chefe de *compliance*", Stephen continuou. "Ele é advogado e tem bons contatos, além de laços profundos com Singapura e com a 'cidade' de Londres. Aqui entre nós, Richard é meio valentão. Ele se preocupa muito com o controle de cima para baixo e com a manutenção de silos, que afirma serem necessários para proteger o banco. Muitas ideias de melhoria não vão adiante por causa da pergunta: '*Mas e o jurídico?*' Ele não vai gostar do seu lema *construir-medir-aprender*, Yumi, e certamente não vai *deixar os problemas visíveis*."

"Nossos caminhos já se cruzaram", disse Martin. "Concordamos em uma coisa: não gostamos um do outro. Na minha opinião, Richard é uma ZEBRA – Zero Evidência, mas (do inglês, *But*) Realmente Arrogante. Mas ele é bem relacionado, como você disse, especialmente com nosso regulador,[8] então, temos que ter cuidado. Fique atenta, Yumi – ele provavelmente vai ver você como minha representante e pode tentar envergonhá-la."

"Ele que tente, Martin-*san*."

"Nancy Stark, vice-presidente (VP) de risco e *compliance*, é a chefe de Richard", Stephen acrescentou. "Ela é australiana, de Melbourne, com ascendência grega, creio eu. Acho que Nancy é justa e razoável. Se Richard se tornar um problema, podemos apelar para ela."

"E o restante da equipe sênior?", perguntou Martin.

"Stanley Phau é VP de vendas e marketing", Stephen respondeu, "acho que você conhece ele, Martin."

"Sim, eu e Stanley temos uma longa história. Ele é natural de Hong Kong e um excelente vendedor. É um cara muito pragmático – dê a ele bons produtos e mostre um mercado que ele faz a parte dele. Ele sabe que melhorar a experiência do cliente facilita as vendas, mas não se importa com como fazemos isso. A motivação, no entanto, pode ser um problema, pois faltam cinco anos para Stanley se aposentar e sei que ele quer diminuir o ritmo."

"E o que vocês acham de Karen Hong, nossa VP de recursos humanos?", Yumi perguntou. "Essa transformação gira em torno das pessoas."

"Não conheço Karen muito bem", disse Stephen. "Ela tem uma vasta experiência na General Motors e na Wells Fargo, e é uma especialista reconhecida em relações trabalhistas, remuneração e benefícios. Se está à altura do desafio de desenvolvimento de pessoas em uma grande transformação? Não sei."

"Gostaria de trabalhar mais com ela", disse Yumi. Martin concordou com a cabeça. "Avise-me se precisar de apoio."

"Temos alguns novatos também", Stephen continuou. "Marcus Kupper, diretor de operações (COO), é um sujeito interessante. Ele combina a formalidade suíça com uma total impaciência com a burocracia. Ele se saiu muito bem na Europa derrubando silos e elevando a experiência do cliente. Stephanie Shan, diretora financeira (CFO), é contadora, natural de Singapura; começou sua carreira em uma fábrica *top* de linha da Toyota, onde aprendeu o modelo de gestão *lean*. Depois foi para uma empresa de capital de risco na Califórnia. Imagino que ambas as experiências serão úteis. Ela é do tipo 'ver para crer', então, é melhor você ter bons dados."

---

[8] A Autoridade Monetária de Singapura (MAS – *Monetary Authority of Singapore*).

"Tanto Marcus quanto Stephanie são aliados em potencial", Stephen continuou, "mas precisaremos obter resultados rapidamente. Temos que provar que nossa abordagem de inovação lean digital funciona. Quanto à nossa equipe de gestão mais ampla, o setor de compras é, provavelmente, a maior preocupação. Eles gostam de contratos de 200 páginas e têm aquela mentalidade de *'entrarei em contato com você em seis semanas'*. Eles afugentaram uma série de *fintechs*."

Yumi escutou em silêncio. Ela respeitava as ideias do Sr. Kwan, mas sabia que era cedo demais para julgar Mohan, Richard e qualquer um dos mencionados.

CAPÍTULO 3 – QUESTÕES PARA ESTUDO

1. Descreva os *três sistemas* que Yumi e Martin utilizam para categorizar os obstáculos do APB.
   a. De que forma esses sistemas ajudam e por que é importante pensar nesses termos?
   b. Descreva uma experiência relacionada que você tenha tido.
   c. Quais foram os seus pontos de aprendizagem ou reflexão?

2. *Sistema de pessoas*. Como os *gaps* de *habilidade* e *cultura* se relacionam entre si?
   a. Quais são os *gaps* de habilidades mais importantes na sua organização?
   b. Quais são as crenças centrais mais limitantes na sua organização?
   c. Quais são as causas desses *gaps*?
   d. O que a sua organização pode fazer para melhorar?

3. *Sistema de trabalho (1/2)*. Descreva como estão os processos de sua organização. (P. ex., os processos são claramente definidos, visíveis, bem compreendidos e aplicados sempre da mesma forma? Quem desenvolve os processos? Como os processos são ensinados aos novos funcionários?)
   a. Quais são os *Gaps* de *desempenho de processo* mais importantes na sua organização?
   b. Onde eles estão?
   c. Quais são as causas dos maiores *gaps* de processo?
   d. O que a sua organização pode fazer para melhorar?

4. *Sistema de trabalho (2/2)*. Descreva como está a TI[9] da sua organização da melhor forma que conseguir. (P. ex., *hardware* e *software*, flexibilidade, robustez, sistemas legados, conhecimento e recursos.)
   a. Quais são os *gaps* de *recursos tecnológicos* mais importantes na sua organização?
   b. Onde eles estão?
   c. Quais são as causas desses *gaps* de tecnologia?
   d. O que a sua organização pode fazer para melhorar?

5. *Sistema de gestão*. Descreva os fluxos de valor de *Pessoas* e *Processo* da Figura 3.6. Como eles se relacionam entre si?
   a. Descreva o sistema de gestão da sua organização. Quais são os *gaps* mais importantes?
   b. Quais são as causas correspondentes?
   c. O que a sua organização pode fazer para melhorar?

---

[9] Embora não seja necessária aqui, uma descrição detalhada pode incluir também *hardware*, *software*, "coisas conectadas", aplicações, a mistura de interno e externo/terceirizado, sistemas de TI legados, processos e medidas de segurança, plataformas de dados, *data lakes* e *warehouses*, tecnologias de dados, pontos fortes e fracos relativos e como tudo isso é configurado para dar apoio ao seu negócio.

CAPÍTULO **4**

Encontrando o Norte verdadeiro com nossa bússola de estratégia digital

Qual é o nosso propósito e a nossa lógica para a vitória?

"Impossível é uma palavra encontrada apenas no dicionário dos tolos."
Napoleão Bonaparte

Maison Ikkoku,[1] *Bugis,*[2] *Singapura*

Martin, Yumi e Andy se acomodam em suas cadeiras e admiram o bar descolado e de teto alto. A luz do fim da tarde entra pela janela, por onde se visualiza a Arab Street e as cúpulas douradas da mesquita Hajjah Fatimah. Bugis, um dos bairros mais charmosos de Singapura, ganha vida.

"Aqui não tem *cardápio padrão*", diz Martin, "O *bartender* faz *drinks* personalizados, de acordo com o que você gosta e de como se sente."

"Eles têm ótimos *bourbons* aqui", comenta Andy, olhando as garrafas na parede.

"Quero conversar mais sobre estratégia", diz Martin. "Já tenho uma boa ideia de onde estamos no momento e quais são nossos obstáculos. Começo a visualizar para onde precisamos ir, mas não sei como vamos chegar lá."

"Precisamos ir um pouco mais fundo para confirmar se nosso entendimento está correto. Depois, precisamos definir nossa *lógica para a vitória* e *onde vamos jogar*", responde Yumi. "Em seguida, precisamos explicar como vamos lidar com nossos obstáculos e *gaps*: quais capacidades precisamos desenvolver? Quais sistemas de gestão precisamos desenvolver?"

---

[1] http://www.ethanleslieleong.com/
[2] https://en.m.wikipedia.org/wiki/Bugis,_Singapore

> "Você fez uma boa análise presidencial", diz Andy. "E entendo que o APB fez um diagnóstico detalhado no ano passado."
>
> Martin faz sinal que concorda com a cabeça. "Contratamos uma grande empresa de consultoria para analisar e comparar nossos resultados por segmento de mercado, *mix* de produtos e serviços, tecnologia e concorrência. Foi útil, mas as recomendações deles não foram convincentes e pareciam pré-prontas."
>
> Os *drinks* chegam, magníficas criações que refletem o humor e o gosto de cada freguês.
>
> "Podemos personalizar as contramedidas", rebate Yumi, "como estes *drinks*."
>
> Eles brindam e olham as ruas de Bugis, pensando nos dias que virão.

Reunião de *imersão* com a diretoria

Asia Pacific Bank, 33º andar, farol da transformação

Vocês sabiam...?

Os membros da alta liderança do Asia Pacific Bank chegavam ao farol, e Martin os recepcionava com boas-vindas. A linguagem corporal variava muito: alguns pareciam abertos e relaxados, outros fechados e cautelosos. Stephen Kwan, alegre e elegante, circulava cumprimentando e conversando com todos. Richard Decker e Mohan Bilgi chegaram juntos e pareciam estar curtindo uma piada, Decker fazia caras e bocas para todos os elementos visuais expostos.

"*Vocês sabiam*", Yumi começou, "que, para abrir uma simples conta-corrente e poupança, um cliente totalmente novo do APB Empresas precisará:

- Entregar 12 conjuntos de documentos
- Preencher um pacote de abertura de conta de 46 páginas e um formulário de ativação de sete páginas
- Esperar 24 dias (se utilizarem o portal *on-line*) ou 31 dias (se utilizarem *e-mail*)

"Vocês também sabiam que, do ponto de vista do APB, esse processo 'simples' irá:

- Envolver 16 equipes, espalhadas em cinco locais diferentes (em dois países)
- Utilizar 19 sistemas de TI, que não conversam muito bem entre si
- Exigir uma grande quantidade de trabalho manual, incluindo duplicação de dados, retornos no fluxo de dados e correção de erros, totalizando cerca de 2.000 FTEs

"Metade de todas as transações terá retrabalho. Nossos índices de produtividade e tempos de resposta estão no quartil inferior do nosso setor."

Yumi então comparou o desempenho do APB com os melhores bancos e *fintechs* do setor. Alguns participantes ficaram chocados, como Martin, enquanto outros questionaram a acurácia dos dados.

"Tenho dúvidas de que esses números estão corretos", disse Mohan. "Muitos dos nossos processos são os melhores da categoria."

"Precisamos confirmar esses dados", complementou Stephanie. "Se estiverem corretos, isso nos coloca em uma posição muito ruim."

"Você é nova aqui, Yumi", Richard falou, "e talvez não esteja ciente de todas as nossas fontes de dados, mas vamos ajudá-la a se atualizar, não se preocupe."

"Quem me dera que nossos resultados fossem uma anomalia, Richard", Yumi respondeu, "mas a voz do cliente é muito clara. Vamos até o quadro da jornada do cliente e vocês verão a que me refiro."

Após uma breve apresentação, Yumi passou o microfone para Elina Ghosh e a equipe lean digital, que mapeou os pontos de dor da jornada do cliente em *gaps* de capacidades (processo e pessoas), tecnologia, sistema de gestão e cultura. "Ainda não terminamos este trabalho", disse Elina, "mas a direção e as implicações são claras."

Cada relatório desencadeou um debate e, em alguns casos, conflito e negação. Yumi, Elina e equipe lidaram com os desafios de forma imparcial, com exemplos e fatos. De vez em quando, Martin e Stephen Kwan compartilhavam experiências pessoais de apoio. Conforme a reunião progredia, um desconforto emergia, embora a tese central de Yumi ainda não estivesse bem compreendida: os resultados decadentes do APB estavam enraizados na experiência ruim do cliente, que, por sua vez, era causada pelos *gaps* que a equipe lean digital havia descoberto e destacado.

"Uma apresentação potente, obrigado", disse Stephen Kwan. "Acredito que agora todos entendemos a situação do APB. Pergunto para Martin e a equipe sênior: *Qual é a sua estratégia?* Como o Asia Pacific Bank recuperará o crescimento lucrativo e criará prosperidade para nossos clientes, funcionários, acionistas e comunidade? Por favor, reflitam profundamente e deem retorno o mais rapidamente possível. E lembrem-se de que nossas decisões afetarão 32 mil pessoas e suas famílias."

Martin ligou para Yumi depois da reunião. "E aí, o que achou?"

"Diria que estamos meio a meio. Metade da alta liderança está aberta e a outra metade, não. No momento, a gestão do APB está em voo cego. Ninguém tem dados decentes, então as pessoas dizem o que pensam e era isso. É outro exemplo de gestão Zebra – Zero Evidência, mas (do inglês, *But*) Realmente Arrogante."

"Sabe o que Andy-*san* me disse?", Martin comentou, "aqui a gestão é apenas um *hobby*."

Ao longo do mês seguinte, Martin, Yumi e a equipe lean digital prepararam sua resposta à pergunta de Stephen Kwan, incluindo, sempre que possível, Martin Kupper, Stephanie Shan e outros membros da alta liderança na conversa. Eles usaram os relatórios dos consultores e voltaram atrás vários anos em busca de padrões, tendências e causas raízes. Martin compartilhou a metáfora do montanhismo de Yumi. O plano era confirmar a estratégia com a equipe sênior antes de apresentá-la à diretoria. Gradualmente, eles entenderam seu tabuleiro de xadrez complexo e obscuro e desenvolveram uma estratégia coerente.

Apresentação estratégica da liderança sênior[3]

Asia Pacific Bank, Sala de reuniões da diretoria, 37º andar

Martin dá boas-vindas aos líderes seniores do APB Empresas: Marcus Kupper, Stephanie Shan, Mohan Bilgi, Stanley Phau, Karen Hong, Richard Decker e Yumi Saito.

---

[3] Este capítulo é baseado em *Playing to Win – How Strategy Really Works* (Cambridge MA: Harvard Business Review Press, 2013), de A.J. Lafley e Roger Martin, e em *Fazendo Acontecer a Coisa Certa – Um guia de planejamento e execução para líderes* (Lean Institute Brasil: São Paulo SP 2007), de Pascal Dennis.

Capítulo 4 ▪ Encontrando o Norte verdadeiro com nossa bússola de estratégia digital

"Graças ao apoio da equipe lean digital", Martin começa, "conseguimos elaborar respostas sólidas às *grandes perguntas de estratégia*:

1. Onde estamos neste momento?
2. Onde queremos estar?
   - *Qual é a nossa lógica para a vitória?*
   - *Onde vamos jogar?*
3. Como chegamos lá?
   - *O que nos impede?*
   - *Quais são as capacidades que precisamos desenvolver?*
     i. Sistema de pessoas: habilidades, mentalidade e comportamentos
     ii. Sistema de trabalho: processo e tecnologia
     iii. Sistema de gestão: gestão de desempenho e organização

Todos vocês já devem ter visto a análise de nossa situação atual – não é necessário repeti-la. Gostaria de me concentrar nas perguntas 2 e 3 hoje. Meu objetivo é alinhar nosso entendimento antes da apresentação a toda Diretoria."

Qual é o nosso propósito?

Digital até a raiz

"Nossos problemas são muito mais graves do que eu imaginava", continua Martin. "Pensava que nossos concorrentes fossem bancos asiáticos e pequenas *fintechs* especializadas, mas me enganei. Na verdade, nossos concorrentes são as *big techs* e as grandes plataformas de *e-commerce* – Alibaba, Tencent, Baidu e, em breve, Amazon e Google. Para dar uma ideia do que estamos enfrentando, eis a diferença do custo por transação no serviço bancário varejista:

- Agência física: $ 4,00
- Caixa eletrônico: $ 0,85
- *On-line*: $ 0,17
- Telefone celular: $ 0,08

Isso tudo resulta em uma coisa: precisamos nos tornar um banco *digital até a raiz*, o que significa aprender novas maneiras de trabalhar."

Richard suspira. "Com todo o respeito, Martin, somos um banco, não uma empresa de tecnologia. O seu propósito vai contra todas as nossas tradições e cultura."

"Concordo, Richard, mas acho que não temos escolha. É mudar ou morrer."

Essas palavras ficaram pairando no ar pesado de pensamentos não ditos, em um misto de ameaça e desafio. *Richard tem razão – somos um banco, não uma empresa de tecnologia. Será que isso pode funcionar? Se não, consigo aguentar até me aposentar? Quero ser associado ao fracasso? E se funcionar e eu não estiver a bordo?*

"Ainda é cedo, mas os dados sugerem que a digitalização das jornadas do cliente traz enormes benefícios", diz Stephanie, quebrando a tensão. "Maior receita e menor custo por cliente, e maiores níveis de engajamento. No entanto é um grande passo para nós, considerando todos os *gaps* que estamos encontrando."

"Muito bem resumido, Stephanie", coloca Martin, "e é por isso que nosso propósito é nos tornar um banco *digital até a raiz*. Agora Yumi vai apresentar a nossa lógica para a vitória."

"Para alcançar o nosso propósito", começa Yumi, "precisamos (a) digitalizar as principais jornadas do cliente, (b) simplificar e modernizar nossa arquitetura de TI e de dados, e (c) implementar novas maneiras de trabalhar. Esses são os nossos Pilares Estratégicos." (**Ver Figura 4.1**)

Yumi então apresenta o raciocínio por trás de cada pilar.

- Pilar Um: Digitalizar as principais jornadas do cliente (**Ver Figura 4.2**)
- Pilar Dois: Implementar novas maneiras de trabalhar (**Ver Figura 4.3**)
- Pilar Três: Simplificar e modernizar nossa arquitetura de TI e de dados (**Ver Figura 4.4**)

A equipe sênior acompanha a apresentação de Yumi em silêncio. A lógica é convincente, mas há problemas práticos. Os resultados esperados são realistas? Quais são as reais implicações de "digitalizar as principais jornadas do cliente"? O que realmente significa "novas formas de trabalhar"?

"Você pode falar mais sobre o Pilar 1?", Marcus pede. "Especialmente sobre em quais jornadas do cliente vamos focar e por quê?"

"Vamos nos concentrar nas jornadas que podem proporcionar vitórias rápidas em experiência e produtividade do cliente", responde Yumi. "Começaremos com projetos mais simples para desenvolver nossa capacidade e confiança. Para a jornada da KYTay, isso provavelmente significa consertar os dois pontos críticos: coleta de dados e documentos do cliente e diligência prévia do cliente. À medida que ficarmos mais fortes, podemos assumir a integração do cliente de *ponta a ponta*, ou seja, a jornada completa. Com o tempo, expandiremos ainda mais nosso escopo para a integração do cliente em diferentes produtos e segmentos."

"Estamos tão desesperados assim?" Richard pergunta. "Tivemos uma boa década e, apesar da desaceleração nos últimos anos, ainda estamos ganhando

Propósito: digital até a raiz

Cliente precisa de...

PMEs* querem
- Engajamento multi-canal sem atrito
- Autoatendimento totalmente digital
- Atendimento impecável
- Integração digital com sistemas contábeis

EMs* e FIs querem
- Propostas personalizadas
- Suporte do Gerente de Relacionamento
- *Insights* relevantes e em tempo real
- Integração digital com sistemas empresariais

... com o apoio de nossas prioridades estratégicas...

- **Digitalizar as principais jornadas do cliente** de ponta a ponta para melhorar a experiência e a eficiência do negócio

- Progressivamente **simplificar e modernizar nossa arquitetura de TI e de dados** por meio de investimentos nos *gaps* específicos

- **Implementar novas maneiras de trabalhar** com mais desenvolvimento ágil de *software* e programa formal de inovação acelerada

... para obter os melhores resultados

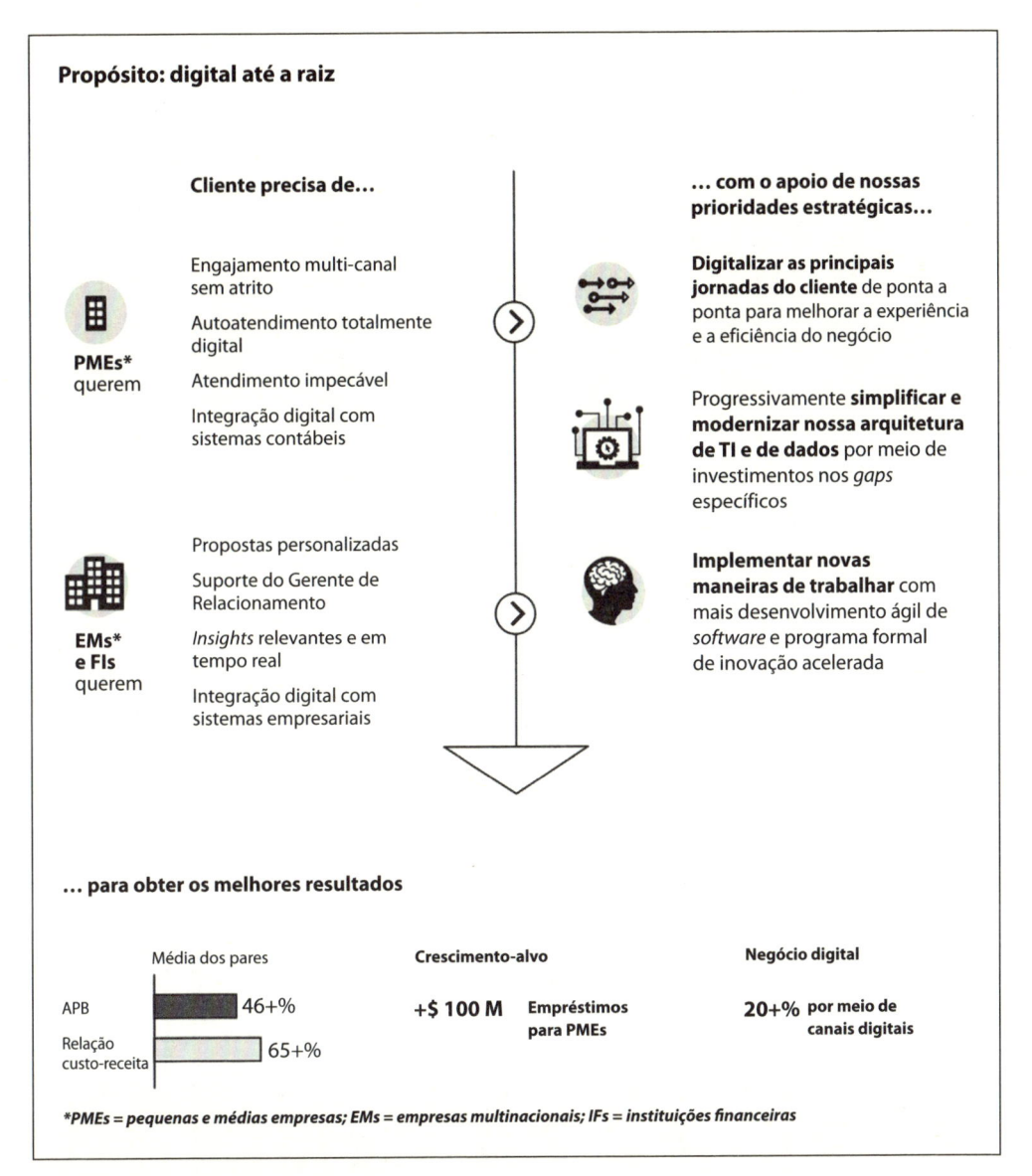

	Média dos pares	Crescimento-alvo	Negócio digital
APB	46+%	+$ 100 M Empréstimos para PMEs	20+% por meio de canais digitais
Relação custo-receita	65+%		

**PMEs = pequenas e médias empresas; EMs = empresas multinacionais; IFs = instituições financeiras*

FIGURA 4.1 Nossa lógica para a vitória.
Fonte: Digital Pathways.

dinheiro. Fora que os dados sobre clientes digitais não são convincentes. As receitas parecem ser maiores, mas uma coisa não necessariamente é causa da outra – pode ser apenas uma correlação onde os primeiros a adotar o serviço são mais ricos."

58 Dominando a disrupção digital

PMEs querem

Melhorar a experiência do cliente
- Geração digital de **empréstimos simples**, com atendimento *on-line*
- Tempo mais curto de **aprovação do empréstimo e liberação do dinheiro**
- Melhorar a oferta digital em **serviço de câmbio, taxas e depósitos**

Melhorar a gama de produtos
- Alavancar o **open banking** para ampliar o alcance ao cliente
- Atualizar as propostas de **financiamento do comércio e capital de giro**
- Oferecer **opções flexíveis de financiamento** para empréstimos

→ **100%** Empréstimos disponíveis *on-line*
→ **< 2h** Tempo de aprovação de empréstimo simples
→ **2x** Taxa de conversão de PME em comercialização de produtos a partir dos canais *on-line*

EMs e FIs querem

Aprofundar as relações com o cliente
- Posicionar o **Gerente de Relacionamento** no coração do nosso modelo, a fim de personalizar propostas e *insights*
- Um **modelo orientado ao cliente** com o apoio de equipes de produto e de *delivery*

Melhorar a gama de produtos
- Expandir a **gestão de pagamentos e dinheiro**: abordar mais necessidades de **liquidez** e oferecer mais **soluções de financiamento**
- Continuar a investir em plataformas de **financiamento comercial e de ativos**
- Expandir a **comercialização de produtos**: integrar **serviços de câmbio** em grandes volumes e melhorar as capacidades eletrônicas para execução de **Tarifas e Recompras**

→ **1 em 3** Ganhar o controle da administração do caixa (a partir de 1 em 8)
→ **25%** Aumento das negociações eletrônicas (serviço de câmbio e Taxas)

Ambas querem

Straight through processing e automatização
- Transformar a **integração e o atendimento** ao cliente
- Modernizar **pagamentos internacionais**
- Possibilitar a integração com sistemas contábeis

→ **>90%** *Straight through processing* de pagamentos internacionais

Começaremos com jornadas simples para **desenvolver nossa capacidade e confiança**.
Priorizaremos jornadas que possam **melhorar a eficiência do negócio e a experiência** (tanto dos clientes externos quanto dos clientes internos).
Nossa equipe de inovação digital **se concentrará em conquistar as "primeiras vitórias" antes de partir para jornadas de "apostas mais altas"**.

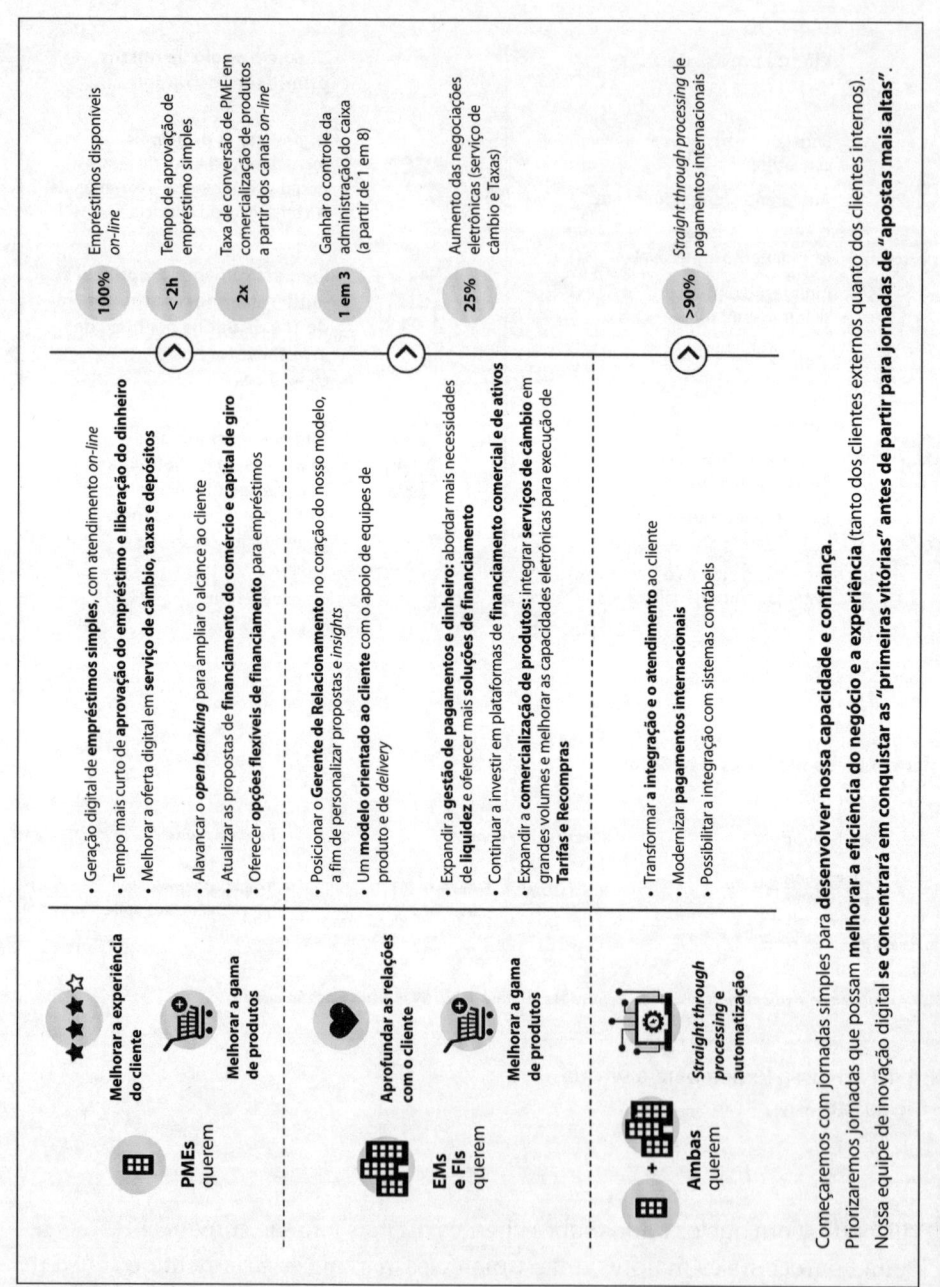

FIGURA 4.2 Pilar estratégico 1: digitalizar as principais jornadas do cliente.
Fonte: Digital Pathways.

Processos de desenvolvimento ágil de software

De cascata...
Tempo médio de ciclo: > 9 meses

... à entrega iterativa e incremental
< 6 meses, com lançamentos mensais

1. Abordagem sequencial com requisitos fixos definidos no início
2. *Feedback* limitado do usuário antes da testagem do produto final
3. Equipes temporárias de áreas especializadas
4. Iniciativa focada com responsabilidade do gerente

- **Abordagem iterativa com *sprints* curtos de desenvolvimento**
- ***Feedback* contínuo do cliente por meio de testagem e aprendizagem**
- **Equipes interdisciplinares, colocalizadas e perenes**
- **Resultado focado com responsabilidade total de equipes ágeis**

Até 30%	Aumento da produtividade
> 50%	Mudança realizada com métodos ágeis
3,5x	Número de *Agile Coaches*

Programa formal de intraempreendedorismo para "alimentar" o funil de inovação do APB

Qualificar e reter

- **Programa de Capacitação de Novas Maneiras de Trabalhar** para garantir que todos falem a mesma língua, compartilhem a mesma lógica
- Programas de **liderança** que servirão de **modelo** para as novas maneiras de trabalhar
- **Programa de Capacitação Digital** para desenvolver conhecimentos para funções especializadas
- **Planos de carreira mais claros e bem definidos**

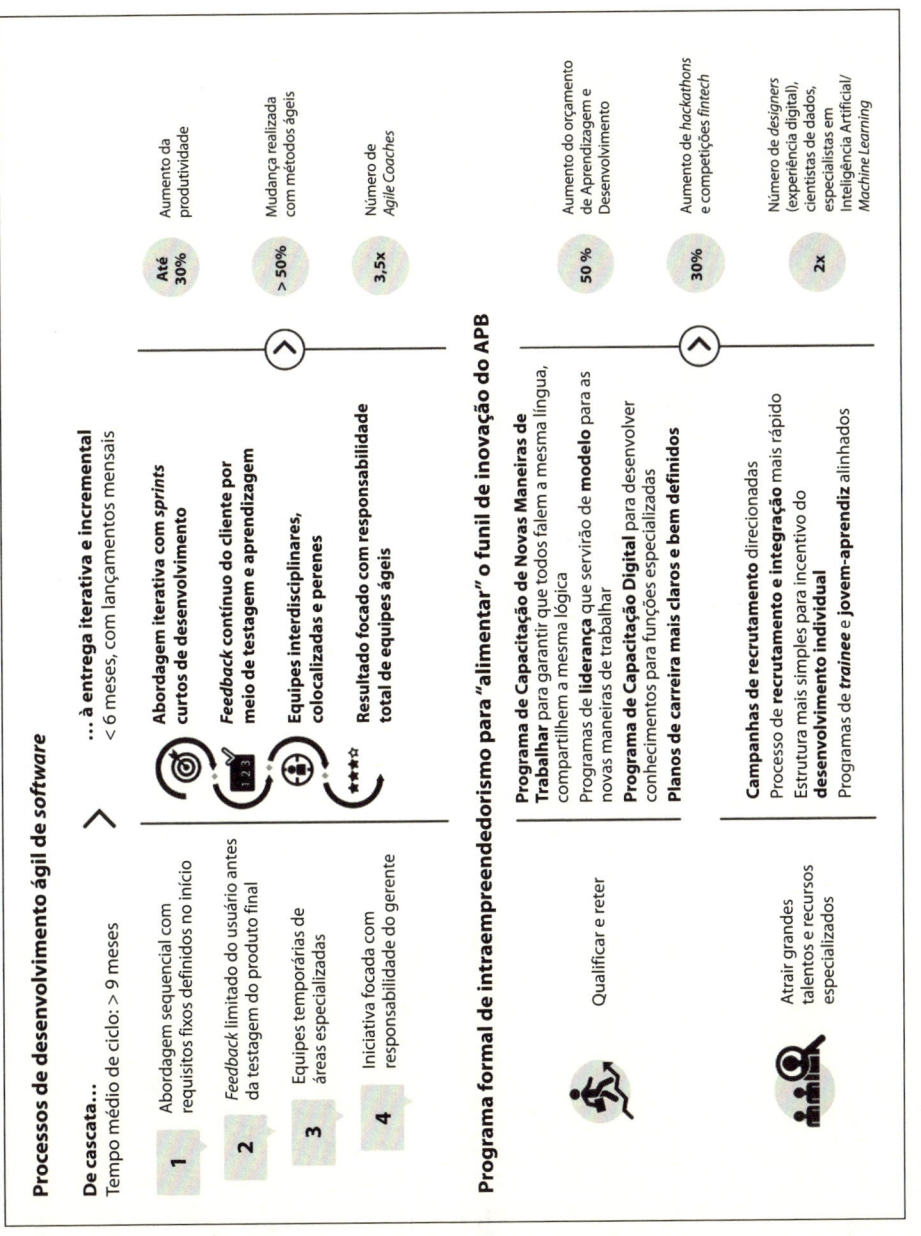

Atrair grandes talentos e recursos especializados

- **Campanhas de recrutamento** direcionadas
- Processo de **recrutamento e integração** mais rápido
- Estrutura mais simples para incentivo do **desenvolvimento individual**
- Programas de ***trainee* e jovem-aprendiz** alinhados

50 %	Aumento do orçamento de Aprendizagem e Desenvolvimento
30%	Aumento de *hackathons* e competições *fintech*
2x	Número de *designers* (experiência digital), cientistas de dados, especialistas em Inteligência Artificial/*Machine Learning*

FIGURA 4.3 Pilar estratégico 2: implementar novas maneiras de trabalhar.
Fonte: Digital Pathways.

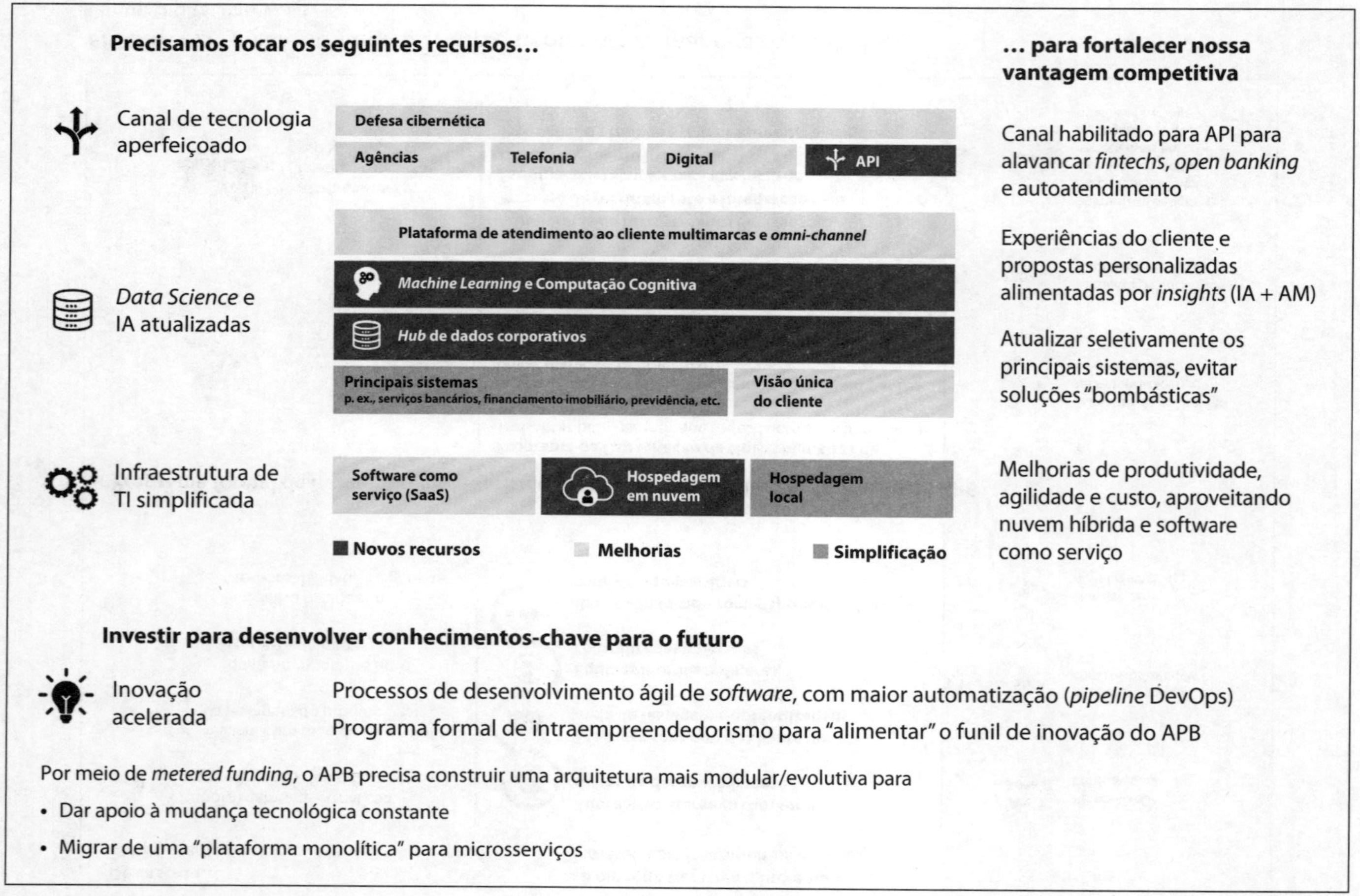

Precisamos focar os seguintes recursos...

	... para fortalecer nossa vantagem competitiva
Canal de tecnologia aperfeiçoado	Canal habilitado para API para alavancar *fintechs*, *open banking* e autoatendimento
Data Science e IA atualizadas	Experiências do cliente e propostas personalizadas alimentadas por *insights* (IA + AM)
	Atualizar seletivamente os principais sistemas, evitar soluções "bombásticas"
Infraestrutura de TI simplificada	Melhorias de produtividade, agilidade e custo, aproveitando nuvem híbrida e software como serviço

Defesa cibernética

| Agências | Telefonia | Digital | ✈ API |

Plataforma de atendimento ao cliente multimarcas e *omni-channel*

Machine Learning e Computação Cognitiva

Hub de dados corporativos

Principais sistemas
p. ex., serviços bancários, financiamento imobiliário, previdência, etc. — Visão única do cliente

Software como serviço (SaaS) — Hospedagem em nuvem — Hospedagem local

■ Novos recursos ■ Melhorias ■ Simplificação

Investir para desenvolver conhecimentos-chave para o futuro

Inovação acelerada	Processos de desenvolvimento ágil de *software*, com maior automatização (*pipeline* DevOps)
	Programa formal de intraempreendedorismo para "alimentar" o funil de inovação do APB

Por meio de *metered funding*, o APB precisa construir uma arquitetura mais modular/evolutiva para
- Dar apoio à mudança tecnológica constante
- Migrar de uma "plataforma monolítica" para microsserviços

FIGURA 4.4 Pilar estratégico 3: simplificar e modernizar nossa arquitetura de TI e de dados.
Fonte: Digital Pathways.

"O investimento é muito grande – e o risco também", diz Mohan. "Precisaremos abrir nossos sistemas e conectá-los a possíveis parceiros utilizando APIs,[4] mas sem derrubar os sistemas existentes. Não podemos parar nada. Mais uma vez, o risco é muito grande."

"Exatamente, Mohan", concorda Richard. "*Código aberto* está na moda agora, mas o *compliance* supera tudo. Desde a Grande Crise Financeira (GCF), não tivemos qualquer violação de dados significativa. O regulador gosta da gente e eu gostaria de manter as coisas assim."

"Nosso pessoal não é nativo digital", diz Karen Hong. "Precisaremos investir pesado em treinamento e desenvolvimento. Aprender com a experiência é a melhor opção, e para isso precisaremos de muito treinamento e capacitação. Também precisaremos de um sistema *on-line* de gestão da aprendizagem. Há alguns bons disponíveis, mas será que nosso pessoal os usará?"

"As nações ASEAN+Seis[5] estão crescendo", diz Stanley. "Minha equipe acredita que podemos expandir muito nossas ofertas de serviços móveis nesses mercados. A internet doméstica pode não ser confiável, mas todo mundo tem um telefone celular."

"Continuando", diz Martin, "para alcançar o nosso propósito, precisamos desenvolver um portfólio de projetos de inovação. Em suas experiências anteriores, Yumi desenvolveu um processo chamado de *Bússola de Inovação Digital*, que usaremos para desenvolver nosso portfólio de inovação. Yumi, por favor..."

Desenvolvendo nossa bússola de estratégia digital

"Quando eu era uma jovem engenheira", diz Yumi, "meu pai, Andy, me ensinou um poderoso sistema de planejamento e execução chamado de *Hoshin Kanri*.[6] Traduzi os princípios básicos desse sistema para o nosso mundo digital. É tudo uma questão de abrir caminho para a disrupção, identificar e cultivar possíveis fontes de crescimento desde o início e criar as estruturas necessárias para sustentá-las. (**Ver Figura 4.5**) Para isso, precisaremos gerenciar dois objetivos estratégicos em paralelo:

---

[4] *Application Program Interface*, um conjunto de métodos de comunicação claramente definidos entre vários componentes. As APIs ajudam as empresas a abrir componentes individuais em serviços bem documentados para que os desenvolvedores e parceiros internos possam iterar rapidamente novos recursos.

[5] A Associação das Nações do Sudeste Asiático (ASEAN) é composta por Indonésia, Tailândia, Singapura, Malásia, Filipinas, Vietnã, Mianmar, Camboja, Brunei e Laos. O "mais seis" refere-se a China, Japão, Coreia do Sul, Austrália, Nova Zelândia e Índia.

[6] Também conhecido como Desdobramento da Estratégia ou Gerenciamento pelas Diretrizes. Interessados podem consultar *Fazendo Acontecer a Coisa Certa – Um guia de planejamento e execução para líderes* (Lean Institute Brasil: São Paulo SP 2007), de Pascal Dennis.

1. Onde estamos neste momento?	2. Onde queremos estar?	3. Como chegamos lá?
Mapa de disrupção	**Mapa de capacidades**	**Portfólio balanceado de iniciativas**

Qual é a natureza da disrupção?
• Tendências sociais, regulatórias
• Tecnologias emergentes: Big Data, AI, *blockchain*, IoT...
• Mudanças no comportamento do consumidor?
Movimentos interessantes da concorrência
• Novos produtos/serviços digitais?
• Novos modelos de negócios?
• Colaboração com startups (parcerias, pilotos comerciais, *joint ventures*)?
Qual é o impacto sobre o nosso negócio?
• Mudanças na nossa cadeia de valor?
• Fontes de faturamento em risco?
	Detalhamento da experiência do cliente
	• Principais fluxos de valor/ jornadas do cliente
	• Momentos da verdade, nível de esforço do cliente (atrito), nível de satisfação, principais pontos de dor e oportunidades
	Gaps de capacitação definidos
	Como avaliamos nossa maturidade atual?
	• **Sistema de pessoas:** mentalidade, conjunto de habilidades e comportamentos
	• **Sistema de trabalho:** processo, tecnologia, organização
	• **Sistema de gestão:** Farol da Transformação, gestão visual e ritmo operacional
		Propósito estratégico
		• Para onde acreditamos que o setor está indo?
		• Que tipos de negócios serão bem-sucedidos?
		• O que nos impede (obstáculos)?
		Tese de investimento
		• "Espaços de valor" atraentes? (Procurar intersecções entre mudanças de comportamento do cliente e novas tecnologias.)
		• Onde iremos jogar – e não jogar?
		• Que áreas do nosso negócio atual devem ser digitalizadas?
		• Que produtos/serviços digitais faltam em nosso portfólio?
		• Que áreas devem ser abandonadas?
		• Onde competir/colaborar?
		• *Consistência: nossa tese de investimento digital sustenta nossa estratégia geral?*
			Qual é a nossa lógica para a vitória?
			• Como transformar restrições e ameaças em oportunidades?
			• Como resolveremos os obstáculos e, em particular, *gaps* de recursos (construir, alugar ou comprar)?
			• Prioridades estratégicas (áreas de foco)?
			Qual é o nosso caminho a seguir?
			• Nosso roteiro da transformação é realista e atraente?
			• Nosso portfólio de iniciativas é balanceado?
			  • Como protegeremos nosso core *business* (inovação em eficiência),
			  • Enquanto acionamos um novo mecanismo de crescimento (inovação sustentada e disruptiva)?
			• Como criamos sinergia e desenvolvemos aprendizado? (Ganha-ganha).
			• Quem é responsável e pelo quê?
			• Como medimos progresso e resultados?

FIGURA 4.5 Nossa bússola de estratégia digital.
Fonte: Digital Pathways.

Capítulo 4 ▪ Encontrando o Norte verdadeiro com nossa bússola de estratégia digital

- *Proteger nosso core business:* (jogar melhor)
- *Criar novas fontes de crescimento:* novas ofertas digitais e/ou modelos de negócio (mudar o jogo)

Podemos mapear tudo isso desta maneira." (**Ver Figura 4.6**)

O APB precisará promover 2 tipos de iniciativas de inovação
- **Tática (jogar o jogo melhor/baixo risco):** grande volume, ideias de melhoria incremental, com ROI claro e retorno rápido
- **Estratégica (mudar o jogo/grandes apostas):** investimentos arriscados (no desconhecido) em tecnologias, talentos, mercados, produtos, parcerias –> contabilidade da inovação = investir para aprender

Mercado/segmento-alvo

Acionar novos mecanismos de crescimento
- Inovação disruptiva
- Inovação de sustentação

Proteger o core business
- Inovação em eficiência

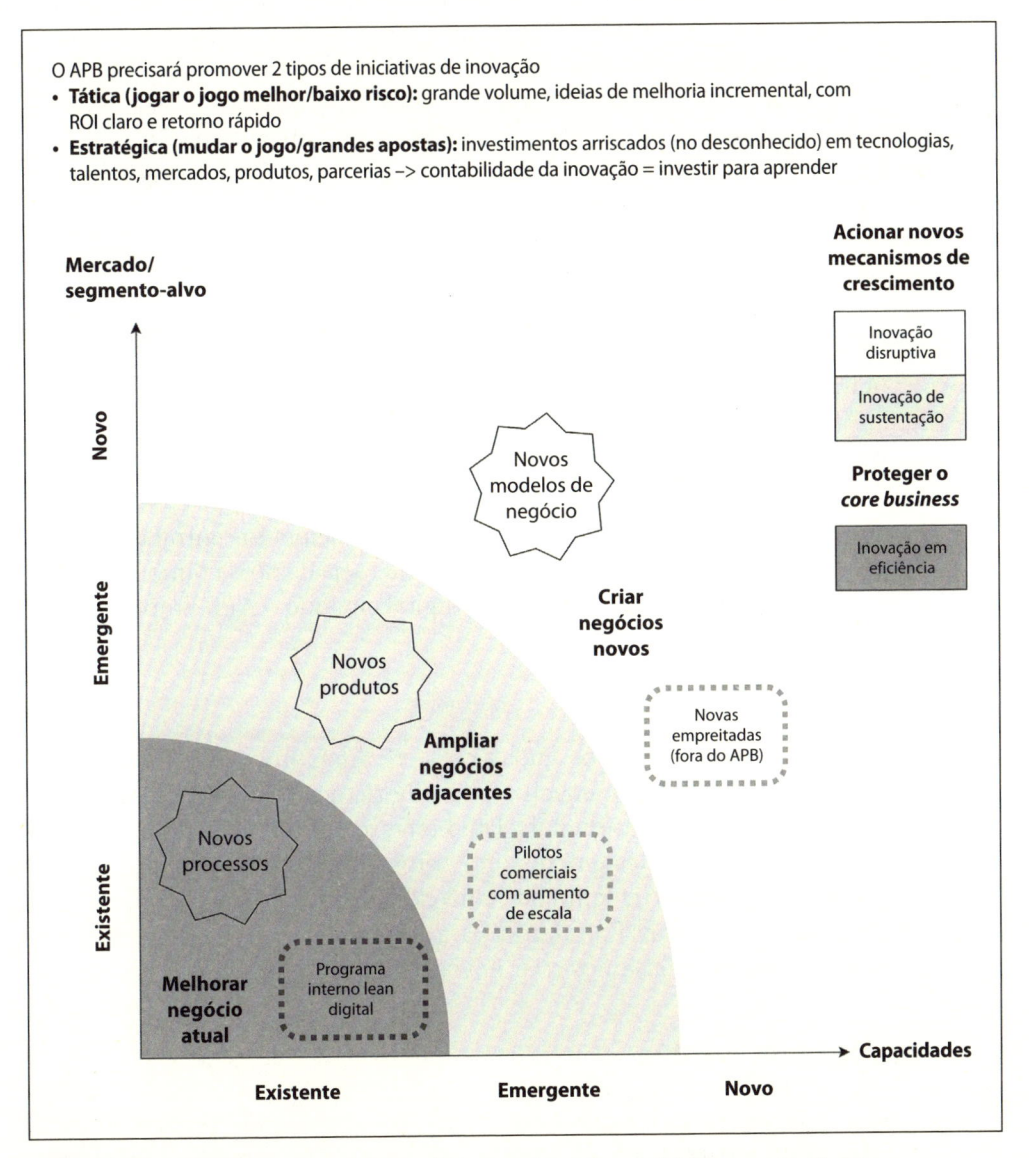

Eixo vertical: Novo / Emergente / Existente
Eixo horizontal (Capacidades): Existente / Emergente / Novo

- Novos modelos de negócio
- Novos produtos
- Novos processos
- **Criar negócios novos**
- **Ampliar negócios adjacentes**
- **Melhorar negócio atual**
- Novas empreitadas (fora do APB)
- Pilotos comerciais com aumento de escala
- Programa interno lean digital

FIGURA 4.6 Alinhando os projetos de inovação com os objetivos estratégicos.
Fonte: Digital Pathways.

Três tipos de inovação

Inovação em eficiência

"Existem três tipos de inovação", Yumi prossegue, "e, em uma empresa saudável, elas se desenvolvem uma em torno das outras. A *inovação em eficiência* protege nosso *core business*. Utilizamos métodos lean digital para reduzir o desperdício e os transtornos nos fluxos de valor existentes. O horizonte de tempo é menor e buscamos projetos com ROI claro e rápido. Esses projetos frequentemente envolvem o redesenho de processos com automação inteligente, *analytics* avançado e *machine learning*, com o objetivo final de digitalizar as principais jornadas do cliente.

"A *maior parte* do nosso trabalho de inovação nos próximos anos será de projetos de eficiência. Quando bem executados, esses projetos liberam dinheiro e pessoas, além de gerar recursos que podem ser reempregados para impulsionar outras partes do negócio. Alguma pergunta?"

"A inovação em eficiência às vezes é chamada de *kaizen*, não?" Marcus questiona. "E acredito que todos vamos aprender métodos lean digital, correto?"

Yumi concorda com a cabeça. "As grandes empresas industriais utilizam a inovação em eficiência para envolver e desenvolver seu pessoal, e isso, por sua vez, possibilita melhorias mais amplas. Ela é um elemento central da cultura dessas empresas e, com o tempo, esperamos que seja da nossa também. E sim, estamos implantando um currículo lean digital em todo o APB Empresas."

Inovação de sustentação

"A inovação de sustentação nos ajuda a crescer", Yumi prossegue. "Ela tem um horizonte de médio prazo e envolve (a) melhoria dos produtos existentes ou (b) criação de novas ofertas digitais. Um bom exemplo seria o crescimento de nossos negócios adjacentes em, digamos, empréstimos para pequenas e médias empresas ou financiamento de comércio, talvez por meio da colaboração com *fintechs* estabelecidas. Entretanto, para acionar de verdade nosso mecanismo de crescimento, precisamos criar novos modelos de negócios."

Inovação disruptiva

"E é disso que se trata a inovação disruptiva", continua Yumi. "Nesses projetos, precisamos *nós mesmos* fazer a disrupção, em vez de esperarmos que os concorrentes o façam. Eles têm um horizonte de tempo mais longo e neles trabalhamos com tecnologia, produtos e mercados desconhecidos. A inovação disruptiva pode envolver o *open banking*, como a criação de um banco totalmente digital ou de uma plataforma digital e um ecossistema de clientes e fornecedores.

Capítulo 4 ▪ Encontrando o Norte verdadeiro com nossa bússola de estratégia digital

"Iniciativas disruptivas são muito diferentes do trabalho de 'proteger o *core business*'. O objetivo é 'quebrar o banco nós mesmos', e isso significa trabalhar em áreas desconhecidas e trabalhar com pessoas incomuns de talentos incomuns e parceiros não antes testados. Para reduzir o risco e avaliar adequadamente o progresso, precisaremos complementar a contabilidade convencional com a tão falada contabilidade da inovação."

"Espera aí", interrompe Stephanie. "Preciso entender todos os novos métodos de avaliação de resultados. Entendo que o ROI talvez não seja a melhor métrica para a inovação disruptiva, mas, se nossos livros forem questionáveis, eu é que posso ser presa."

"Para mim, tudo isso é questionável", diz Richard.

"Yumi, coloque Stephanie e equipe totalmente à par da contabilidade da inovação e das questões de governança relacionadas", diz Martin. "Precisamos de alinhamento total aqui e tenho certeza de que a experiência de Stephanie com capital de risco será útil."

Yumi acena em concordância. "A contabilidade da inovação se baseia na matemática de opções. Tenho vários documentos a respeito, vou compartilhá-los com todos vocês. A ideia básica é fazer um *Metered Funding* (investimento limitado e progressivo) nas equipes de PoC com base na capacidade delas de reduzir o risco de mercado, e investimos apenas nas PoCs que atendem às metas acordadas. Com isso, compramos o direito de adquirir a inovação com desconto, como em uma opção convencional. Ao eliminarmos os perdedores rapidamente, protegemos nosso orçamento de inovação para que possamos investir em grandes vencedores. Na verdade, estamos comprando seguro de lucro cessante."

"Parece interessante", respondeu Stephanie, "mas preciso saber mais a respeito."

"Deixem-me aproveitar e fazer uma pausa", diz Yumi. "Alguma dúvida?"

"Se inovação disruptiva é 'quebrar o banco nós mesmos'", diz Marcus, "como podemos implantá-la? Os líderes de linha de negócios não vão naturalmente reagir contra isso?"

"Muito bem colocado, Marcus", diz Richard Decker. "Sério, Yumi, você realmente sugere pedirmos aos líderes do negócio que acabem com seu próprio negócio? Essas pessoas passaram uma carreira inteira desenvolvendo suas equipes, produtos e negócios. Dê a elas essa tal de inovação disruptiva e elas a enterrarão. É o que eu faria."

"Excelentes perguntas", responde Yumi, "aliás, essas são perguntas que atormentam empresas do mundo inteiro. Há inúmeras abordagens, que podemos explorar em outro momento. No mínimo, precisaremos de um conselho de inovação, presidido pelo CEO e composto pelos líderes mais seniores, para ajudar a tomar decisões sobre o tipo de inovação que buscamos e como a implantamos enquanto buscamos um equilíbrio entre as necessidades de nossos funcionários, acionistas, clientes e comunidade."

"Que fique registrado", diz Richard, balançando a cabeça, "acho que estamos superestimando o risco oferecido pelas *fintechs* e subestimando seriamente nossos pontos fortes. Cuidado para não jogar o bebê fora junto com a água do banho."

"Preocupações anotadas, Richard", diz Martin. "No final das contas, o Asia Pacific Bank precisa melhorar na proteção de seu *core business* e no crescimento de novos negócios; para isso, precisamos aprender e aplicar o que Yumi está nos ensinando."

"Pelo que entendi", diz Stephanie, "o resultado do nosso trabalho de estratégia digital será um portfólio balanceado de projetos de inovação. Que cara terá isso?"

"A equipe lean digital", Yumi responde, "está revisando nosso portfólio atual junto com os líderes seniores. Estamos tentando identificar os *espaços de valor* respondendo a perguntas como:

- Que produtos e serviços digitais novos faltam em nosso portfólio?
- Que tipos de produtos/serviços os clientes possivelmente demandarão?
- Que ofertas e elementos do modelo operacional atual devem ser digitalizados ou totalmente reprojetados para melhorar as jornadas do cliente?
- Que ofertas e áreas devem ser abandonadas?

As respostas a essas perguntas resultarão em um mapa de espaço de valor, que compartilharemos assim que possível. Para conseguirmos ter um portfólio balanceado, precisaremos avaliar oportunidades de acordo com o tipo de inovação, obstáculos, recursos necessários e estratégia geral – e é aí que entra o Conselho de Inovação.

"Um último ponto: a bússola de estratégia digital nos ajudará a preencher nossa esteira de inovação de *hoje*. Entretanto, no longo prazo, precisaremos preencher nossa esteira de inovação *internamente*, o que significa desenvolver intraempreendedores locais. Mas isso já é uma questão para outro dia."

Eles prosseguem nesse ritmo por mais alguns minutos, Martin incentivando perguntas difíceis e discussões francas. Por fim, ele encerra a reunião. "Obrigado pela excelente discussão. Vejo todos vocês na semana que vem, na apresentação da estratégia para a diretoria."

Visão da linha de frente

Kenny Soh era um líder da linha de frente do APB Empresas. Ele já tinha liderado equipes em praticamente todos os departamentos desse segmento e era muito querido e respeitado. Kenny contava ótimas histórias sobre sua infância em um vilarejo *kampung*[7] tradicional. Ele e Martin se conheciam há muito tempo; na verdade, Martin havia sido seu protegido logo que ingressara no Asia Pacific Bank.

Em um final de tarde, Martin procurou Kenny. "Preciso de um favor", disse Martin. "Estamos embarcando em uma transformação de negócios e não sei em que isso vai dar. Aqui entre nós, estou um pouco assustado. Não quero perder nosso pessoal de vista, Kenny. De vez em quando, vou perguntar a você como estamos indo. Quero que você seja sempre totalmente honesto. Você pode fazer isso por mim?"

"Claro, será um prazer", respondeu Kenny, "é uma honra você me pedir isso." Martin encolheu os ombros. "Está bem. Então, como estão as coisas até agora?"

"Bem, essa tal equipe *lean* digital parece estar em todo lugar, levantando perguntas, tirando medidas, fazendo análises. Parece ser um grupo inteligente e positivo. Conheci Yumi e ela parece muito capaz. Eles começaram a fazer os momentos de *Almoço & Aprendizado*, encontros para aprendizado durante o almoço, que têm sido muito interessantes até agora. Eles sempre nos dão lição de casa, o que não me importo. Entendo que faremos também uns eventos de melhoria (EM)."

"Até aqui tudo bem, então?"

"Na verdade, há algo me incomodando", disse Kenny. "Estamos começando a ouvir sobre nosso Propósito e lógica para a vitória. *Digital até a raiz* é uma ideia assustadora para muitas pessoas. Como fica quem não tem um bom conhecimento de tecnologia?"

"Todos nós temos que aprender e crescer, Kenny", respondeu Martin. "Se quisermos sobreviver, temos que aprender métodos lean digital, não tem como fugir disso. *Almoço & Aprendizado* e EMs são só o começo."

"Digital significa menos empregos, Martin, todo mundo sabe disso. Estou perto de me aposentar, então isso não me afeta tanto, mas e o pessoal mais jovem?"

"Minha promessa pessoal", respondeu Martin, "é que todos terão a chance de aprender e crescer. Pessoas cujas funções irão desaparecer por causa do digital terão várias oportunidades de retreinamento ou planos de aposentadoria generosos, se for o que desejarem."

Kenny pensou por um tempo. "Parece justo. Todo mundo sabe que estamos em uma situação difícil. Apareça sempre que quiser, isso é muito importante para o pessoal."

---

[7] Tipo de vilarejo tradicional na Malásia, geralmente com casas de telhado de palha construídas sobre palafitas devido às inundações periódicas. Os vilarejos *kampung* são conhecidos por seu espírito comunitário e cultura de ajuda mútua.

CAPÍTULO 4 – QUESTÕES PARA ESTUDO

1. De acordo com Yumi e Martin, a primeira reunião de imersão com diretores conseguiu alinhar apenas parcialmente a alta liderança.
    a. O que você acha que Yumi viu que a fez concluir isso?
    b. Qual é a dinâmica das reuniões de imersão da sua empresa?
    c. Aponte motivos comuns para a alta liderança não se engajar ou não apoiar grandes transformações de negócio.
    d. Indique possíveis contramedidas para cada motivo.

2. Andy sugere que, no APB, gestão é apenas um '*hobby*'.
    a. O que você acha que ele quis dizer com isso?
    b. Defina gestão HIPPO e ZEBRA.
    c. Descreva a tomada de decisão do ponto de vista desses tipos de gestão.
    d. Que tipo de cultura esse tipo de gestão estimula?
    e. Você tem alguma experiência ou história pessoal que gostaria de contar?

3. Qual é o Propósito do APB?
    a. Ele faz sentido ou o APB deveria ter escolhido outro tema? Essa expressão se aplica a produtos e a serviços?
    b. De que forma as seguintes tecnologias podem afetar setores focados em produtos?
        i. Internet das coisas (IoT)
        ii. Inteligência artificial (IA)
        iii. *Data analytics*
        iv. Robótica
        v. *Drones*
        vi. Impressão 3D
        vii. Realidade aumentada
        viii. Realidade virtual

4. Qual é a lógica para a vitória do APB?
    a. Os três pilares propostos por Martin e Yumi fazem sentido?
    b. Você os mudaria? E por quê?

5. Qual é o propósito e a lógica para a vitória da *sua* organização?
    a. Como eles são comunicados? E esses canais são eficientes?
    b. Eles são bem compreendidos? (Pergunte a dez pessoas.)
    c. Descreva a abordagem da sua organização para desenvolver e implementar uma estratégia digital. O que está funcionando bem e o que pode ser melhorado?

6. Defina o processo da *bússola de estratégia digital*.
   a. O que são os mapas de disrupção e capacidades? Por que eles são importantes?
   b. O que é uma 'tese de investimento'? De que modo ela ajuda o APB?
   c. O que significa 'portfólio balanceado de iniciativas'? O que são '*espaços de valor*'?
   d. Você tem alguma experiência ou história pessoal relacionada à execução de estratégias que gostaria de contar?
7. O APB precisa buscar atingir dois objetivos estratégicos em paralelo: *proteger o core business* e *acionar novos mecanismos de crescimento*. Dê exemplos de cada uma dessas estratégias com base em sua experiência.
   a. Quais são os desafios inerentes ao apoio a esses objetivos estratégicos?
   b. O que significa "organização de duas marchas"?
8. Defina inovação em eficiência, de sustentação e disruptiva.
   a. Dê exemplos atuais de cada uma em sua organização.
   b. O que está funcionando bem e o que pode ser melhorado?
9. Kenny Soh, líder veterano da linha de frente do APB Empresas, expressa preocupações profundas sobre os métodos digitais.
   a. O que você achou da resposta de Martin, e por quê?
   b. De que modo uma transformação digital pode mudar as habilidades e os recursos necessários em sua organização?
   c. Como as organizações devem lidar com as promessas e os riscos impostos pelo método lean digital?

CAPÍTULO **5**

Promovendo a inovação em uma cultura avessa ao risco

Qual é a jornada e por onde começamos?

"Se você quer construir um navio, não chame as pessoas para juntar madeira ou atribua-lhes tarefas e trabalho, mas sim ensine-as a desejar a infinita imensidão do oceano."

Antoine de Saint-Exupéry (aviador e escritor francês)

> *Straits Clan Cafe, Singapura*
>
> A luz da manhã banha o piso *art déco*. Martin e Yumi pedem o café da manhã e admiram as flores, as obras de arte e a movimentada Bukit Pasoh Road. Yumi foi a pé até o café, passando pelas ruas de Chinatown, admirando as antigas casas de *peranakan*[1] e as fachadas de cores alegres. Lee Kwan Yew[2] cresceu nestas ruas, pensou. Ela adora as antigas lojas de alvenaria, agora restauradas, e a mistura de estilos – tradicional, de transição e *art déco*.
>
> "Aqui costumava ser o New Majestic Hotel", diz Martin, "e esta rua era conhecida como a 'rua dos clãs'."
>
> "Singapura é uma cidade de imigrantes", diz Yumi. "Os tais clãs giravam em torno de unidade, família e ajuda às pessoas em necessidade."
>
> "Imigrar é difícil", responde Martin, "mesmo para um pirralho mimado como eu. Amo Singapura, mas vou sempre sentir saudade de Montreal."

---

[1] Singapurianos de descendência mista, geralmente chinesa e malaia.
[2] "Fundador" de Singapura e primeiro-ministro de 1959 a 1990.

"Sobre o que você queria conversar?"

Martin toma um gole de café *kopi luwak*. "Antes de procurar a Diretoria em busca de recursos e antes de entrar em contato com nossos funcionários, preciso entender a natureza da jornada."

"Vamos começar com nossa abordagem geral", Yumi responde. "Você sabe que a chamamos de *lean digital*."

"Passamos por uma fase *'lean'* uns dez anos atrás", diz Martin. "*lean* ainda é relevante?"

"Para que as fundações sejam sólidas e duradouras, o cimento precisa ser de boa qualidade. As grandes empresas industriais alcançaram níveis incomparáveis de qualidade e produtividade. *Agile*, *lean startup*, *devops* e metodologias similares, todas se basearam nas ideias *lean*. O segredo é traduzi-las para um mundo digital."

"O que podemos esperar colher com o *lean digital*?", Martin pergunta.

"Novos processos, novas ofertas digitais e, se persistirmos, novos empreendimentos e modelos de negócios."

"Essas coisas correspondem à inovação em eficiência, de sustentação e disruptiva, correto?", pergunta Martin.

Yumi assente com a cabeça. "Na verdade, para facilitar, vamos começar a chamar esses tipos de inovação de diamantes, moedas e estrelas, respectivamente. Os diamantes se referem à proteção do *core business*; já as moedas e estrelas, ao *crescimento* do negócio."

"Pode me falar um pouco mais sobre 'novas maneiras de trabalhar'?", Martin pergunta, enquanto mexe sua salada de frutas.

"É como essa salada de frutas", diz Yumi, "melão, *kiwi* e abacaxi, todos trabalhando juntos. Para consertar as jornadas do cliente, precisamos envolver personagens diferentes com habilidades complementares. Isso também ajuda a dissolver nossos silos e a mudar nossa cultura."

"Todo mundo fala sobre equipes multidisciplinares", diz Martin. "Mas quantos realmente fazem isso?", Yumi pergunta.

Eles continuam nesse ritmo ao longo de todo o café da manhã, discutindo temas aos quais voltarão repetidamente.

"Qual vai ser o nosso pedido à diretoria?", Martin pergunta.

"Um lugar para nos instalarmos", responde Yumi, "e o espaço para inovar".

As sessões semanais de mentoria de Martin, de 2 horas cada, geralmente começavam no Farol da transformação. Cada sessão era uma continuação da anterior e se dividia em pré-leitura, lição prática e caminhada para "ver com os próprios olhos" no *"gemba"*.[3] Elas incluíam vídeos, simulações de computador e/ou protótipos de conceitos-chave. As lições finalizavam com uma rodada de perguntas e respostas e lição de casa (geralmente outro "ver com os próprios olhos"). Yumi enfatizava a importância de aprender na prática e se envolvendo desde o início e com frequência com sua equipe e seus clientes.

Yumi e a equipe lean digital também treinavam os subordinados diretos de Martin, cuja compreensão do que estava sendo feito era crucial para a jornada do APB. Esperava-se que, com o tempo, os líderes seniores ensinassem os conceitos a seus próprios subordinados diretos. "O trabalho do líder é aprender e ensinar", Yumi dizia a eles, embora tais ideias gerassem suspiros e olhares vazios. O *gap* cultural mais parecia um abismo, além de ser uma pedra no sapato de Martin. No entanto, os ventos frescos da mudança começavam a soprar.

O roteiro lean digital

A digitalização de processos ruins apenas acumula lixo mais rapidamente

"Começo a entender a natureza da jornada", disse Martin. "Estou pronto para ver um roteiro mais detalhado."

Yumi entregou uma folha de papel a Martin. "Este é um roteiro mais detalhado, levará um tempo até você entender tudo. Existem quatro fases principais:

1. Preparar para a jornada
2. Começar, estabelecer as bases
3. Sobreviver, ganhar impulso
4. Prosperar e crescer

Estamos tentando praticar o 'sequenciamento inteligente', ou seja, cada fase estabelece as bases para a próxima fase. Um erro comum é nos jogarmos antes de estarmos prontos." (**Ver Figura 5.1**)

Martin estudou a imagem por vários minutos. "Tem muita coisa aqui", disse ele finalmente. "Entendo o que você quer dizer com não se jogar antes da hora. Adoraria lançar novos negócios digitais, mas duvido que estejamos prontos para isso."

---

[3] Do japonês: o "lugar real" onde o trabalho é realizado.

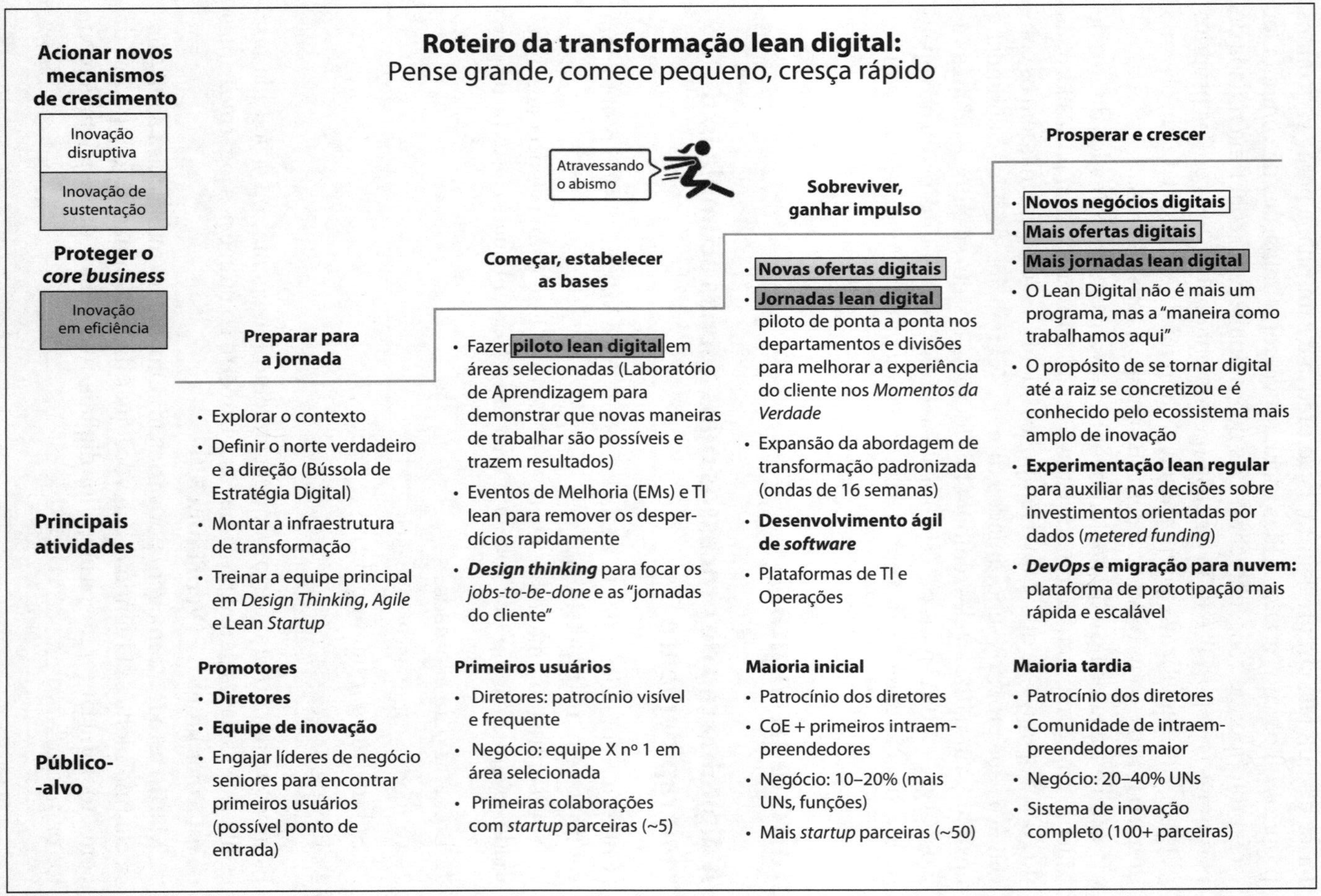

Roteiro da transformação lean digital:
Pense grande, comece pequeno, cresça rápido

Acionar novos mecanismos de crescimento
- Inovação disruptiva
- Inovação de sustentação

Proteger o core business
- Inovação em eficiência

Preparar para a jornada

Principais atividades
- Explorar o contexto
- Definir o norte verdadeiro e a direção (Bússola de Estratégia Digital)
- Montar a infraestrutura de transformação
- Treinar a equipe principal em *Design Thinking*, *Agile* e *Lean Startup*

Público-alvo

Promotores
- Diretores
- Equipe de inovação

- Engajar líderes de negócio seniores para encontrar primeiros usuários (possível ponto de entrada)

Começar, estabelecer as bases

- Fazer **piloto lean digital** em áreas selecionadas (Laboratório de Aprendizagem para demonstrar que novas maneiras de trabalhar são possíveis e trazem resultados)
- Eventos de Melhoria (EMs) e TI lean para remover os desperdícios rapidamente
- ***Design thinking*** para focar os *jobs-to-be-done* e as "jornadas do cliente"

Primeiros usuários
- Diretores: patrocínio visível e frequente
- Negócio: equipe X nº 1 em área selecionada
- Primeiras colaborações com *startup* parceiras (~5)

Sobreviver, ganhar impulso

- **Novas ofertas digitais**
- **Jornadas lean digital** piloto de ponta a ponta nos departamentos e divisões para melhorar a experiência do cliente nos *Momentos da Verdade*
- Expansão da abordagem de transformação padronizada (ondas de 16 semanas)
- Desenvolvimento ágil de software
- Plataformas de TI e Operações

Maioria inicial
- Patrocínio dos diretores
- CoE + primeiros intraempreendedores
- Negócio: 10–20% (mais UNs, funções)
- Mais *startup* parceiras (~50)

Prosperar e crescer

- **Novos negócios digitais**
- **Mais ofertas digitais**
- **Mais jornadas lean digital**
- O Lean Digital não é mais um programa, mas a "maneira como trabalhamos aqui"
- O propósito de se tornar digital até a raiz se concretizou e é conhecido pelo ecossistema mais amplo de inovação
- Experimentação lean regular para auxiliar nas decisões sobre investimentos orientados por dados (*metered funding*)
- **DevOps e migração para nuvem:** plataforma de prototipação mais rápida e escalável

Maioria tardia
- Patrocínio dos diretores
- Comunidade de intraempreendedores maior
- Negócio: 20–40% mais
- Sistema de inovação completo (100+ parceiras)

Atravessando o abismo

FIGURA 5.1 Roteiro da transformação *lean digital* – pense grande, comece pequeno, cresça rápido.
Fonte: Digital Pathways.

Yumi assentiu com a cabeça. "Novas ofertas e negócios digitais são construídos em cima de processos, pessoas, tecnologia e sistemas de gestão robustos. Precisamos fortalecer nossos sistemas de trabalho, gestão e pessoas para que a transformação para 'digital até a raiz' ocorra. Nossos pilares estratégicos giram em torno disso."

Martin citou cada um. "Digitalizar jornadas importantes, implementar novas maneiras de trabalhar e melhorar a infraestrutura de TI. Nossa bússola de estratégia digital também é um exemplo de sequenciamento inteligente, correto?"

"Correto", respondeu Yumi. "Outro erro comum é se jogar em projetos de inovação sem considerar como cada um se encaixa no cenário geral."

"Entendi", disse Martin. "É por isso que propósito, estratégia da vitória e bússola digital fazem parte de 'preparar para a jornada'. Acho que já passamos da fase 1 e entramos na fase 2 – estabelecer as bases."

Yumi assentiu com a cabeça. "Eventos de melhoria (EMs) são uma etapa inicial essencial. A digitalização de processos ruins apenas acumula lixo mais rapidamente. Nossos funcionários estão aprendendo a eliminar os desperdícios aplicando os fundamentos *lean*, incluindo:

- Trabalho padronizado
- Gestão visual
- Qualidade no processo
- Princípios de fluxo
- Resolução da causa-raiz do problema

Para termos uma base sólida, precisamos de processos sólidos."

"A digitalização de processos ruins apenas acumula lixo mais rapidamente", Martin repetiu. "Gosto disso. Fale mais sobre EMs."

"São *sprints* intensos de três dias, com pessoas de diferentes departamentos, normalmente, voltados para um objetivo concreto. Com o tanto de oportunidade que temos aqui, provavelmente faremos centenas deles. Nosso foco inicial é a diligência prévia e o crédito do cliente, ambos os principais pontos de dor do cliente. O *lead time* e a produtividade da área piloto já estão 20% melhores."

Martin ergueu uma sobrancelha. "Isso representa dinheiro, muito dinheiro."

"Também medimos o progresso com base em *horas-cliente economizadas*", continuou Yumi. "Nossa meta é economizar 10 milhões de horas[4] nos próximos 12 meses."

---

[4] Um agradecimento aos nossos colegas do DBS, escolhido "o melhor banco digital do mundo", cujo trabalho foi fonte para a escrita deste capítulo, e para nosso amigo e colega Paul Cobban, diretor de transformação, por muitas discussões frutíferas.

"Como medimos 10 milhões de horas-cliente economizadas?"

"Considere uma jornada do cliente qualquer – por exemplo, a substituição de um cartão de crédito perdido. Suponha que, hoje, esse processo leve 72 horas e que, depois que consertarmos a jornada, passe a levar 24 horas. Isso representa uma economia de 48 horas, multiplicada pelo número total de incidentes por ano. Nosso trabalho na jornada do cliente revelou inúmeras oportunidades semelhantes."

"Participei de várias equipes de melhoria", disse Martin. "O pessoal realmente gosta do processo."

"Aprendemos lições importantes com EMs", disse Yumi. "Por exemplo, *tudo pode ser melhorado; uma só pessoa já pode fazer a diferença; pequenas melhorias diárias se somam; pequenos experimentos regulares ensinam muito; o problema geralmente está no processo e não nas pessoas.* Isso contribui para a cultura e estabelece a base para nossos experimentos lean digital."

"As pessoas pensam que a digitalização é como uma varinha mágica", acrescentou Yumi. "Na verdade, é extremamente cara e demorada. Suponha que temos um processo do APB Empresas de dez etapas e apenas três delas geram valor. Por que digitalizaríamos a coisa toda?"

"O que você quer dizer com TI *lean*?", perguntou Martin.

"A TI *lean* aplica os princípios do *lean*, como os que acabamos de falar, à Tecnologia da Informação. Existem muitas semelhanças entre TI e, digamos, manufatura; por exemplo, em ambas há desenvolvimento de processo e de fluxo de valor, gerenciamento de demanda, controle de qualidade, segurança e assim por diante. Os fundamentos do *lean* se aplicam bem à TI."

"Mas tudo em TI é invisível", disse Martin. "Como saber se os desperdícios foram eliminados?"

"É por isso que a TI *lean* é essencial", respondeu Yumi. "O segredo é deixar os desperdícios de TI *visíveis*. Nossas equipes de EM de TI já encontraram toneladas de 'lixo', e isso também é fundamental. Assim, ganhamos tempo e energia para o Pilar 3: *simplificar e modernizar nossa arquitetura de TI e de dados*. Na verdade, nossos pilares estratégicos são outro exemplo de sequenciamento inteligente, e o Pilar 3 pode ser nosso maior desafio – são grandes os desafios de TI que temos pela frente, acredite."

"Acredito, sim", disse Martin. "Mudando de assunto, acho que entendi as Fases 1 e 2 do roteiro, mas as Fases 3 e 4 ainda não estão claras para mim. Só um comentário, vejo que estamos indo de inovação em eficiência para inovação de sustentação e inovação disruptiva, ou seja, de diamantes para moedas e estrelas."

"Cada nível serve de base para o próximo", respondeu Yumi, assentindo. "Assim ganhamos nossos músculos de inovação. Processos sem desperdícios são a base das jornadas digitais, que são a base de novas ofertas digitais, que são a base de novos empreendimentos digitais. Exceto pelos EMs, tudo isso é abstrato, mas vai ganhar vida muito em breve."

Martin colocou as mãos na cabeça. "Estou começando a visualizar o todo. Obrigado, Yumi. Gostaria de falar sobre o Pilar 2 agora e sobre *como* vamos trabalhar. Você pode me ajudar a entender as metodologias '*lean* e *agile*'? Entendo que o foco é a multidisciplinaridade, mas por que isso é tão importante? Discutimos isso há anos."

Lean, agile e 11 homens e um segredo

Yumi entregou a Martin uma folha de papel. (**Ver Figura 5.2**) "As metodologias *lean* e *agile* substituem a hierarquia rígida pelo que meu pai chama de gestão '11 homens e um segredo'. Conhece esse filme? Uma equipe principal, pequena e estável – George Clooney e Brad Pitt – lidera. Quando necessário, eles convocam especialistas, e a equipe, agora maior, trabalha em conjunto para resolver um problema específico.

"Não há hierarquia ou cadeia de comando – apenas um objetivo claro e liderança capaz de estimular a cooperação. Eles dividem o projeto em pequenas partes e se reúnem com frequência, momento em que cada membro relata o progresso e os principais problemas a serem resolvidos; em seguida, iteram em busca de soluções e se ajustam às dificuldades à medida que elas aparecem. Concluído o trabalho, a equipe se dissolve até o próximo. Qual é a vantagem dessa abordagem? Tempos de projeto bem menores, melhor tomada de decisão e engajamento, menos erros e soluções mais rápidas, maior proximidade com o cliente e melhor produtividade. Você perceberá que a equipe de 11 homens e um segredo é muito menor do que a equipe de abordagem 'em cascata'."

"E qual é a importância disso?" continuou Yumi. "Bem, poucas organizações realmente seguem essa abordagem. Todos nós contamos vantagem e depois nos recolhemos cada um para o próprio silo. A evidência mais clara são nossas jornadas do cliente e sistemas de TI confusos, complicados e ineficazes."

Martin escutou em silêncio. "Você está certa", disse, finalmente. "Contamos vantagem, mas nossos silos raramente compartilham pessoal ou poder. Para os líderes seniores, promoção significa expandir o próprio império e proteger recursos com unhas e dentes."

"Exatamente, Martin-*san*", disse Yumi, "e esse é, provavelmente, nosso maior desafio cultural. Os EMs são multidisciplinares por natureza e, portanto, um bom ponto de partida. Mas, como veremos, para que a inovação digital de

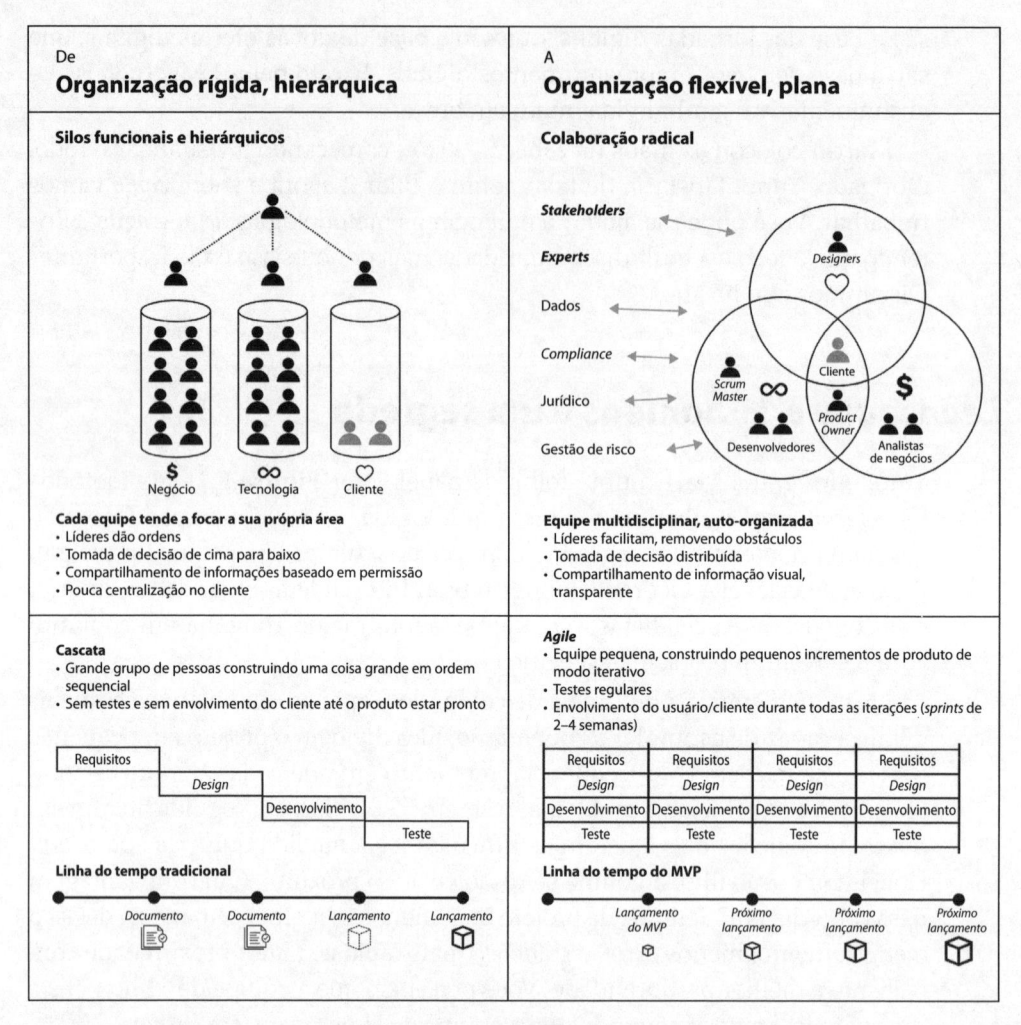

De **Organização rígida, hierárquica**	A **Organização flexível, plana**
Silos funcionais e hierárquicos [Diagrama: líder no topo, três gerentes, três silos com equipes — Negócio ($), Tecnologia (∞), Cliente (♡)] **Cada equipe tende a focar a sua própria área** • Líderes dão ordens • Tomada de decisão de cima para baixo • Compartilhamento de informações baseado em permissão • Pouca centralização no cliente	**Colaboração radical** Stakeholders ↔ Experts ↔ Dados ↔ Compliance ↔ Jurídico ↔ Gestão de risco ↔ [Diagrama de Venn: Designers (♡), Cliente, Scrum Master (∞), Product Owner ($), Desenvolvedores, Analistas de negócios] **Equipe multidisciplinar, auto-organizada** • Líderes facilitam, removendo obstáculos • Tomada de decisão distribuída • Compartilhamento de informação visual, transparente
Cascata • Grande grupo de pessoas construindo uma coisa grande em ordem sequencial • Sem testes e sem envolvimento do cliente até o produto estar pronto Requisitos → Design → Desenvolvimento → Teste **Linha do tempo tradicional** Documento — Documento — Lançamento — Lançamento	**Agile** • Equipe pequena, construindo pequenos incrementos de produto de modo iterativo • Testes regulares • Envolvimento do usuário/cliente durante todas as iterações (*sprints* de 2–4 semanas) | Requisitos	Requisitos	Requisitos	Requisitos
Design	Design	Design	Design
Desenvolvimento	Desenvolvimento	Desenvolvimento	Desenvolvimento
Teste	Teste	Teste	Teste	 **Linha do tempo do MVP** Lançamento do MVP — Próximo lançamento — Próximo lançamento — Próximo lançamento

FIGURA 5.2 Maneiras de trabalhar *lean* e *agile*.
Fonte: Digital Pathways.

sustentação aconteça, precisamos de multidisciplinaridade tanto mental quanto física. Por exemplo, os *hackers* precisam aprender a pensar como *designers* e pessoas de vendas e vice-versa. Vamos fazer uma pausa aqui. Há mais por vir."

"Ok, vou mudar de assunto de novo", disse Martin. "Já falamos sobre a importância de vincular nossas inovações ao nosso Propósito e à nossa estratégia. Com isso em mente, você pode me mostrar nosso mapa de espaços de valor?"

Espaços de valor de inovação do APB

Yumi entregou a Martin outra folha de papel. "Nossa bússola de estratégia digital nos ajudou a identificar uma série de projetos possíveis. Estamos no processo de priorizá-los com base nos nossos propósito e estratégia da vitória, facilidade e impacto, e preparo da equipe de vendas." (**Ver Figura 5.3**)

"O sequenciamento inteligente é importante", continuou Yumi. "Queremos escolher projetos que não apenas gerem receita, mas que, naturalmente, conduzam a um nível mais alto de inovação. Consertar a diligência prévia do cliente, por exemplo, não apenas reduz os incômodos e os custos para os clientes como para a KYTay International, mas também abre portas para o desenvolvimento de jornadas *digitais* totalmente novas."

"Em outras palavras", disse Martin, "queremos jogar xadrez, e não apenas empurrar peças pelo tabuleiro."

"Boa metáfora", disse Yumi. "Precisamos pensar vários movimentos à frente e garantir que a sequência escolhida nos leve aonde queremos chegar."

Martin estudou o mapa. "O que quer dizer 'preparo da equipe de vendas?"

"Quer dizer, a equipe tem autoridade, orçamento e motivação para fazer isso?"

"Tenho uma dúvida de cultura", disse Martin. "Precisamos de uma cultura de defeito zero em nosso *core business* e de uma cultura voltada para a experimentação em nosso trabalho de inovação, correto?"

Yumi acenou em concordância. "Queremos administrar o negócio e, ao mesmo tempo, inovar loucamente."

"Então pergunto, como evitar a esquizofrenia corporativa?"

A organização ambidestra

"Queremos nos tornar ambidestros e não esquizofrênicos", Yumi respondeu. "Temos que ser bons tanto em moedas quanto em estrelas. Felizmente, as moedas são a base para as estrelas. E vamos trazer *fintechs* parceiras para nos ajudar."

"Como encontraremos *fintechs* parceiras viáveis?"

"O Festival da Inovação está chegando", disse Yumi. "Quero lhe apresentar os talentos locais."

Martin respirou fundo e olhou pela janela. "Obrigado, Yumi, isso tem sido muito útil. Já entendo melhor nosso roteiro, espaços de valor e como vamos

O Asia Pacific Bank precisará **manter uma cultura de risco zero no *core business***, mas também **criar uma cultura voltada à experimentação**, a fim de acelerar a inovação possibilitada pela tecnologia em um dos "espaços de valor" identificados abaixo.

Onda nº 2 | **Onda nº 1**

Grandes apostas | **Ganhos rápidos**

- Integração do cliente (ponta a ponta)
- Solicitação digital de empréstimo para PME (não coberto por seguro, 100 mil)
- Serviço bancário digital
- Transações
- Retirada rápida de dinheiro
- Diligência prévia do cliente
- Opções flexíveis de financiamento para empréstimos
- Pagamento *X-Border*
- Financiamento de ativos
- Taxas e recompra
- Financiamento de Comércio Internacional
- Serviço de câmbio
- Atendimento ao cliente
- Off-shoring
- Serviço bancário por telefone

Geladeira | **Utilidades conhecidas**

Eixo Y: **Impacto**
Eixo X: **Facilidade**

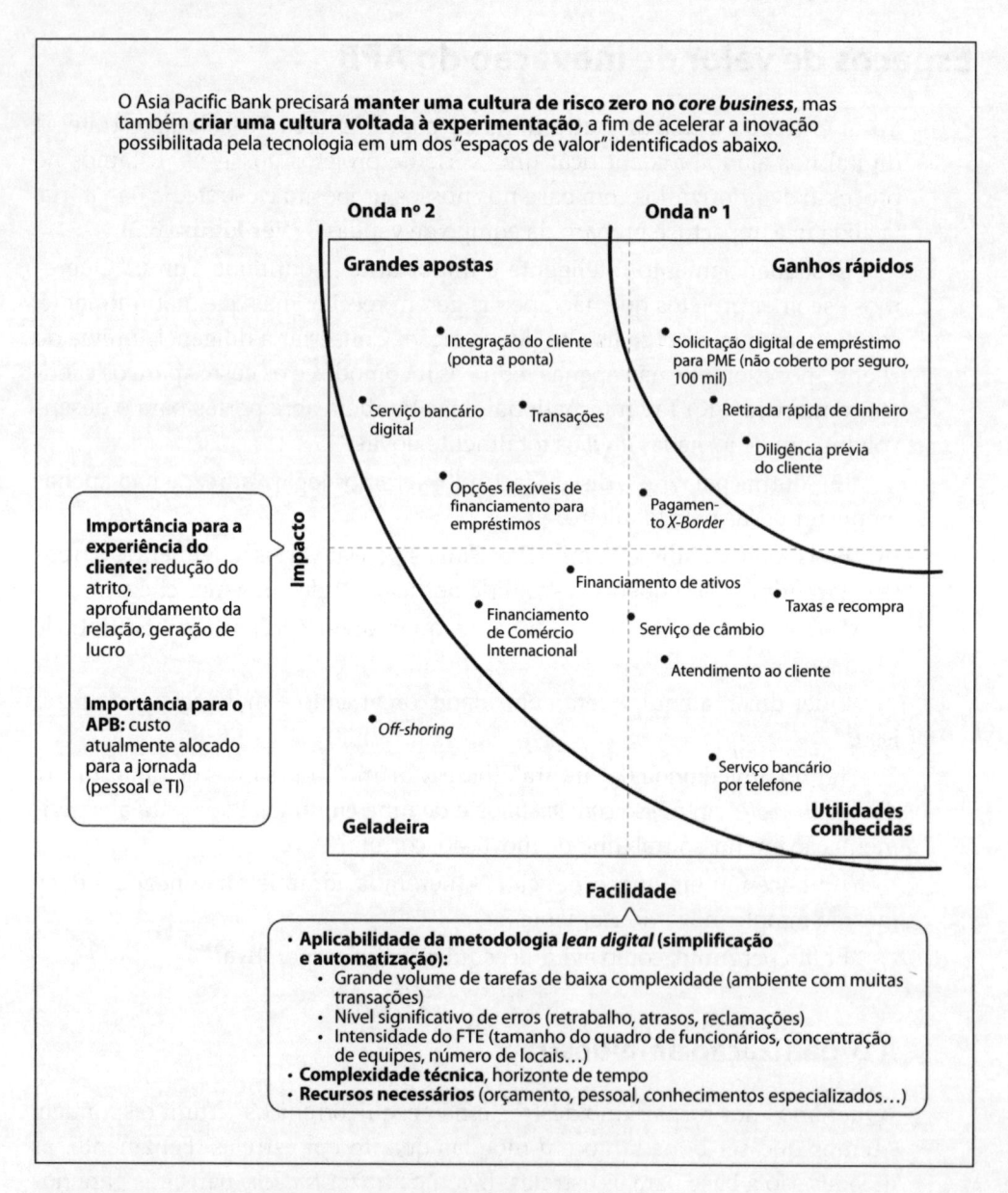

Importância para a experiência do cliente: redução do atrito, aprofundamento da relação, geração de lucro

Importância para o APB: custo atualmente alocado para a jornada (pessoal e TI)

- **Aplicabilidade da metodologia *lean digital* (simplificação e automatização):**
  - Grande volume de tarefas de baixa complexidade (ambiente com muitas transações)
  - Nível significativo de erros (retrabalho, atrasos, reclamações)
  - Intensidade do FTE (tamanho do quadro de funcionários, concentração de equipes, número de locais...)
- **Complexidade técnica**, horizonte de tempo
- **Recursos necessários** (orçamento, pessoal, conhecimentos especializados...)

FIGURA 5.3 Espaços de valor de inovação do APB.
Fonte: Digital Pathways.

trabalhar. Esta é minha última pergunta do dia: qual é o nosso modelo de transformação? Somos uma multinacional com 30 mil pessoas, é uma engrenagem enorme. Como vamos *sustentar* toda essa atividade?"

Três raias para uma transformação sustentada

"Vamos aplicar o modelo de Três Raias que eu e minha equipe de consultoria desenvolvemos", respondeu Yumi. (**Ver Figura 5.4**)

1. *Desenvolvimento de lideranças*
   a. Mentoria executiva – *lean* digital para líderes seniores
   b. Treinamentos de imersão e/ou desafios com *fintechs* (aprender na prática)
   c. Contabilidade da inovação
   d. Papel do líder
2. *Rede de Inovação Pragmática*
   a. Introdução ao *lean* digital
      i. *Design thinking, agile, lean startup*
      ii. Sistema de gerenciamento em níveis
      iii. Contabilidade da inovação
   b. Introdução ao intraempreendedorismo
3. *Inovação focada* em áreas-piloto selecionadas
   a. Portfólio de inovação alinhado com a estratégia corporativa
   b. Seleção de projeto e parceria com *fintechs*
   c. *Growth hacking*

"Validamos o modelo em diferentes setores", continuou Yumi. "Temos um currículo detalhado para cada raia."

"Qual é a lógica por trás do modelo?", perguntou Martin.

"Nossa ponta de lança é a *inovação focada* e alinhada com a estratégia", disse Yumi. "Para apoiá-la e sustentá-la, precisamos de *intraempreendedores talentosos* e *executivos seniores* que a entendam. Talvez a maior vantagem do modelo seja a escalabilidade. Podemos implantá-lo e escaloná-lo em qualquer divisão, basta ajustar o conteúdo de cada raia com base nos obstáculos."

"Fale mais sobre diamantes, moedas e estrelas", pediu Martin. "Como você sabe, eles representam projetos de inovação em Eficiência, de Sustentação e Disruptiva", disse Yumi. "Os diamantes representarão pelo menos 80% de nosso portfólio de inovação. Avaliamos diamantes utilizando métricas contábeis tradicionais, como ROI."

"Os eventos de melhoria são diamantes, correto?"

Yumi acenou em concordância. "Diamantes formam a base para as moedas, que fazem o mesmo para as estrelas. Cada um nos prepara para o próximo desafio."

"Moedas representam novos produtos digitais, que nos ajudam a crescer, isso?"

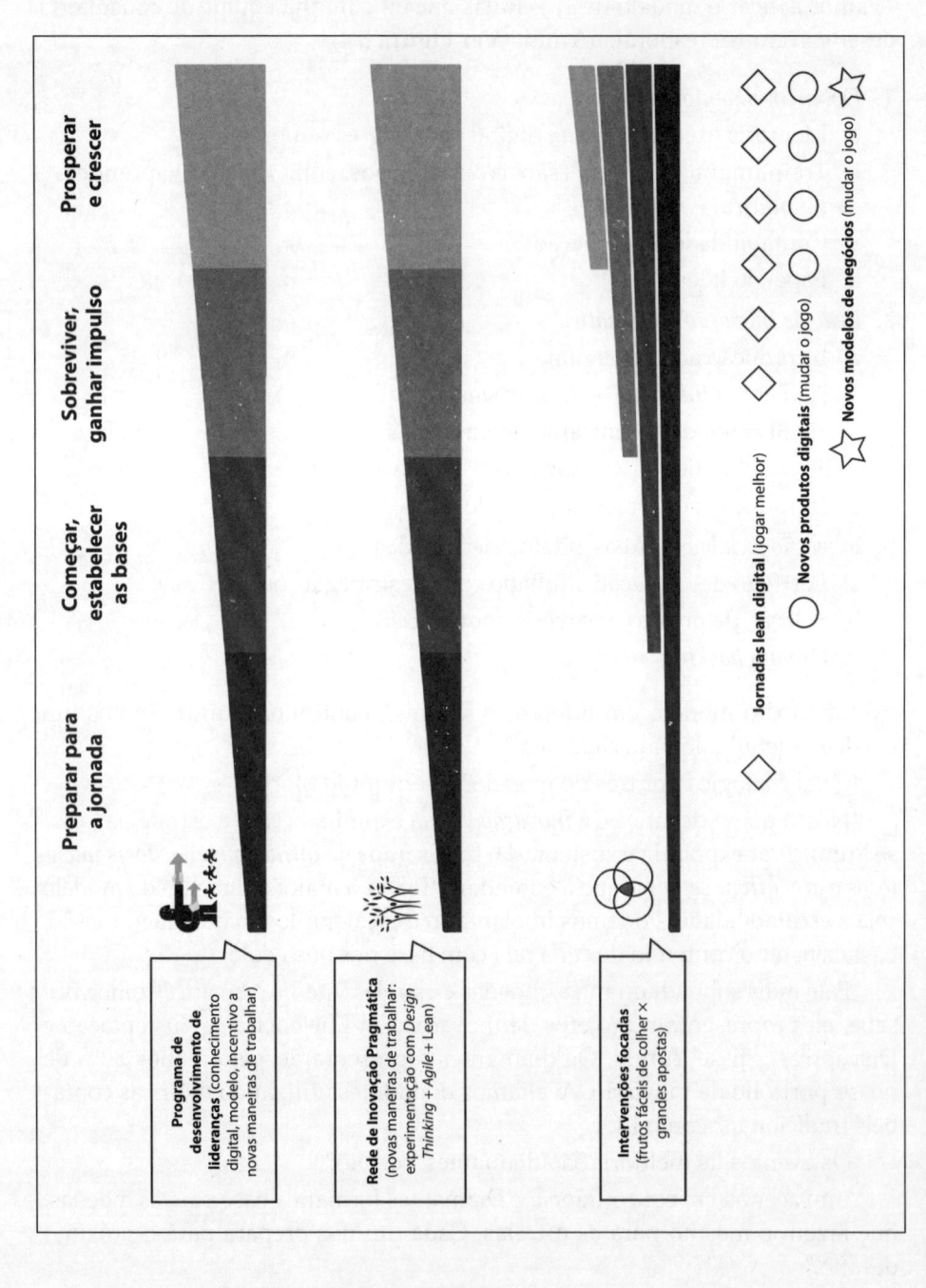

FIGURA 5.4 Três raias para uma transformação sustentada.
Fonte: Digital Pathways.

Yumi concordou novamente. "Nossa abordagem geral aqui é aprender por meio da experimentação *lean*, e como as moedas representam *novos* produtos e serviços, precisamos mudar a forma como medimos o progresso. Em vez da contabilidade tradicional, usamos a contabilidade da inovação."

Martin respirou fundo. "E isso porque as métricas contábeis tradicionais seriam todas zero – tanto para moedas quanto para estrelas, correto?"

"Isso mesmo, Martin. As estrelas, por fim, representam a inovação disruptiva, divisores de águas que, muitas vezes, assumem a forma de negócios *beta* ou *joint ventures*."

"O que significa 'negócio *beta*'?"

"Um novo empreendimento, uma mentalidade desafiadora e uma experimentação rápida", respondeu Yumi. "Esses são os elementos-chave. Nosso desafio, como mencionei, é sustentar tanto a cultura de defeito zero quanto a de experimentação."

"A organização ambidestra", disse Martin. "Uma pergunta para o futuro: construímos nossas inovações revolucionárias dentro ou *fora* da organização?"

"Pergunta complexa", respondeu Yumi. "Na verdade, existem duas outras possibilidades. Podemos construí-las dentro e, em seguida, levá-las para *fora*, ou construí-las fora e trazê-las para *dentro*. Mas vamos deixar essa discussão para mais adiante, por enquanto."

"Então, recapitulando tudo", disse Martin. "Nosso modelo de transformação compreende três raias: *inovação focada* alinhada com estratégia, apoiada por *intraempreendedores talentosos* e *líderes* que a entendem. Nosso portfólio de inovação inclui diamantes, moedas e estrelas – representando inovação em eficiência, de sustentação e disruptiva. A primeira foca a redução dos desperdícios e é medida com métricas tradicionais, como ROI. As duas últimas focam o crescimento, são medidas pela contabilidade da inovação e envolvem experimentação rápida de novas ofertas ou novos negócios. Por último, diamantes são a base para as moedas, que são a base para as estrelas."

"Perfeito, Martin", disse Yumi.

Próxima reunião de imersão com a diretoria

O que vocês precisam de nós?

"Um panorama estratégico detalhado – obrigado, Martin, Yumi e equipe", disse Stephen Kwan. "Gosto do propósito – nossos clientes e membros de equipe irão gostar de *digital até a raiz* –, e a estratégia da vitória faz sentido:

1. *Digitalizar as principais jornadas do cliente*

2. *Implementar novas maneiras de trabalhar*
3. *Simplificar e modernizar nossa arquitetura de TI e de dados*

Gosto especialmente que vocês colocaram o cliente no centro de tudo o que fazemos. Agora vem a grande questão: que recursos vocês precisam para colocar essa estratégia em prática? Em outras palavras, *o que vocês precisam de nós?*"

Yumi olhou para Martin, que assentiu discretamente.

"Prezados Sr. Kwan e membros da Diretoria", Yumi começou, "agradecemos o seu apoio. Eis o que precisamos para começar – mas, provavelmente, precisaremos de mais à medida que nossas atividades aumentarem:

1. *Um orçamento específico para a transformação digital.*
   a. Objetivo
      i. Fechar os *gaps* críticos que identificamos em processo e capacitação de pessoal, tecnologia, sistema de gestão e cultura
      ii. Investir no laboratório de aprendizagem e em projetos de inovação
      iii. Investir em atividades adicionais à medida que a transformação se expande
2. *Espaço para o laboratório de aprendizagem.* Gostaríamos de ter um andar inteiro em um edifício, mas não no distrito comercial central. Precisamos de espaço, luz e liberdade para experimentações, sem interferência da nossa cultura atual.
3. *Uma equipe de apoio do laboratório de aprendizagem,* composta por um Diretor e uma equipe principal de dez pessoas, para começar. Vamos trabalhar com o RH para encontrar pessoas com as qualidades certas. Com o tempo, precisaremos adicionar mais dez posições rotativas. As pessoas ficarão no laboratório de aprendizagem por, digamos, seis meses ou um ano e, em seguida, retornarão aos seus postos regulares como *intraempreendedores* certificados. Elas se tornarão parte de uma rede crescente de inovadores pragmáticos, que nos ajudarão a sustentar e expandir a transformação.
4. *Patrocínio executivo.* Apoio forte, visível e constante. Vamos precisar de 'cobertura aérea', especialmente quando houver os contra-ataques na jornada de transformação.
5. *Autoridade delegada* para superar barreiras de tecnologia e processo. Nossa equipe deve ter o direito de ser uma 'exceção' às regras desatualizadas ou mal definidas.

Em resumo, precisamos de um lugar para nos posicionar e de um espaço para inovar."

CAPÍTULO 5 – QUESTÕES PARA ESTUDO

1. Descreva as fases da jornada de transformação do Asia Pacific Bank.
   a. De que modo cada fase serve de base para a próxima fase?
   b. Por que não pular diretamente para atividades avançadas, como *devops*?
   c. Por que não 'digitalizar tudo', simplesmente?
   d. Uma abordagem em fases, como essa, faria sentido na sua organização? Quais são os riscos e as vantagens dessa abordagem?

2. Quais são os principais obstáculos da transformação do APB?
   a. Como eles se comparam com os obstáculos da sua organização? Você tem alguma reflexão ou pontos de aprendizado que gostaria de compartilhar?
   b. Existem obstáculos específicos da transformação digital na sua organização? Descreva-os.

3. O que significa "gestão 11 homens e um segredo"?
   a. Quais são os pré-requisitos para essa abordagem de gestão fluida?
   b. Como seria um projeto de inovação 11 homens e um segredo na sua organização? (Imagine um "filme" na sua cabeça.)
   c. Quais são os obstáculos à gestão 11 homens e um segredo na sua organização?
   d. O que seria necessário fazer para que a gestão 11 homens e um segredo se tornasse uma parte normal do seu negócio?

4. Descreva o modelo de três raias.
   a. Descreva o modelo de apoio à transformação da sua organização, se houver.
   b. Descreva outros modelos de apoio à transformação que você conheça.
   c. Quais são as vantagens e desvantagens de cada um?

CAPÍTULO **6**

Aceitando novas maneiras de trabalhar

Hackers, hipsters e *hustlers* trabalhando juntos – montando a plataforma de inovação do Asia Pacific Bank

"Somos o que fazemos repetidamente. Excelência, portanto, não é um ato, mas um hábito."

Aristóteles

Tower Club, 64º andar, distrito comercial central

Martin Picard olha para além do Marina Bay Sands Hotel, em direção ao Estreito de Malaca e à frota agitada de navios porta-contêineres. É outro dia quente e úmido, e Martin pensa no Rio St. Lawrence e em Montreal, neste momento no auge do inverno e semicongelados.

Yumi, Stephen Kwan e Marcus Kupper chegam para o encontro semanal, trocam gentilezas e começam.

"A diretoria entende que embarcamos em uma jornada de longo prazo", começa Stephen, "mas também gostaríamos de ver alguns retornos rápidos."

"Pedi para Stephanie Shan examinar nossas demonstrações financeiras", diz Martin. "Ela encontrou uma economia muito significativa."

"Boa notícia", diz Stephen. "Assim ganhamos tempo."

"Nossos EMs economizaram quase 2 milhões de horas-cliente até o momento", diz Marcus, "o que está liberando muitas pessoas."

"Os pontos de dor do cliente envolvem um grande número de funcionários", acrescenta Yumi. "Em vez de consertar o processo, a tendência é adicionarmos mais pessoas nele."

Stephen fica em silêncio. "Seria pedir demais evitarmos demissões em massa?"

"Os funcionários que perderem suas atividades podem passar por uma reciclagem", diz Martin. "Na verdade, a reciclagem faz parte do nosso desafio maior: como criar uma *startup* de 32 mil pessoas?"

> "Como ensinar um elefante a dançar... ?" responde Stephen.
>
> "Todos os funcionários estão recebendo treinamento nas metodologias *lean* e *agile*, além de terem a oportunidade de participar de EMs", diz Yumi. "Depois, temos uma série de treinamentos imersivos – imersão digital, *lean startup* e *design thinking*. Os *hackathons* estão em andamento para atacar os principais problemas de tecnologia."
>
> "Impressionante", comenta Stephen. "Quais são seus próximos passos, Yumi-*san*?"
>
> "Precisamos de uma plataforma de inovação", responde Yumi.
>
> "O que é isso?", pergunta Stephen.
>
> "É um espaço", responde Yumi, "onde a nossa cultura organizacional atual não seja um obstáculo."

A sessão de mentoria executiva de hoje focou em "qualidade no processo", e a caminhada para "ver com os próprios olhos" passou por um trajeto de empréstimo para PMEs. Martin destacou as etapas do percurso, observando, sempre que possível, atrasos, defeitos, processamento excessivo e outras formas de desperdício de esforço. Não foi fácil – a maior parte do trabalho, e do desperdício, era invisível. Eles também participaram de um encontro diário da equipe, durante o qual Martin praticou a "indagação humilde", de que a equipe pareceu gostar. De volta ao farol, Yumi pediu a Martin que refletisse sobre o que tinha visto, passou lição de casa e fez perguntas.

"Ajude-me a entender o conceito de plataforma de inovação", pediu Martin.

A plataforma de inovação

"Nosso propósito é nos tornarmos *digitais até a raiz*", respondeu Yumi, "e nossa estratégia da vitória é:

1. *Digitalizar as principais jornadas do cliente.*
2. *Implementar novas maneiras de trabalhar.*
3. *Simplificar e modernizar nossa arquitetura de TI e de dados.*

O problema é que ambos são contrários à nossa cultura, então precisamos de um espaço onde ela não nos atrapalhe. Nossa plataforma de inovação é um *espaço* físico, financeiro, estratégico, psicológico e cultural, onde podemos praticar, aprender e desenvolver novas ofertas. Em seu coração está um espaço físico chamado laboratório de aprendizagem."

Yumi entregou a Martin uma folha de papel. "Pense na plataforma de inovação como uma casa." (**Ver Figura 6.1**)

"O telhado representa a nossa Estratégia. *Para onde estamos indo? Como chegaremos lá?* Tudo foi projetado para sustentar o telhado. Nosso sistema de gestão alinha, implanta e monitora a estratégia. Você reconhecerá os elementos – Farol, encontros diários de equipe e ritmos operacionais. Nosso alicerce é uma comunidade de inovadores pragmáticos, que desenvolvem projetos alinhados com nossa estratégia."

Martin estudou a imagem em silêncio. "O que é o conselho de inovação?", perguntou.

"Na verdade", disse Yumi, "será uma forma de ter CR[1] interno constituído pelos líderes seniores, que fornecem *metered funding* para projetos de inovação com grande potencial, com base em métricas de contabilidade da inovação. Os conselhos de experiência do cliente são semelhantes, e vamos apresentá-los conforme nossa transformação avança. Usamos a contabilidade tradicional para administrar o negócio e a contabilidade da inovação para o nosso trabalho de inovação."

"Reconheço os pilares – são os nossos pilares estratégicos –, mas há outras coisas em cada um deles que não entendo. Por exemplo, o que significa 'estrutura de inovação de ponta a ponta'? Também não entendo as coisas no pilar dados e tecnologia."

"Voltaremos a essa imagem várias vezes", disse Yumi. "Por enquanto, vou apresentar uma ideia que dá vida a todas as nossas atividades."

O *hacker*, o *hipster* e o *hustler*

"Para amparar nossa plataforma de inovação", disse Yumi, "precisamos desenvolver três recursos principais: intimidade com o cliente, desenvolvimento ágil de *software* e experimentação *lean*. Isso envolve o alinhamento de três metodologias – *design thinking*, *agile* e *lean startup* – e de três personalidades ou tipos de *mentalidade*: um *designer* de experiência, um engenheiro de *software* e alguém da área de vendas. Chamamos essas personalidades de *hipsters*, *hackers* e *hustlers*, respectivamente. A mágica acontece quando eles colaboram entre si, dissolvendo silos e criando soluções tecnicamente possíveis, financeiramente viáveis e desejáveis para resolver os problemas do cliente."

---

[1] Capital de risco (*venture capital*) – forma de financiamento feito por empresas ou fundos para pequenas empresas emergentes iniciantes com grande potencial de crescimento.

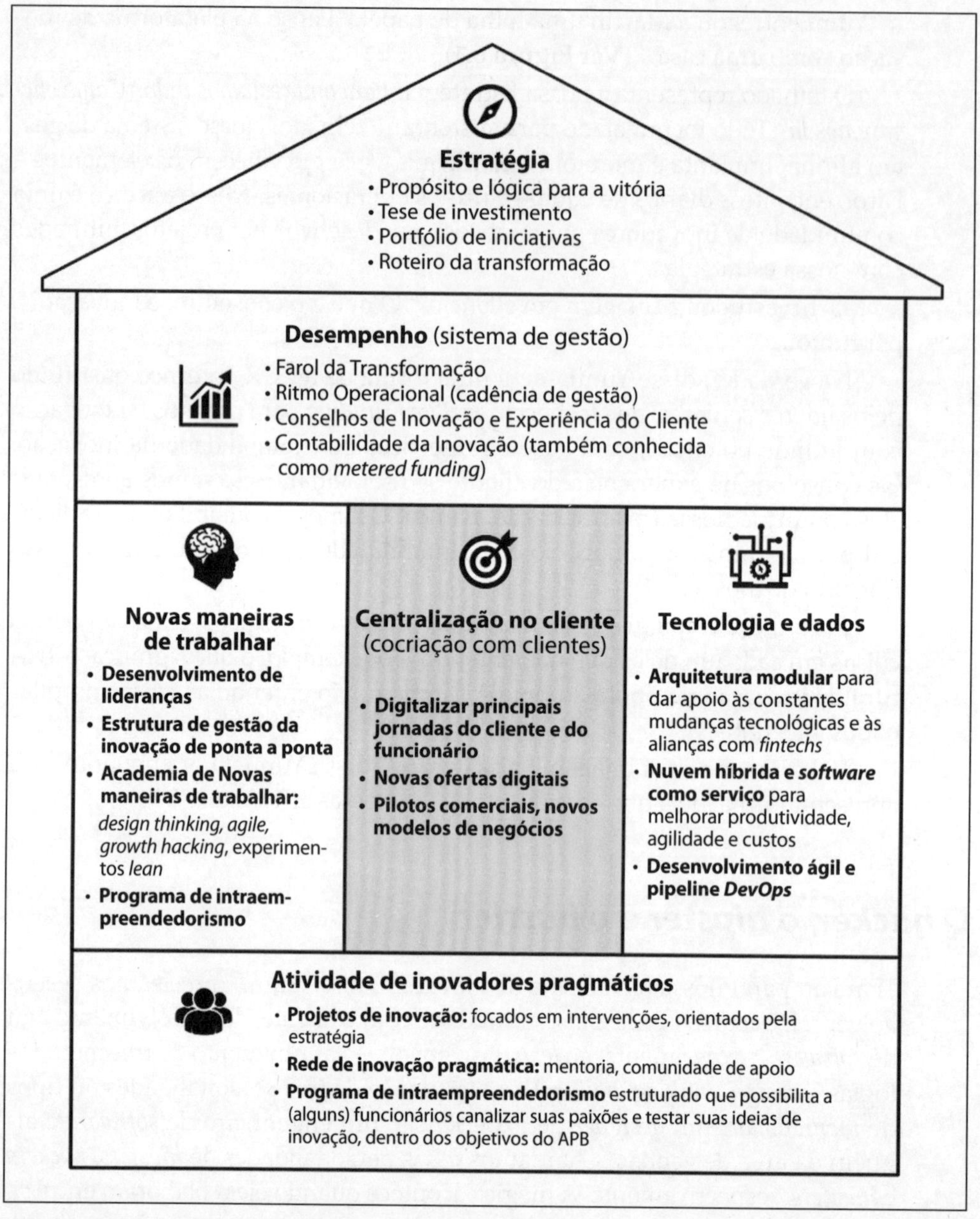

Estratégia
- Propósito e lógica para a vitória
- Tese de investimento
- Portfólio de iniciativas
- Roteiro da transformação

Desempenho (sistema de gestão)
- Farol da Transformação
- Ritmo Operacional (cadência de gestão)
- Conselhos de Inovação e Experiência do Cliente
- Contabilidade da Inovação (também conhecida como *metered funding*)

Novas maneiras de trabalhar
- Desenvolvimento de lideranças
- Estrutura de gestão da inovação de ponta a ponta
- Academia de Novas maneiras de trabalhar: *design thinking, agile, growth hacking*, experimentos *lean*
- Programa de intraempreendedorismo

Centralização no cliente (cocriação com clientes)
- Digitalizar principais jornadas do cliente e do funcionário
- Novas ofertas digitais
- Pilotos comerciais, novos modelos de negócios

Tecnologia e dados
- Arquitetura modular para dar apoio às constantes mudanças tecnológicas e às alianças com *fintechs*
- Nuvem híbrida e *software* como serviço para melhorar produtividade, agilidade e custos
- Desenvolvimento ágil e pipeline *DevOps*

Atividade de inovadores pragmáticos
- **Projetos de inovação:** focados em intervenções, orientados pela estratégia
- **Rede de inovação pragmática:** mentoria, comunidade de apoio
- **Programa de intraempreendedorismo** estruturado que possibilita a (alguns) funcionários canalizar suas paixões e testar suas ideias de inovação, dentro dos objetivos do APB

FIGURA 6.1 Plataforma de inovação do APB.
Fonte: Digital Pathways.

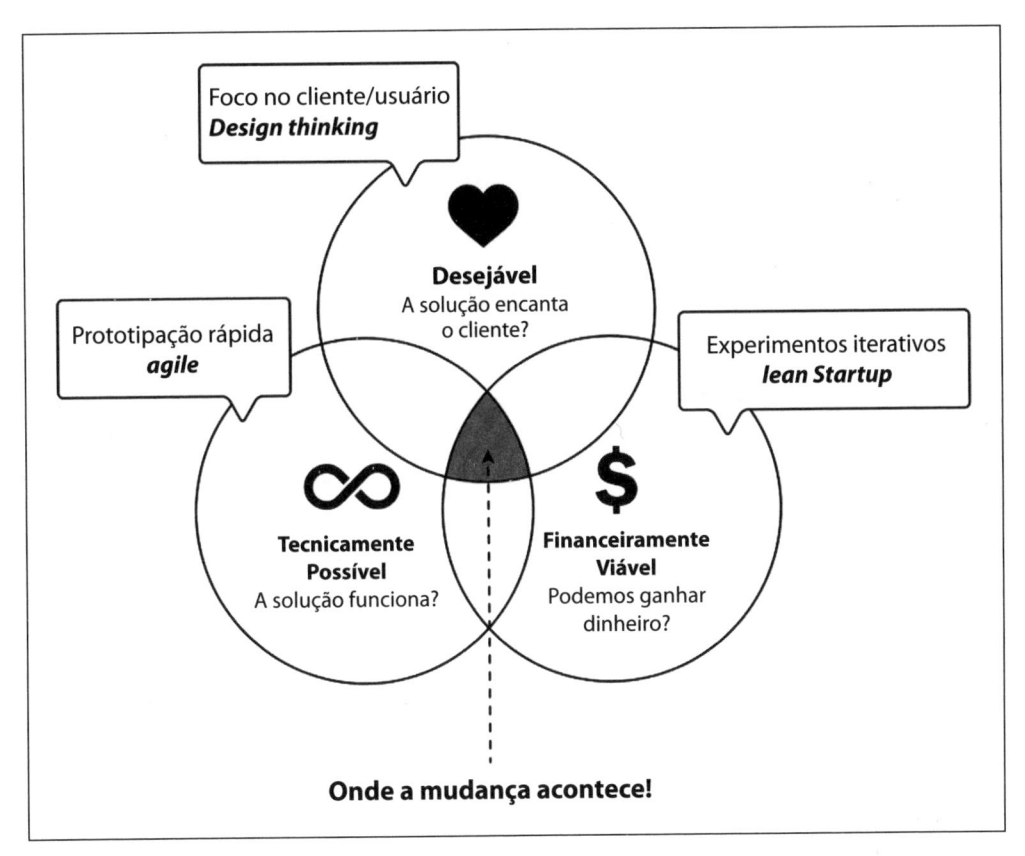

FIGURA 6.2 Encanta, funciona, podemos ganhar dinheiro?
Fonte: Digital Pathways.

Yumi entregou outra folha de papel a Martin, que estudou a imagem. (**Ver Figura 6.2**)

"*Encanta, funciona, podemos ganhar dinheiro?*", leu em voz alta. "Deixe-me ver se entendi. Stanley Phau é um *hustler* clássico – ele sabe como ganhar dinheiro, mas não entende o cliente ou a tecnologia. Mohan Bilgi conhece tecnologia, mas tem grandes pontos cegos em torno do cliente e da empresa. E há outros que conhecem o cliente, mas não sabem nada de TI ou sobre como ganhar dinheiro."

"É isso aí, Martin", disse Yumi. "Nossa transformação depende da integração dessas mentalidades díspares. Essa integração é difícil – para começar, os tipos de personalidade tendem a ser bastante diferentes; depois temos os silos e todos os outros obstáculos. No longo prazo, queremos desenvolver pessoas que possam usar, confortavelmente, todos esses chapéus – generalistas, no melhor sentido."

Martin coçou a testa. "É um passo e tanto. A cultura e a política bancárias giram em torno da construção de impérios e da defesa do território. Os silos são altamente especializados e não compartilham pessoas ou ideias facilmente."

Yumi assentiu com a cabeça. "O talento vai ser uma restrição. Precisamos de pessoas que se sintam à vontade com vendas, *design* e tecnologia para termos uma inovação de sustentação. Encontrar os parceiros *fintechs* certos ajudará – eles são melhores nisso do que nós."

"Temos muitos *hackers* e *hustlers* bons", disse Martin, "mas diria que ficamos devendo no departamento *hipster*".

Yumi concordou novamente. "Os *hipsters* do APB são raros, subutilizados e desvalorizados. Uma vez um *hipster* me disse: *as pessoas acham que meu trabalho é escolher as cores da página principal*."

"Desculpe a minha ignorância, Yumi, mas o que eles realmente fazem?"

"*Hipsters* ajudam a desenhar toda a experiência do cliente. Dores do cliente, ganhos, trabalhos a fazer, os altos e baixos sutis e drásticos da experiência. Ignoramos tudo isso por nossa conta e risco."

"Os treinamentos de imersão em *design thinking* estão ajudando?", Martin perguntou.

"Sim, mas lentamente", respondeu Yumi. "Precisamos abrir um processo de seleção e atrair mais pessoas 'diferentonas'."

"*Pare de contratar banqueiros...* acho que agora entendo por quê."

"Deixe-me reiterar o ponto-chave", disse Yumi. "Não precisamos apenas de *hipsters*, *hackers* e *hustlers* trabalhando juntos, precisamos também desenvolver generalistas que incorporem cada uma das mentalidades e possam alternar entre elas com fluidez."

※

Apesar de todos os desafios, os ventos da mudança continuaram a soprar. Com todas as horas-cliente economizadas, vieram as melhorias em *lead time*, qualidade e produtividade. Todos os EMs, treinamentos de imersão e *hackathons* injetaram energia em centenas de funcionários do APB Empresas. Martin se revelou um líder carismático, comparecendo a inúmeros lançamentos e apresentações de equipe e comunicando as principais mensagens com entusiasmo. Yumi contratou um jornalista para fazer a comunicação do processo de transformação a todo o APB.

A sessão de mentoria executiva de hoje foi focada nos métodos *lean* e *agile*, e ocorreu na enorme divisão de TI do APB. Esses métodos ainda eram muito estranhos para o APB, um *gap* que a equipe *lean* digital se empenhava para resolver. Para ajudar nessa tarefa, Yumi chamou Kenji Shioda, um velho amigo e *master coach* de *lean* e *Agile*. Martin vinha sendo um ótimo aluno – fazia a lição de casa e as pré-leituras, e sempre chegava pronto a aprender mais.

Martin e Yumi participaram de algumas reuniões (*scrum*) da TI. Todas as equipes tinham planos e métricas, além de uma boa compreensão das necessidades do cliente. Havia pontos a serem melhorados, claro, incluindo trabalhos demais em andamento e pouca clareza sobre os gargalos; a resolução de problemas também era fraca e raramente chegava à causa do problema. Como resultado, o fluxo era limitado e os atrasos na entrega, endêmicos. Martin ficou feliz em saber que eles tinham começado o treinamento RPCR[2].

Growth hacking

De volta ao Farol, Yumi passou a Martin a lição de casa e perguntou se ele tinha dúvidas.

Martin colocou as mãos na cabeça. "Como é um projeto de inovação modelo? Acho que usamos o termo 'prova de conceito', não?"

"Vamos usar *prova de valor* ou *PoV* (*proof of value*)", Yumi respondeu. "A ideia de focar o valor é tentar evitar o chamado teatro da inovação. Esta aqui é uma trajetória de PoV modelo. Como sempre, há mais informação aqui do que é possível entender em um primeiro momento, e voltaremos continuamente a esta imagem. (**Ver Figura 6.3**)

"Perceba que esse é um processo de ponta a ponta que começa com a estratégia", continuou Yumi. "Nossa bússola digital ajuda a filtrar e alinhar as PoVs. Os projetos selecionados seguem etapas claramente definidas na curva de crescimento exponencial e precisam passar por vários testes:

- *Adequação ao problema* – será que entendemos o problema do cliente?
- *Adequação da solução* – nossa solução resolve o problema do cliente?
- *Adequação ao mercado* – o cliente está disposto a pagar por nossa solução, *agora*?

Governança é muito importante. Estamos montando nosso primeiro conselho de inovação, e vou convidá-lo a presidi-lo. As PoVs aprovadas receberão um pouco mais de dinheiro e as não aprovadas serão encerradas, pois não temos condições de manter inovações 'zumbis'."

"Quer dizer que *esta* é nossa estrutura de inovação de ponta a ponta", disse Martin. "Deixe-me ver se entendi. Para criar soluções 'tecnicamente possíveis, financeiramente viáveis e desejáveis', formamos equipes multidisciplinares de

---

[2] Resolução da causa-raiz do problema.

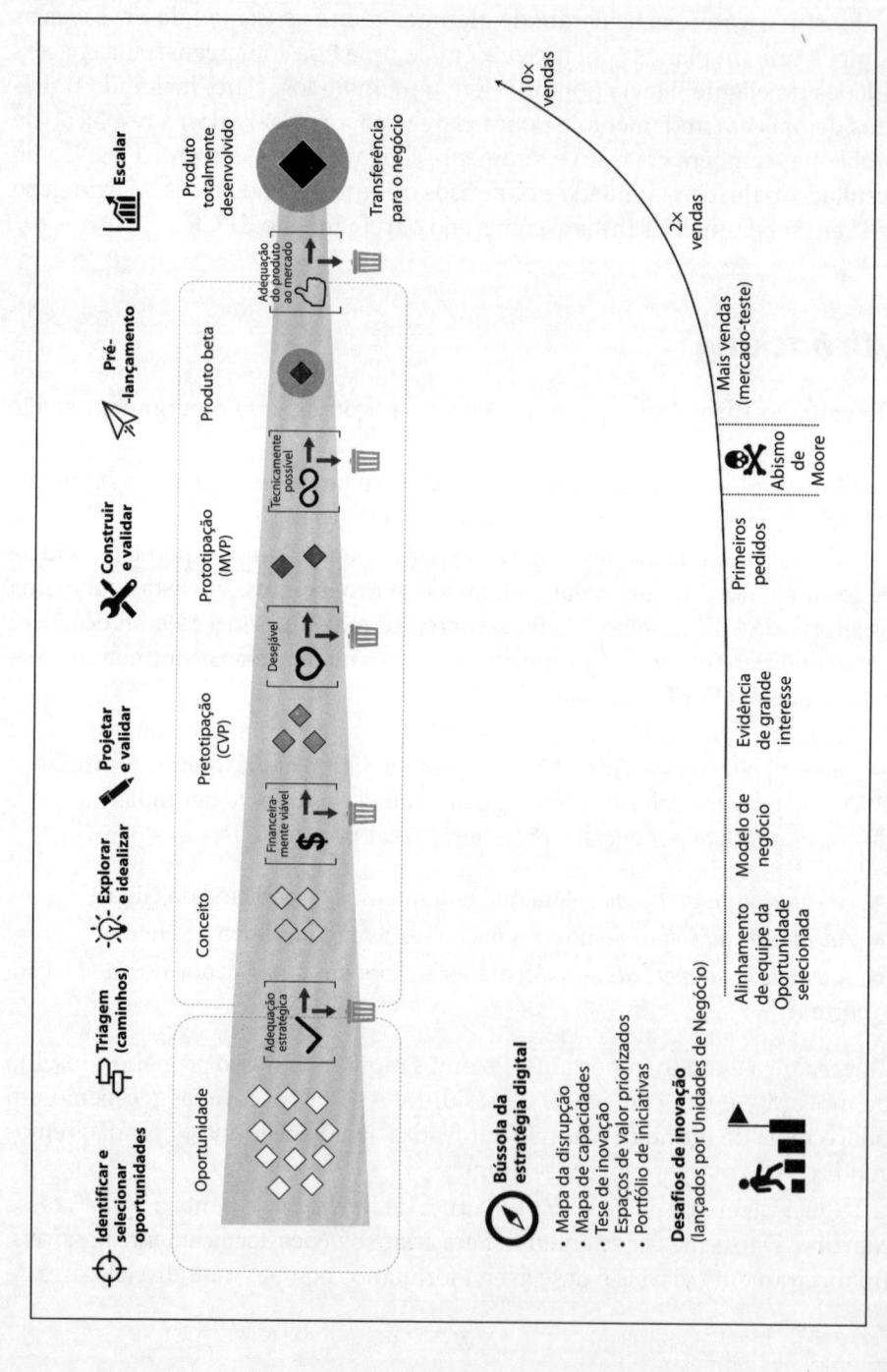

FIGURA 6.3 Prova de valor (PoV) – trajetória esperada.
Fonte: Digital Pathways.

hackers-hipsters-hustlers. Testamos as ideias desde o início e com frequência e eliminamos as perdedoras. *Mínimo produto viável ou MVP (minimum viable product)* é o conjunto mínimo de algo funcional que agrega valor ao cliente. O *abismo de Moore*[3] reflete o desafio de ganhar tração no mercado na maioria inicial, que é muito maior. Subir na curva de crescimento exponencial envolve adequação ao problema, da solução e ao mercado."

"Perfeito, Martin", disse Yumi.

"Aquele texto sobre contabilidade da inovação que você enviou faz todo sentido", continuou Martin. "Fazemos um *metered funding* apenas para as equipes de PoV que atingirem as metas acordadas – o que reflete a capacidade delas de *reduzir riscos* técnicos e relacionados ao mercado. Ao fazer isso, adquirimos o direito de comprar a inovação com desconto, como em uma opção convencional. Só aplicamos métricas financeiras convencionais de avaliação, como ROI[4], a partir da fase de ampliação – do contrário, não investiríamos em nada."

"Isso tudo está correto, mas com uma ressalva", disse Yumi. "A contabilidade da inovação se aplica à *inovação revolucionária*; ROI e outras métricas tradicionais costumam funcionar bem com a *inovação de sustentação*, por exemplo. É uma questão de bom senso."

"Como trazemos a inovação disruptiva de volta aos negócios?", Martin perguntou.

"Esse é um dos nossos maiores desafios", respondeu Yumi. "Há quem diga 'não tente reformar os bancos tradicionais, melhor criar um banco digital do zero'. Talvez consigamos mostrar que essas pessoas estão erradas – na verdade, acredito que as duas coisas são possíveis. Mas essa é uma discussão para outro dia."

Martin ficou em silêncio por um tempo até que disse, "Falamos sobre isso quando chegar a hora certa, voltemos à estrutura de ponta a ponta. *Como* sabemos que estamos subindo na curva de crescimento? Se métricas tradicionais, como receita e ROI, não são usadas, então o que medimos?"

"Gosto das chamadas 'métricas piratas' de Dave McClure"[5], respondeu Yumi, "que formam a sigla AARRR. Elas estão separadas em duas categorias:

- Métricas de *valor*
  - Aquisição – (ouço falar sobre seu produto e encontro você)
  - Ativação – (estou interessado o suficiente para me registrar)
  - Retenção – (eu volto)

---

[3] De acordo com Geoffrey Moore, o profissional de marketing deve se concentrar em um grupo de clientes por vez, usando cada grupo como base para o marketing do próximo grupo. A etapa mais difícil é fazer a transição entre visionários (primeiros usuários) e pragmáticos (maioria inicial). Esse é o abismo de Moore. https://en.wikipedia.org/wiki/Crossing_the_Chasm

[4] Retorno sobre o investimento, do inglês *Return On Investment*.

[5] Um agradecimento a Dave McClure https://www.youtube.com/watch?v=irjgfW0BIrw

- Métricas de *crescimento*, geralmente
  - Receita – (compro algo)
  - Recomendação – (conto aos outros sobre o produto)

Então, como subimos na curva de crescimento? Usando as métricas de valor para confirmar a adequação ao Problema e a adequação da solução. Usamos as métricas de crescimento quando tivermos alcançado a adequação ao mercado."

"Como sabemos se estamos adequados ao mercado?" Martin perguntou.

"Quando os clientes dizem *'quero isso agora!'*. Na verdade, existem três propulsores de crescimento:

- *Aquisição* – anunciamos nosso produto e atraímos mais pessoas ao nosso funil de marketing
- *Adesão* – faturamos mais por cliente via venda cruzada ou venda casada, por exemplo
- *Viral* ou boca a boca – nossos clientes contam a todos os seus amigos e familiares sobre isso

Tudo isso faz parte do *'growth hacking'*, ou '*hacking* de crescimento", que significa criar crescimento viral usando mídias sociais, páginas de produtos, Google AdWords e outros métodos de marketing não tradicionais. Este outro documento mostra o que normalmente precisa acontecer para subirmos a curva de crescimento. As colunas correspondem às etapas do nosso processo de inovação e as linhas, aos 3Hs (*hipsters*, *hackers* e *hustlers*)." (**Ver Figura 6.4**)

Martin estudou a imagem. "Há muita coisa aqui que não entendo, mas começo a entender o que *digital até a raiz* significa. Que bom que vamos fazer parcerias com *fintechs* e estamos construindo uma rede de intraempreendedores. Uma última pergunta: *quem* serão nossos parceiros?"

"Teremos uma boa ideia disso depois do festival da inovação, na próxima semana", respondeu Yumi. "Publicamos nossos desafios e estamos pedindo propostas de *fintechs*."

Maratona no laboratório de inovação

Festival da Inovação de Singapura

Já era o quinto laboratório de inovação aberto ao público que Martin, Stephen, Andy e Yumi visitavam, e estavam se divertindo muito. Eles dirigiram por toda Singapura, explorando todos os cantos do ecossistema de *startups*. Martin jogou pingue-pongue com um robô, pilotou um *drone* coberto com sensores

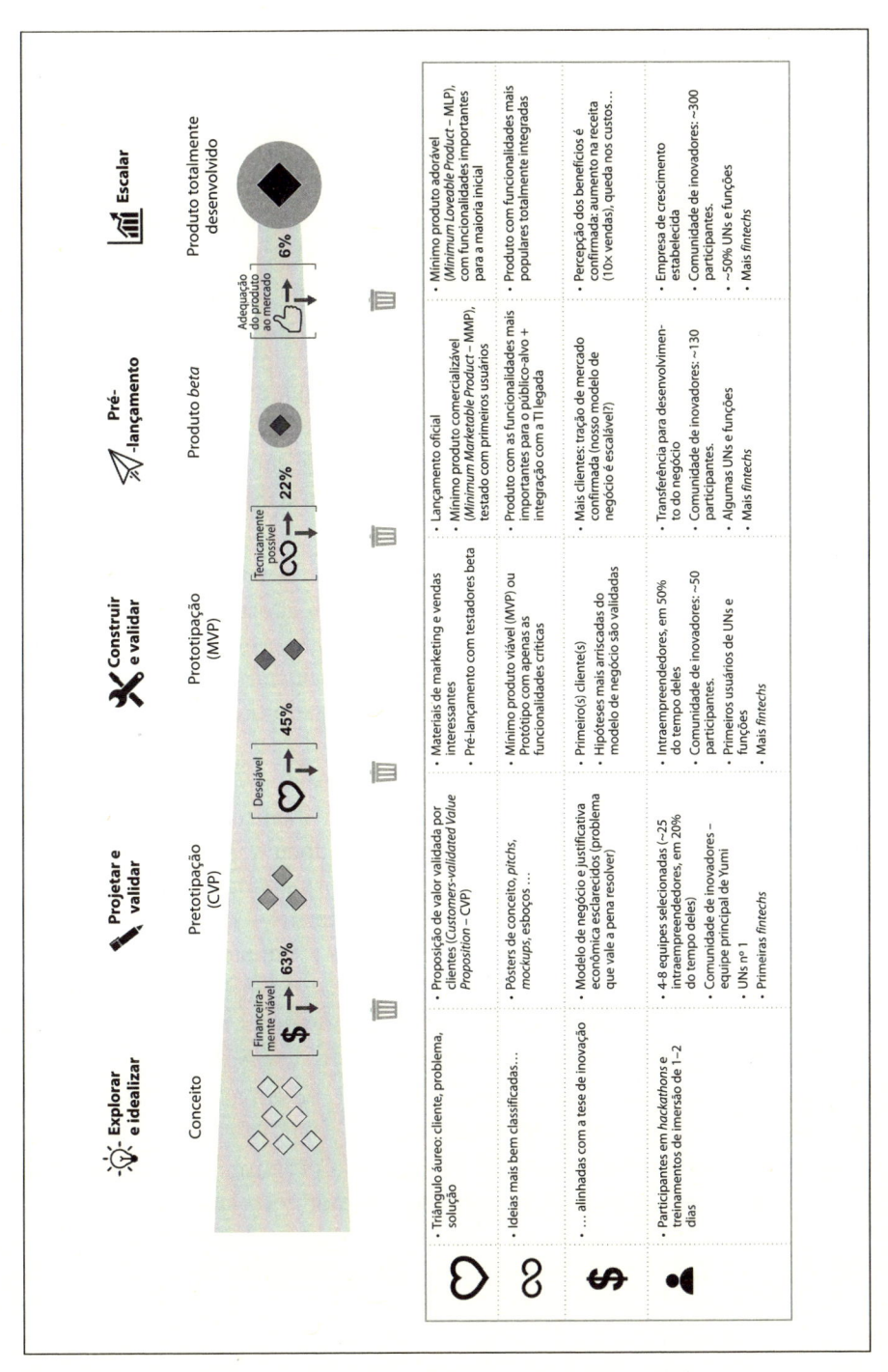

FIGURA 6.4 Prova de valor (PoV) – principais atividades.
Fonte: Digital Pathways.

superavançados, explorou casas luxuosas à venda usando protótipos de óculos de RA e tentou enganar *chatbots*. Conversou com *fintechs* que ofereciam uma ampla gama de serviços de pagamentos, empréstimos, transferência internacional de dinheiro, gestão de investimentos e seguros, e conheceu empreendedores fascinantes, cujas mentes pareciam funcionar na velocidade da luz.

Martin ficou satisfeito ao ver que Stephen e Andy estavam se dando muito bem, admirou seus valores em comum e compromisso com o bem maior. Andy estava ajudando Stephen a ensinar os fundamentos do lean digital à diretoria e ajudando-os a entender melhor as atividades do APB.

"A apresentação da FlowBase começará em dois minutos", disse Yumi. "Quero que vocês conheçam o fundador, Asim Agarwal, um sujeito muito interessante e parceiro em potencial. Asim é formado pelo programa de empreendedorismo do MIT[6] e conseguiu transformar a tese dele em um negócio viável." Eles se aproximaram e encontraram lugares para se sentar no instante em que as luzes se apagaram. Um homem sorridente caminhou até o palco.

"E se pudéssemos eliminar todo o desperdício no setor bancário?" começou Asim Agarwal.

"*Não sobraria nada!*" alguém gritou, o que gerou risadas de concordância.

Agarwal deu um leve sorriso. "Erros, atrasos e aborrecimentos sem fim, essa parece ser a realidade diária do setor bancário. Mas e se realmente pudéssemos simplificar nossos processos de *back-office* e *middle-office* e deixar nosso pessoal livre para criar fluxos de valor que encantem o cliente? A FlowBase trata exatamente disso."

Agarwal então demonstrou a plataforma FlowBase, um conjunto de aplicativos que incluía busca, classificação, refinamento e análise. A FlowBase, explicou Agarwal, pode buscar, classificar e comparar documentos para identificar diferenças, extrair dados críticos e identificar anormalidades; pode processar bancos de dados internos e externos, varrer a Internet, extrair significado de texto, identificar possíveis fraudes e fraudadores e transformar imagens em dados editáveis.

Martin estava de olhos arregalados. "Se funciona mesmo, a FlowBase poderia transformar nossos processos de KYC e AML[7]", sussurrou.

"Acho que podemos reduzir os *lead times* do KYC em até *90%*", respondeu Yumi. "Contas a pagar e investimentos são outras aplicações óbvias."

Agarwal concluiu sua palestra respondendo a perguntas e convidando as pessoas a testarem a plataforma FlowBase nos monitores instalados no local.

---

[6] http://entrepreneurship.mit.edu/
[7] *Know Your Client* (conheça o seu cliente) e *Anti-Money Laundering* (anti-lavagem de dinheiro).

Yumi se aproximou e foi recebida calorosamente; então, apresentou Martin e Andy. "Excelente apresentação, Asim", disse Martin.

"Obrigado", respondeu Asim. "Executamos uma PoV com o APB alguns anos atrás, mas a coisa não foi muito bem."

Martin ergueu uma sobrancelha. "Não diga."

"Para ser sincero, foi uma completa perda de tempo", disse Asim. "A conexão com o seu sistema de TI demorou uma eternidade. Queríamos experimentar um aplicativo baseado em nuvem, mas o pessoal de *compliance* o encerrou. Ainda lembro do sr. Decker dizendo *foi mal, cara, mas você não pode fazer isso*. A TI também não cooperou com relação à conectividade, embora seus *mainframes* sejam compatíveis com API. Apesar de tudo isso, provamos o conceito e estávamos prontos para escalar. Foi quando encontramos o setor de *compras*, que nos passou um contrato de *100 páginas*. O sr. Decker disse que levaria 'pelo menos 10 meses' para colocar nossa PoV em produção, e foi aí que desistimos."

"Lamento ouvir isso, Asim", disse Martin. "As coisas estão mudando no APB e tudo isso vai mudar. Você estaria disposto a discutir um projeto sério?"

"Com todo o respeito, Martin, teria que pensar sobre isso", disse Asim. "Gostamos de fazer as coisas rapidamente. Não tenho paciência com essa coisa de *darei um retorno em três semanas*."

※

Yumi, Andy, Stephen e Martin jantaram juntos naquela noite e refletiram sobre tudo o que viram durante a semana da inovação. "Estou impressionado com todo esse talento e energia", disse Martin.

"Singapura está se tornando uma nação inteligente",[8] disse Stephen. "Era com isso que sonhávamos no ministério da fazenda".

"Alguma das *fintechs* chamou sua atenção?" Andy perguntou. "Algum parceiro em potencial?"

"Acho que a FlowBase pode nos ajudar de verdade com a integração do cliente", disse Martin. "Fiquei decepcionado com a péssima experiência de Asim com o APB, vou ligar para ele. Também gostei da QuickPay, o grupo de transferência internacional de dinheiro."

"Gostei dos serviços de robôs de investimentos da SmartWealth", disse Andy.

"Gosto da Connectivity Inc.", disse Yumi. "A plataforma deles conecta sistemas de TI legados, como o nosso, com parceiros externos utilizando um

---

[8] Singapura criou a iniciativa *smart nation* (Nação Inteligente) em 2014, que buscava uma vida melhor por meio da tecnologia e inovação.

pacote de APIs e microsserviços e funcionalidades relacionadas. A plataforma Connectivity pode nos dar um impulso."

"Será que isso vai incomodar Mohan?" perguntou Martin.

"A digitalização das jornadas do cliente requer integração interna e externa", respondeu Yumi. "Nossos sistemas legados são como espaguete. Precisamos ajudar Mohan."

Visão da linha de frente

Fim da tarde de sexta-feira: pessoas saem do escritório e entram no MRT.[9] Kenny Soh vê Martin e sorri. "Que bom vê-lo, chefe."

"É bom vê-lo também, Ken. Já se foi uma semana e pensei em passar por aqui e conversar com você. Como estamos indo?"

"Eu e minha equipe acabamos de concluir nosso segundo evento de melhoria", disse Kenny. "Passamos três dias identificando e corrigindo gargalos no processo. No geral, foi uma experiência muito boa. Nosso maior desafio é seguir o novo processo."

"Como se saíram os facilitadores?" Martin perguntou.

"Muito bem, eles sabem muito", disse Kenny. "Marcus Kupper apareceu para nossa apresentação de encerramento. Foi a primeira vez que isso aconteceu."

"Algum *feedback* para mim?"

"Parece que há muita coisa acontecendo em todo lugar", disse Kenny. "A empresa está agitada – parece que está todo mundo falando com todo mundo. Acho que o pessoal gosta da gestão visual, ela facilita a visualização do que está acontecendo."

"Mais alguma coisa sobre o nosso propósito e lógica para a vitória?", Martin perguntou. "A comunicação está boa? Faz sentido?"

"A comunicação tem sido boa", respondeu Kenny. "As pessoas gostam de seus vídeos e, especialmente, das reuniões informais, porque você fala de forma simples e honesta. Elas gostam quando os líderes seniores participam de encontros de equipe e nos EMs, embora isso ainda seja raro. A lógica para a vitória faz sentido para a maioria. Sabemos que precisamos nos tornar digitais, mas isso é assustador, como já disse. Gostamos do compromisso com a reciclagem e requalificação de pessoal. Se você seguir em frente desse modo, acho que as pessoas apoiarão a estratégia."

---

[9] *Mass Rapid Transport*, o amplo sistema ferroviário e de metrô de Singapura.

CAPÍTULO 6 – QUESTÕES PARA ESTUDO

1. Defina os principais elementos de uma Plataforma de Inovação.
   a. Com base em sua experiência, quais são os principais obstáculos para a criação e a manutenção de uma plataforma de Inovação?
   b. Quais são as possíveis contramedidas para cada obstáculo?
   c. Há alguma experiência pessoal que você gostaria de compartilhar?

2. Descreva o modelo 3H (*hipsters*, *hackers* e *hustlers*) com suas próprias palavras.
   a. Por que precisamos dessas personas para subir na curva de crescimento exponencial?
   b. Na sua experiência, qual a diferença de personalidade, mentalidade e treinamento entre essas três personas?
   c. Qual é(são) a(s) persona(s) dominante(s) na sua organização?
   d. Quais são os obstáculos para reunir equipes 3H na sua organização? Quais são as possíveis contramedidas?

3. Na sua experiência, quais são os principais obstáculos para levar a inovação disruptiva e a revolucionária 'para o negócio'?
   a. Quais são as causas de cada obstáculo?
   b. Quais são as possíveis contramedidas?
   c. Qual é a diferença desses obstáculos para ofertas de produto e serviço?

4. Desenhe uma trajetória de PoV modelo.
   a. Descreva pelo menos cinco testes críticos inseridos no processo.
   b. Essa trajetória se aplica tanto a produtos quanto a serviços?
   c. Quais são as possíveis diferenças entre a PoV de produtos e serviços?
   d. Na sua experiência, quais são os obstáculos comuns para subir na curva de crescimento exponencial?

5. Descreva o processo de inovação (PoV) atual de sua organização.
   a. Quais são as vantagens e desvantagens dele?
   b. Como sua organização pode melhorar?

6. Descreva o *growth hacking*.
   a. Quais são os obstáculos à implementação do *Growth hacking* na sua organização?
   b. Como sua organização pode reduzir esses obstáculos?

CAPÍTULO **7**

Lançamento dos nossos projetos de inovação de primeira onda

Melhoria do *core business*:
unindo tecnologia e operações

Não acredito em fracasso. Acredito em experiências de aprendizado.
Don Norman (pesquisador norte-americano)

Vídeo e carta aberta a todos os funcionários

O cliente no centro de tudo o que fazemos
Há quase um ano sou CEO desta companhia e, nesse tempo, tive a oportunidade de conhecer vocês e o nosso negócio muito melhor. Sinto-me muito honrado com a confiança em mim depositada e quero compartilhar com vocês o que penso sobre onde estamos, para onde estamos indo e o que precisa mudar para atingirmos nossos objetivos.

As necessidades e expectativas de nossos clientes estão evoluindo mais rapidamente do que nunca. Para vencer nesse novo ambiente, precisamos colocar o cliente no centro de tudo o que fazemos. Vejo um APB de equipes pequenas, flexíveis, capacitadas e multidisciplinares com foco nas jornadas do cliente de ponta a ponta. Essas equipes têm todas as informações e habilidades de que precisam, principalmente conhecimento sobre o mundo digital, desenvolvem profunda empatia com os clientes e aprendem de forma ágil, por meio de experimentos rápidos.

A cooperação deve se tornar o nosso alicerce. Para prosperar, precisamos nos conectar interna e externamente. Precisamos simplificar e agilizar nossos processos, que hoje estão cheios de excessos e incomodação, e automatizar o que é chato e repetitivo, para que vocês possam passar mais tempo fazendo o que sabem que pode agregar valor. Precisamos investir em pessoas para garantir que suas habilidades evoluam e melhorem continuamente, de acordo com as necessidades do cliente, e investir de forma inteligente em tecnologia e em parcerias estratégicas para garantir que vocês tenham as ferramentas de que precisam para criar uma experiência do cliente perfeita e sem complicações.

Pessoas e cultura são o motor da nossa transformação. Vamos melhorar nossos treinamentos para que vocês possam aprender na prática, para que assim possam crescer e ter sucesso neste novo ambiente. Vamos desenvolver novas maneiras de trabalhar e um sistema de gestão mais simples e visual, baseado em evidências. Vamos tomar decisões com base em dados e resolver problemas indo até a causa-raiz.

Nosso objetivo é sermos reconhecidos como o banco mais amigável do mundo. Estamos comprometidos em economizar 10 milhões de horas-cliente este ano e estamos no caminho certo para conseguir isso.

Nossas áreas de foco estratégico, ou pilares, se preferirem, são 1) Digitalizar as principais jornadas do cliente; 2) Simplificar e modernizar nossa arquitetura de TI e de dados; e 3) Implementar novas maneiras de trabalhar. Nosso grande facilitador é o meio digital – vamos nos tornar Digitais até a Raiz, e vocês serão os profissionais do digital com mais conhecimento do setor bancário. Temos ótimas atividades em andamento, incluindo Eventos de Melhoria, sessões de imersão digital, treinamentos de imersão em design thinking e hackathons, nos quais vocês estão aprendendo a lidar com problemas difíceis com nossos parceiros do ecossistema local. Como muitos de vocês, não sou um nativo digital. Vamos aprender na prática e crescer juntos.

Temos metas ambiciosas e um enorme desafio pela frente. Tenho absoluta confiança em vocês e não tenho dúvidas de que vamos crescer juntos rumo ao sucesso. Obrigado, e vamos lá nos divertir.

Martin

Encontrando nosso líder do laboratório de aprendizagem

Restaurante Ola Cocina del Mar, centro financeiro de Marina Bay

Oliver Chan entra no restaurante, avista Yumi e Andy e vai cumprimentá-los. "Que bom que você pôde vir, Oliver", diz Yumi. "Se junte a nós para tomar uma taça de vinho e comer uns petiscos."

Oliver sorri. "Encontraram o meu ponto fraco."

"Você escreveu uma carta e tanto", diz Yumi. "Queria conversar com você pessoalmente antes de falar com Martin Picard."

Oliver se senta e aceita uma taça de vinho. "Cansei do APB", diz. "Martin Picard diz tudo o que queremos ler e ouvir em suas cartas, vídeos e reuniões informais, mas minhas tentativas de fazer mudanças reais têm sido todas frustradas. Meu projeto é simples e pode gerar 50 milhões de dólares singapurianos (SGD), mas preciso da aprovação de 30 pessoas, incluindo 10 chefes de sistema de TI, além de ter que participar de intermináveis reuniões inúteis. Seis meses depois, nada aconteceu – *nada* –, apenas mais comitês e mais desculpas. Escrever a você foi meu último recurso."

"Você é um dos melhores gerentes de produto do APB", diz Andy.

Oliver balança os ombros. "Posso entrar em várias empresas, por que perder meu tempo no APB?"

"Quais são os principais obstáculos, Oliver-*san*?", Andy pergunta. "Burocracia", responde Oliver. "Se tenho uma boa ideia, quero falar com cinco pessoas – não com 25. E há também a TI, que é cheia de desculpinhas e esquivas – *Já fazemos isso... Adoraríamos ajudá-lo, mas primeiro temos que fazer a, b e c... Que ótima ideia... pena que não temos recursos extras... blá, blá, blá.* O que me deixa louco é que ninguém é responsável, ou mesmo pode *enxergar*, a jornada do cliente. Como vamos prosperar se não nos importamos com nossos clientes?"

"Os obstáculos são pesados", concorda Andy. "Para mudar o APB, precisaremos de mais pessoas como você, não menos."

"Estou cansado dessa luta, srta. Saito."

"Posso pedir um favor, Oliver?", pergunta Yumi. "Não peça demissão ainda. Dê-me um mês. Oportunidades interessantes estão por surgir."

Oliver levanta uma sobrancelha. "Ok. Com todo o respeito, vou precisar de algo concreto." Oliver então se desculpa, explicando que precisa buscar os filhos na escola, e vai embora.

"O que você acha, Yumi-*chan*?", Andy pergunta.

"Acho que encontramos nosso líder do laboratório de aprendizagem."

Martin ouviu em silêncio enquanto Yumi resumia a conversa com Oliver Chan. "Ele é um dos nossos melhores funcionários e está desesperado para ir embora", disse Martin. "Quantas pessoas talentosas estamos perdendo? Tenho certeza de que conseguimos corrigir nossos *gaps* de tecnologia e processo, mas como atraímos e mantemos os Oliver Chans?"

"Precisamos aprender a trabalhar de uma nova maneira", disse Yumi. "É para isso que temos o laboratório de aprendizagem – a propósito, ele já está funcionando."

"Vi os vídeos – impressionante", disse Martin. "O jornalista que você contratou está fazendo um bom trabalho de comunicação do progresso."

"O novo espaço, Fusionopolis, tem uma energia boa", disse Yumi. "Já fizemos vários treinamentos sobre jornada do cliente e *design thinking* lá."

"Qual é o nosso primeiro projeto de inovação?", Martin perguntou.

"Integração do cliente. Queremos consertar os maiores pontos de dor na jornada da KYTay.[1] A FlowBase está dentro – parece que você deixou uma boa impressão em Asim Agarwal. Marcus prometeu a Asim que resolveria os problemas com TI e aquisições."

"É um projeto de inovação em eficiência, correto?", perguntou Martin. "Estamos protegendo nosso *core business* ao corrigir os problemas no meio de uma importante jornada do cliente."

Yumi assentiu com a cabeça. "Por si só, este projeto já é um grande desafio. Nosso objetivo é melhorar a experiência do cliente e reduzir o custo unitário por transação. O prêmio é atraente – as melhorias de integração do cliente são escaláveis. Mas há muito mais em jogo. O laboratório de aprendizagem também é um teste da nossa abordagem geral."

"Você pode explicar, por favor?"

"Será que conseguimos trabalhar de uma maneira totalmente diferente?", Yumi respondeu. "Nossos silos, começando com operações e TI, conseguem trabalhar juntos para melhorar os processos essenciais? Conseguimos envolver outros silos? Podemos seguir uma receita estruturada de melhoria baseada em experimentação? Conseguimos gerenciar pessoas de uma maneira diferente? Esses são apenas alguns dos testes que estamos fazendo."

Martin pensou um pouco. "Yumi, temo que a resposta para muitas dessas perguntas será *não*."

"O propósito mais profundo do laboratório de aprendizagem é revelar problemas", respondeu Yumi. "*Queremos* que eles surjam, para que possamos aprender e consertá-los."

Mais uma vez, Martin estava impressionado com a complexidade do desafio do APB. "Esse é um jeito diferente de pensar", disse. "Normalmente, fazemos o possível para esconder os problemas. O que posso fazer para ajudar?"

"Precisamos de um Diretor para o Laboratório de Aprendizagem", disse Yumi. "Buscamos o que Tim Brown[2] chama de *T-shaped leader*, ou líder em forma de T – alguém com perfil de liderança e habilidades técnicas. (**Ver Figura 7.1**) Oliver Chan se encaixa perfeitamente, ele tem o perfil certo para gerenciar equipes multidisciplinares. Posso oferecer o emprego a ele?"

"Mas é claro", disse Martin.

---

[1] Ver Figura 2.7.
[2] CEO da IDEO.

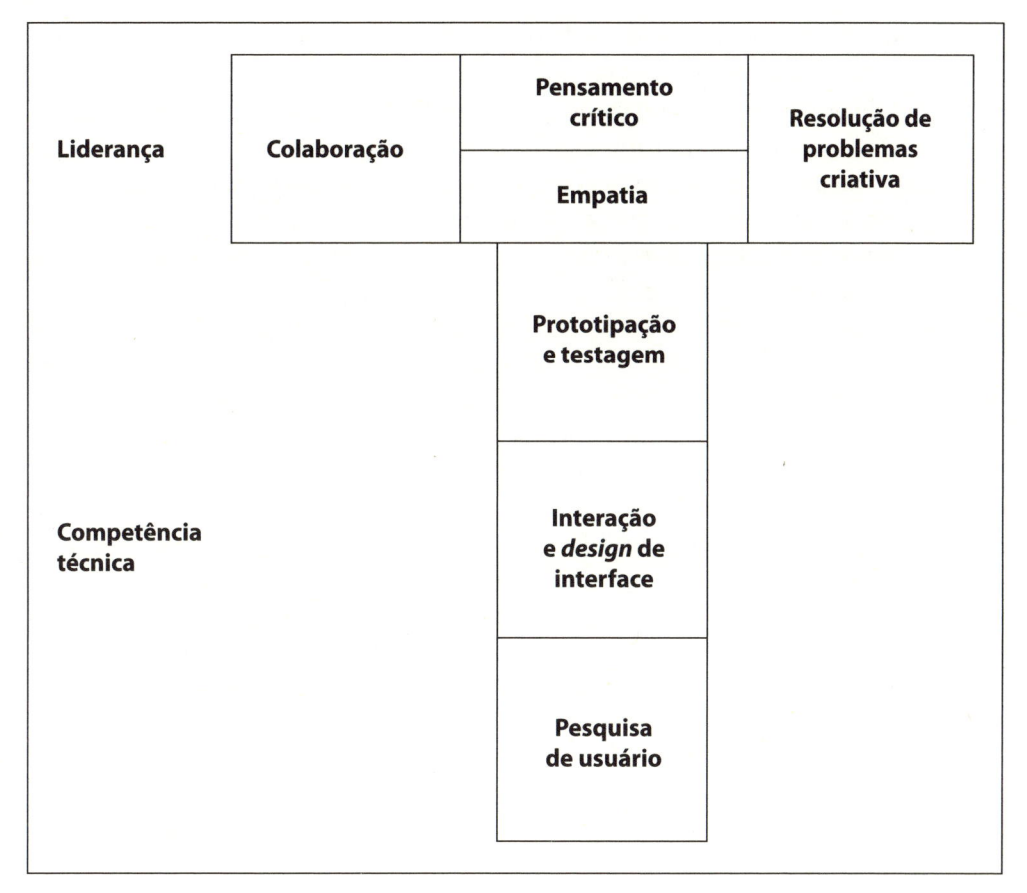

Capítulo 7 ▪ Lançamento dos nossos projetos de inovação de primeira onda **107**

Liderança	Colaboração	Pensamento crítico	Resolução de problemas criativa
		Empatia	
Competência técnica		Prototipação e testagem	
		Interação e *design* de interface	
		Pesquisa de usuário	

FIGURA 7.1 Perfil em forma de T para um líder de inovação.
Fonte: Ideo.

O laboratório de aprendizagem ganha forma

O laboratório de aprendizagem do APB ocupou um andar inteiro da Torre 2A do complexo de pesquisa Fusionopolis, cerca de 15 minutos a noroeste do Distrito Comercial Central.

Yumi gostava das curvas elegantes do edifício, dos espaços verdes exuberantes e da proximidade com o *campus* da *Insead*[3] Ásia, onde tinha muitos amigos e colegas. Martin deixou suas expectativas bem claras: "Nada de

---

[3] *Insead* (Institut Européen d'Administration des Affaires ou Instituto Europeu de Administração de Empresas, em português) é uma escola de negócios com *campi* na Europa (Fontainebleau, França), Ásia (Singapura) e Oriente Médio (Abu Dhabi).

maquiagem digital, nada de teatro ou de conversa fiada. Quero que o laboratório seja a materialização da nossa transformação."

Oliver Chan aceitou o cargo de diretor do laboratório de aprendizagem e logo começou a montar um espaço de trabalho, junto com Elina Gosh, que refletiria a visão de Martin. O laboratório tinha janelas do chão ao teto e plantas em abundância; não havia escritórios, apenas algumas poucas divisórias. Mesas de trabalho, *laptops* e quadros brancos estavam por toda parte; havia um pequeno espaço para o café e um palco baixo, pequeno, para facilitar a apresentação de relatórios. Parecia um pouco com um clube de comédia.

Uma área central de colaboração funcionava como um minifarol, dando uma visão geral do que estava acontecendo em determinado momento. O lema do laboratório de aprendizagem foi colocado em destaque – *digital até a raiz* –, assim como foi a estratégia da vitória do APB:

1. *Digitalizar as principais jornadas do cliente*
2. *Implementar novas maneiras de trabalhar*
3. *Simplificar e modernizar nossa arquitetura de TI e de dados.*

As principais métricas eram acompanhadas em um quadro branco, incluindo horas-cliente economizadas, dinheiro liberado, inovações comercializadas e novas receitas geradas por ano.

O espaço foi usado para eventos de melhoria (EM) e vários treinamentos de imersão: para começar, jornadas do cliente, *lean startup* e *design thinking*. Também para *hackathons*, sessões de imersão digital e de *hack & hires*, que buscavam atrair talentos da área digital. Alguns *hackathons* se concentraram no desenvolvimento de APIs, enquanto outros uniram líderes do APB com talentos locais de *fintechs* para identificar problemas e desenvolver soluções. O programa *Imagineering* trouxe uma série de palestras com especialistas proeminentes, ao estilo das TED Talks. Algumas atividades funcionaram, outras não. A resposta de Yumi foi consistente: "O que vocês aprenderam e como vão melhorar?"

Stephanie Shan criou um Conselho de Inovação, composto por diretores e presidido por Martin. Nas "Sextas de Apresentação", as equipes de prova de valor (PoV) apresentavam relatórios, como se fossem *startups* reportando-se a investidores.

As dores de crescimento estiveram presentes, como Martin previra. O lema da inovação – **encanta? funciona? podemos ganhar dinheiro?** – foi exibido com grande destaque, mas mal compreendido. Os métodos *lean* e *agile* eram difíceis para pessoas acostumadas a trabalhar em silos. As equipes de projeto tinham dificuldade de se organizar; todos os dias começavam com desajeitadas reuniões em pé em torno de quadros de equipes mal definidos. Elas faziam, corajosamente, as perguntas mais importantes: *Qual é a nossa situação atual? Quais são os nossos maiores problemas? O que estamos fazendo a respeito deles?* Mas os dados eram fracos e as respostas, superficiais.

Muitas vezes, as equipes de projeto não tinham a multidisciplinaridade necessária para engrenar – faltava o *insight* dos *hipsters*, assim como o tino comercial dos *hustlers*. Algumas divisões enviaram pessoas desmotivadas ou desinteressadas, outras ignoraram totalmente os pedidos de apoio. O RH demorou a reconhecer oficialmente as atividades do laboratório de aprendizagem, e os participantes muitas vezes não recebiam crédito. Oliver documentou todos os problemas e os compartilhou com Yumi, que entrou em ação rapidamente.

Desde o início, Yumi e, com o tempo, Martin, treinavam a equipe sênior nos fundamentos do *lean digital*. "Vamos ensiná-los", Martin disse a eles, "e vocês ensinarão seus subordinados diretos. É isso que espero." Alguns líderes seniores adotaram o *lean digital* naturalmente, mas a maioria teve dificuldades. Apesar de sua impaciência, Martin tentou liderar com leveza, como aconselhou Yumi. O medo bloqueia a reflexão, disse ela.

Primeira prova de valor

Quatro meses mais tarde – Edifício de Fusionopolis, One North Park, Singapura

Yumi, Martin e Stephen Kwan pegaram o elevador de Fusionopolis até o 11º andar, onde participariam do relatório da equipe de integração do cliente ao conselho de inovação. O foco da PoV era reduzir as incomodações descritas por Yumi em sua apresentação *"Você sabia?"* Martin também estava ansioso para conversar com Asim Agarwal sobre a experiência de integração da FlowBase – os problemas anteriores tinham sido resolvidos?

Oliver e Elina estavam esperando por eles no saguão arborizado. "Dia cheio hoje", disse Elina, "também estão acontecendo alguns treinamentos de imersão." Os visitantes podiam ouvir uma equipe se apresentando. Oliver fez um rápido *tour* com eles. "A PoV de integração do cliente está entrando em seu quarto mês", disse. "Eles estão tendo dificuldade para gerar receita, como veremos. Mais duas PoVs serão lançadas em duas semanas – uma com foco em pagamentos e outra em verificação de identidade. Ambas envolvem a redução de problemas internos e externos e são baseadas em IA e *blockchain*,[4] tecnologias que precisamos entender."

"Parece que vocês estão ganhando força", disse Martin. "Existem inovações de ponta a ponta no *pipeline*?"

"Há um projeto de crédito a PMEs bastante promissor", Oliver respondeu. "A ideia é digitalizar todo o processo de crédito às PMEs, de modo que os clientes elegíveis possam ter pequenos empréstimos aprovados dentro de 24 horas, mas nossos parceiros *fintech* ainda não se comprometeram com o projeto."

"Eles estão esperando para ver o que acontece com a FlowBase", disse Yumi. "Parece que a apresentação de integração do cliente está pronta para começar", disse Oliver.

Eles se aproximaram e deram as boas-vindas a Asim Agarwal e aos membros do conselho de inovação – Marcus Kupper, Stephanie Shan e Stanley Phau. "Por que Mohan e Richard não estão aqui?", perguntou Martin, a que Oliver sussurrou, "Richard nunca aparece e Mohan está em meio a uma crise de TI".

Oliver agradeceu a todos pela presença e perguntou a Martin se ele gostaria de dizer algumas palavras.

"Como vocês sabem, a integração do cliente é um grande ponto de dor", disse Martin, "e consertá-la nos dará um grande impulso. Mas há mais em jogo aqui. Esta PoV é um teste da nossa lógica para a vitória. Será que conseguimos trabalhar com uma metodologia *lean digital*? Yumi-*san*, você pode nos lembrar o que isso significa?"

"Todos vocês", disse Yumi, "conhecem os elementos principais do *lean digital*:

- Equipes multidisciplinares e auto-organizadas trabalhando em um espaço visual e aberto; reuniões diárias em pé e sessões regulares de revisão com líderes seniores, que lidam rapidamente com os obstáculos
- Um processo de inovação de ponta a ponta, disciplinado, baseado em experimentações *lean* e dados, e
- Receita de três passos – simplificar o processo, implantar automatização inteligente e concretizar os benefícios, ampliando o novo processo e reintroduzindo em outras funções os membros da equipe liberados." **(Ver Figura 7.2)**

"Obrigado, Yumi", continuou Martin. "O que estou aprendendo sobre nossa nova maneira de trabalhar é o seguinte: quando se trata de inovação, o objetivo *não* é a perfeição. Isso não existe. Como sugere Yumi, o objetivo é *aprender* – construir-medir-aprender. Estamos tentando revelar problemas aqui, para que possamos corrigi-los e melhorar. Oliver, é tudo com você."

---

[4] Tecnologia de registros e dados distribuídos e compartilhados, conectados como uma corrente.

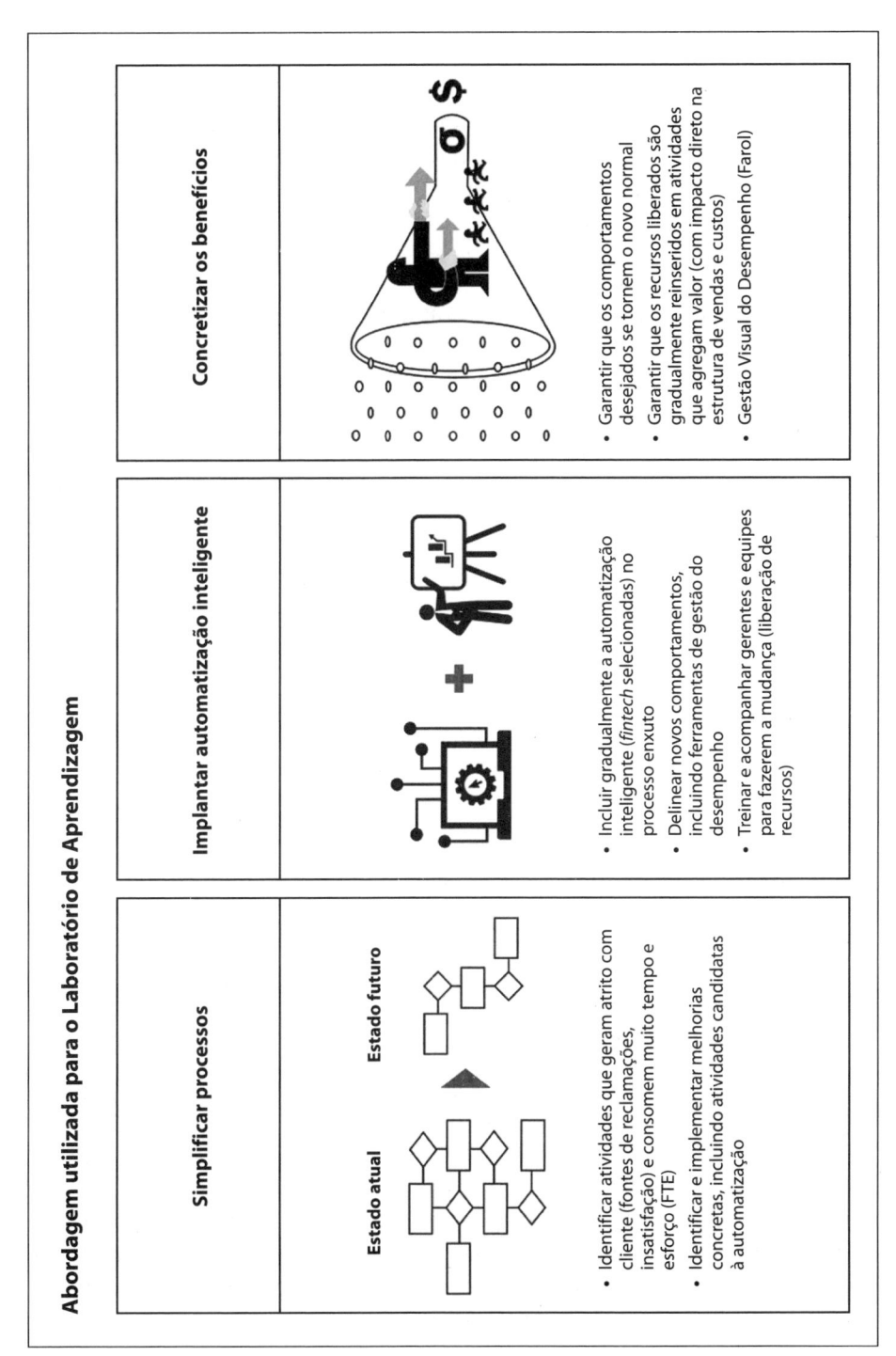

Capítulo 7 ▪ Lançamento dos nossos projetos de inovação de primeira onda   111

Abordagem utilizada para o Laboratório de Aprendizagem

Simplificar processos	Implantar automatização inteligente	Concretizar os benefícios
Estado atual → Estado futuro		
• Identificar atividades que geram atrito com cliente (fontes de reclamações, insatisfação) e consomem muito tempo e esforço (FTE) • Identificar e implementar melhorias concretas, incluindo atividades candidatas à automatização	• Incluir gradualmente a automatização inteligente (*fintech* selecionadas) no processo enxuto • Delinear novos comportamentos, incluindo ferramentas de gestão do desempenho • Treinar e acompanhar gerentes e equipes para fazerem a mudança (liberação de recursos)	• Garantir que os comportamentos desejados se tornem o novo normal • Garantir que os recursos liberados são gradualmente reinseridos em atividades que agregam valor (com impacto direto na estrutura de vendas e custos) • Gestão Visual do Desempenho (Farol)

FIGURA 7.2 Receita de três passos (para melhorar rapidamente a jornada do cliente).
Fonte: Digital Pathways.

"*A integração do cliente*", começou Oliver, "foi a nossa primeira jornada do cliente detalhada. Para abrir uma simples conta-corrente e poupança, uma PME cliente nova precisa:

- Entregar 13 conjuntos de documentos
- Preencher um pacote de abertura de conta de 46 páginas e um formulário de ativação de canal de sete páginas
- Esperar 39 dias, se utilizarem o portal *on-line*, ou 46 dias, se utilizarem *e-mail*

Queremos reduzir todos os atrasos e complicações e melhorar a produtividade. As equipes de melhoria (EM) iniciaram o processo e agora queremos levá-lo para o próximo nível. Deixe-me começar com uma visão geral do processo de PoV." (**Ver Figura 7.3**)

"Qual é o *retorno que teremos*?", Oliver perguntou. "Somente no mercado de Singapura, cada melhoria de 10% na produtividade vale cerca de 7 milhões de SGDs. Ainda não temos um valor monetário para as melhorias do serviço ao cliente. (**Ver Figura 7.4**)

"Nossa abordagem geral", continuou Oliver, "segue a receita *lean digital* que Yumi descreveu anteriormente:

1. Simplificar o processo
2. Implantar automatização inteligente
3. Concretizar os benefícios

Começamos criando um escritório modelo que funciona em paralelo ao processo real, uma abordagem muito diferente para nós. Operações e TI estiveram muito envolvidas nesse trabalho. Trouxemos 10 pessoas do fluxo de trabalho tradicional, alocamo-as aqui e as colocamos para trabalhar na redução das dificuldades do processo usando dados fictícios." (**Ver Figura 7.5**)

"Imagem complexa essa", disse Stephen. "Você pode nos ajudar a entender as principais ideias?"

"Nossas melhorias de processo", Oliver respondeu, "envolvem a análise e segmentação de solicitações e o desenvolvimento de qualidade no processo. *Analisamos* todo o trabalho recebido e algumas solicitações são rejeitadas imediatamente, outras são devolvidas, como solicitações incompletas ou imprecisas. Com isso diminuímos o lixo no sistema.

"Então, *segmentamos* as solicitações de acordo com a complexidade. Cerca de 80% são 'casos simples', e esses vão para o 'fluxo rápido'; 'casos complexos' são encaminhados para o 'fluxo do especialista'. Os encontros multidisciplinares diários e a padronização dos principais processos nos ajudam a desenvolver qualidade no processo."

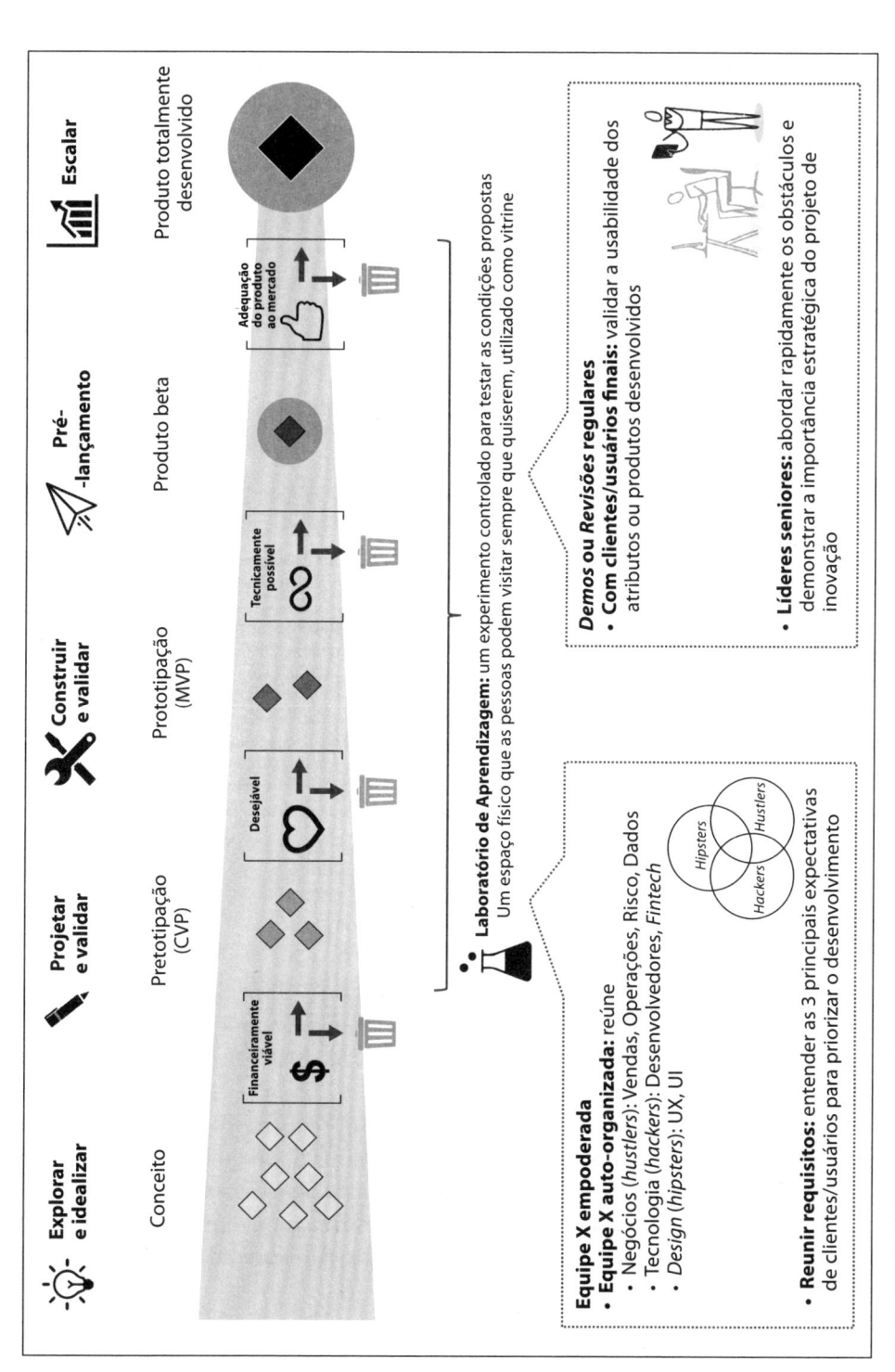

Capítulo 7 ▪ Lançamento dos nossos projetos de inovação de primeira onda 113

FIGURA 7.3 PoV da integração do cliente – visão geral.
Fonte: Digital Pathways.

1. Explorar e idealizar
(melhorar o estado atual)

Temos um problema que mereça ser resolvido?

Da jornada do cliente (Cap. 2)

Gravidade do problema: "72% dos nossos 500 clientes principais acham o APB difícil de fazer negócios". Os maiores pontos de dor em nosso **processo de integração são a validação de documentos e a diligência prévia do cliente**

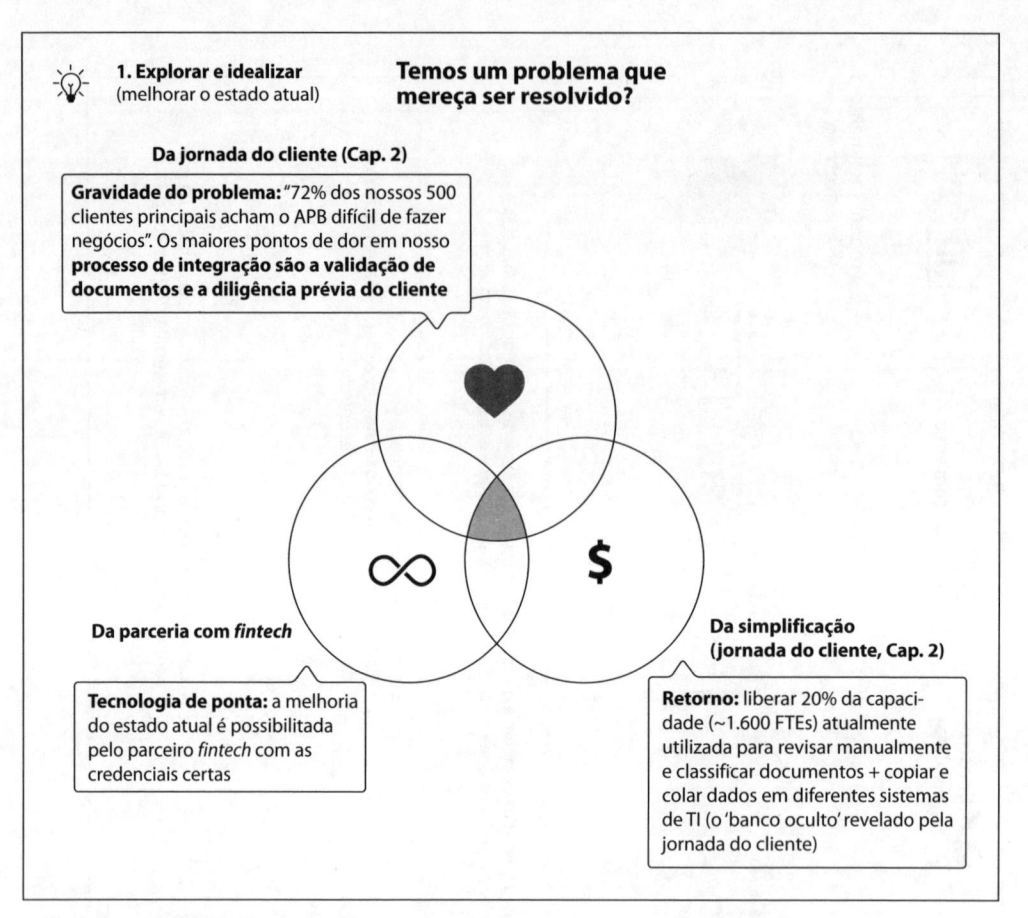

Da parceria com *fintech*

Tecnologia de ponta: a melhoria do estado atual é possibilitada pelo parceiro *fintech* com as credenciais certas

Da simplificação
(jornada do cliente, Cap. 2)

Retorno: liberar 20% da capacidade (~1.600 FTEs) atualmente utilizada para revisar manualmente e classificar documentos + copiar e colar dados em diferentes sistemas de TI (o 'banco oculto' revelado pela jornada do cliente)

FIGURA 7.4 PoV da integração do cliente – retorno.
Fonte: Digital Pathways.

"Ah, é isso que significa 'simplificar o processo'", disse Stephen. "Correto, Sr. Kwan", concordou Oliver. "Depois de simplificar o processo, incluímos a equipe da FlowBase e começamos a digitalizá-lo. Asim, você pode descrever os recursos da FlowBase que estamos usando?".

"A FlowBase utiliza inteligência artificial e aprendizado de máquina para eliminar o trabalho chato e repetitivo", disse Asim. "Queremos liberar as pessoas para fazerem trabalhos que agreguem valor. Esta é uma visão geral de nossas principais ferramentas – sei que é uma imagem complexa, peço desculpas por isso. Há uma grande quantidade de funcionalidades aqui." (**Ver Figura 7.6**)

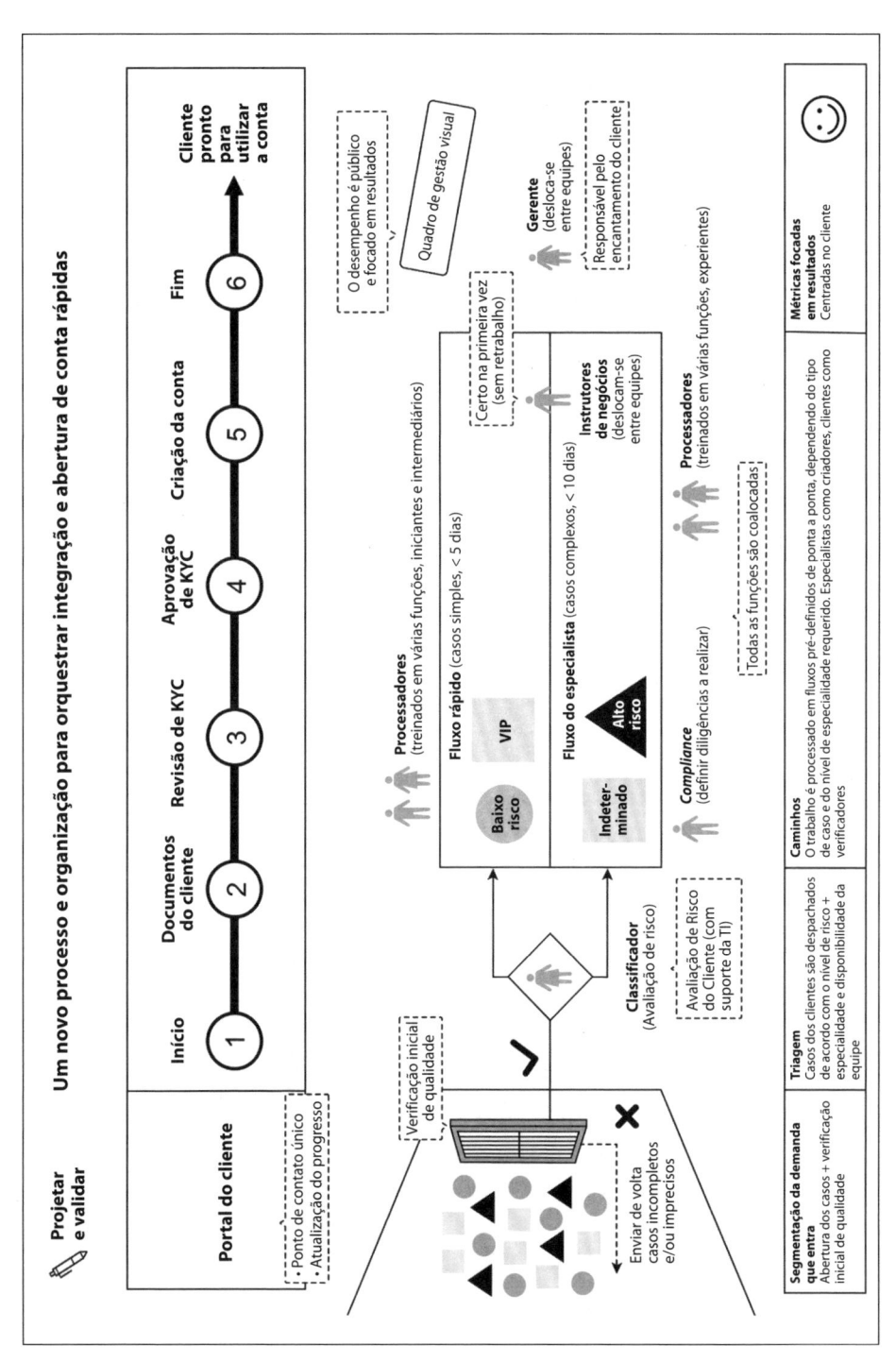

FIGURA 7.5 PoV da integração do cliente – conceito do escritório modelo.
Fonte: Digital Pathways.

Explorar e idealizar

Será que temos o parceiro *fintech* certo?

A FlowBase pode nos ajudar a automatizar parcialmente nosso processo de integração do cliente para
- melhorar a experiência geral do cliente
- reduzir o custo unitário da transação, p. ex., esforço manual associado com a diligência prévia do cliente (e retrabalho necessário para consertar os erros de processamento)

Como identificar bons candidatos para automatização?
- Tarefas com grande volume, baixa complexidade
- Transações manuais, em papel
- Tarefas que geram um nível significativo de erros, retrabalho, atrasos...

Funcionalidades da FlowBase		Relevância para a jornada de integração
OCR	**Extrai e classifica dados não estruturados** • Transforma imagens e/ou pdf em dados editáveis • Transforma tais dados em um documento estruturado (extração baseada em regras)	• **Interpretação de documentos escaneados** (OCR inteligente)
Buscador	**Extrai e classifica dados estruturados** • Busca dados em bancos de dados externos e consolida-os • Analisa e extrai significado de texto, utilizando processamento de linguagem natural (PLN) e pesquisa contextual	• **Diligência prévia do cliente**, p. ex., buscar informações externas para fazer o *Know Your Client* (KYC) e o seu negócio + pesquisa de sanções
Classificador	**Compara e classifica documentos** • Confirma diferenças (positivas/negativas) em documentos	• **Comparação de documentos de saída × de chegada**, p. ex., o documento do cliente está assinado, alterado, completo?
STP	**Conecta diferentes sistemas de TI/fontes de dados** • Popula automaticamente campos-chave em nossos sistemas • *Straight-Through Processing* (STP)	• **Automação parcial dos nossos processos de KYC**, p. ex., pré-popula campos-chave para operador humano revisar e validar

Construir recursos internos de inteligência artificial (IA) é uma prioridade estratégica para o APB

FlowBase é uma plataforma de IA que oferece aplicativos relevantes para
- digitalizar as operações do APB (a fábrica de inserir-copiar-colar dados)
- gerar *insights* a partir dos nossos dados internos (combinados com busca de dados externos)

FIGURA 7.6 Capacidades da FlowBase – será que temos o parceiro *fintech* certo?
Fonte: Digital Pathways.

"Usamos Buscador, Classificador e STP[5]", continuou Asim, "para tarefas básicas relacionadas à documentação. OCR[6] nos permite transformar imagens (passaportes, documentos digitalizados, fotos, etc.) em texto. Doc diff e pesquisa de sanções nos permitem identificar rapidamente anormalidades e filtrar solicitações duvidosas."

"Esta é a proposta de desenho para melhorar a experiência do cliente", disse Oliver. (**Ver Figura 7.7**)

E esta imagem mostra como testamos o desenho. Tentamos praticar a gestão baseada em evidências, o que significa ter objetivos claros, projeto experimental e métricas. (**Ver Figura 7.8**)

"Agora vamos nos aprofundar um pouco mais", continuou Asim. "A próxima imagem também é complexa, mas destaca o coração do nosso experimento. Podemos testar os cinco recursos em todo o processo de integração do cliente? Em caso positivo, rumamos a um desempenho extraordinário. Observem que o recurso 5, pré-popular os campos de KYC[7], é chave para colhermos os frutos do nosso trabalho. (**Ver Figura 7.9**)

"E o que aconteceu?", Stephanie Shan perguntou.

"Nosso sucesso foi parcial", respondeu Asim. "Como vocês podem ver, três dos cinco recursos foram implantados com sucesso. A boa notícia é que devemos ser capazes de implantá-los em outras jornadas do cliente. Infelizmente, pré-popular KYC *não* é um deles – pelo menos não ainda. Estamos decepcionados, mas não desanimados. (**Ver Figura 7.10**)

"Em resumo", disse Asim, "o processo paralelo que desenvolvemos funciona bem, mas não conseguimos colher os frutos dele, pelo menos não ainda." (**Ver Figura 7.11**)

"Obrigado, Asim", retomou Oliver. "Há alguma pergunta ou comentário?"

"Gosto muito da receita de três passos do *lean digital*", disse Steven. "Fico feliz em saber que operações e TI trabalharam juntas nisso. Se conseguirmos dominar esses três passos, o céu será o limite."

"Os membros da equipe de operações gostam das reuniões diárias e do treinamento", disse Marcus.

"A satisfação do cliente é a que menos melhorou", comentou Stanley. "Por quê?"

Asim fez uma pausa. "Oliver, talvez você possa responder esta?"

"Os poucos clientes com quem falamos gostaram do *lead time* mais rápido", disse Oliver, "mas acharam que o processo exigia muitos 'cliques', e isso é

---

[5] STP = *Straight-Through Processing.*
[6] OCR = *Optical Character Recognition* (reconhecimento óptico de caracteres).
[7] *Know Your Client* (conheça o seu cliente – e o negócio dele).

✏️ Projetar e validar

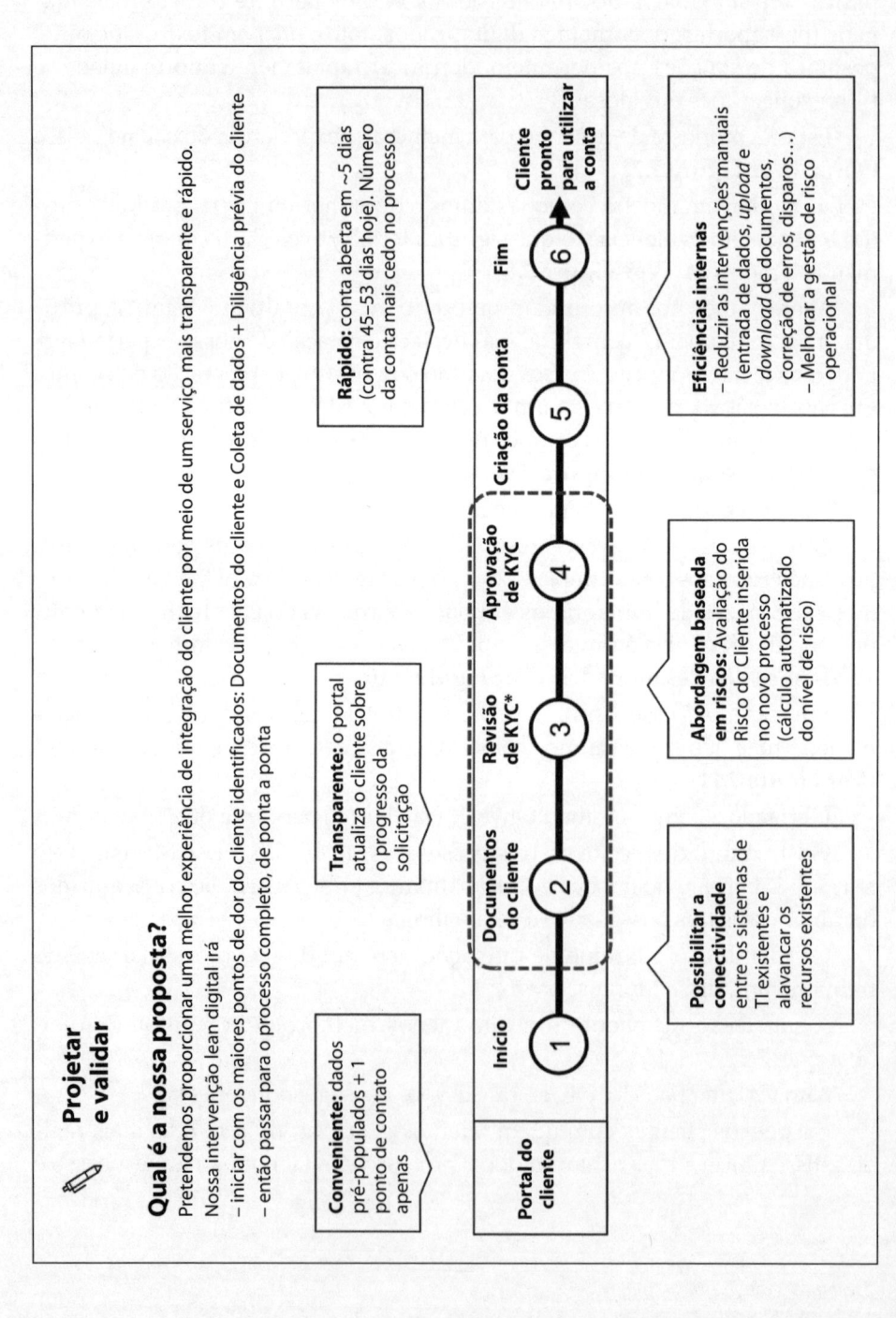

Qual é a nossa proposta?

Pretendemos proporcionar uma melhor experiência de integração do cliente por meio de um serviço mais transparente e rápido.

Nossa intervenção lean digital irá
– iniciar com os maiores pontos de dor do cliente identificados: Documentos do cliente e Coleta de dados + Diligência prévia do cliente
– então passar para o processo completo, de ponta a ponta

Conveniente: dados pré-populados + 1 ponto de contato apenas

Transparente: o portal atualiza o cliente sobre o progresso da solicitação

Rápido: conta aberta em ~5 dias (contra 45–53 dias hoje). Número da conta mais cedo no processo

Portal do cliente	Início	Documentos do cliente	Revisão de KYC*	Aprovação de KYC	Criação da conta	Fim	Cliente pronto para utilizar a conta
	1	2	3	4	5		6

Possibilitar a conectividade entre os sistemas de TI existentes e alavancar os recursos existentes

Abordagem baseada em riscos: Avaliação do Risco do Cliente inserida no novo processo (cálculo automatizado do nível de risco)

Eficiências internas
– Reduzir as intervenções manuais (entrada de dados, *upload* e *download* de documentos, correção de erros, disparos…)
– Melhorar a gestão de risco operacional

FIGURA 7.7 Proposta de desenho para melhorar a experiência de integração do cliente.
Fonte: Digital Pathways.

Capítulo 7 ▪ Lançamento dos nossos projetos de inovação de primeira onda

Resumo do experimento

Projetar e validar

Declaração do problema
A FlowBase pode nos ajudar a melhorar a experiência de integração do cliente e, ao mesmo tempo, reduzir o custo unitário por transação?

1. Metas de aprendizado
(Quantitativas e qualitativas)

Que hipóteses queremos provar/refutar?
- **Táticas:** melhorar a qualidade (reduzir o retrabalho), aumentar a produtividade (reduzir o esforço manual e a correção de erros)
- **Estratégicas:** melhorar a experiência do cliente (velocidade) e reduzir o custo unitário por transação com automação *lean*

Há outros elementos qualitativos a serem aprendidos durante o experimento?
- Desenvolver nosso conhecimento e confiança internos
- Ajustar processos internos para promover uma colaboração eficiente com *fintechs* (valida nosso processo de PoC)
- Melhorar a experiência do usuário para estimular a adoção de novas soluções e capturar benefícios $

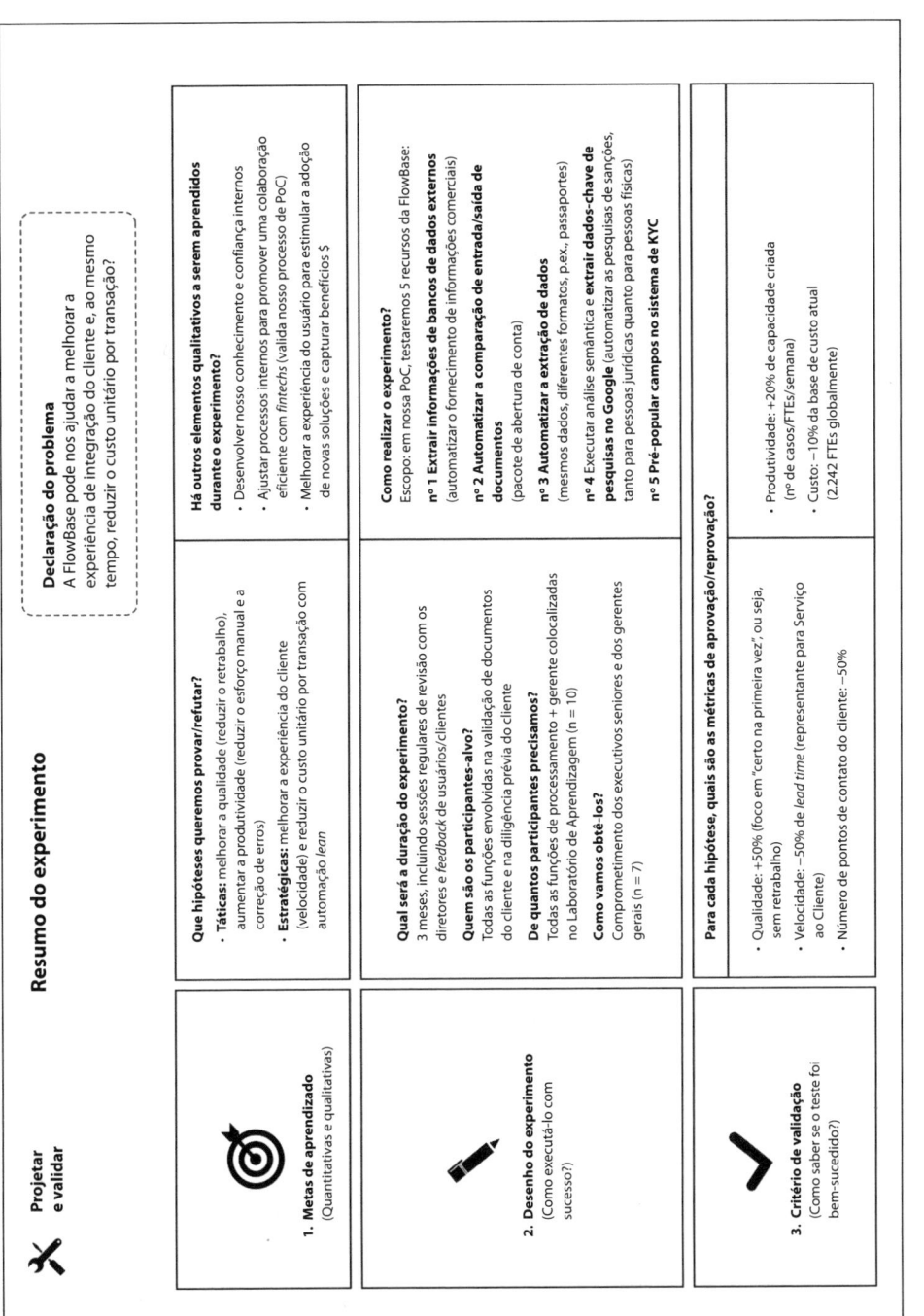

2. Desenho do experimento
(Como executá-lo com sucesso?)

Qual será a duração do experimento?
3 meses, incluindo sessões regulares de revisão com os diretores e *feedback* de usuários/clientes

Quem são os participantes-alvo?
Todas as funções envolvidas na validação de documentos do cliente e na diligência prévia do cliente

De quantos participantes precisamos?
Todas as funções de processamento + gerente colocalizadas no Laboratório de Aprendizagem (n = 10)

Como vamos obtê-los?
Comprometimento dos executivos seniores e dos gerentes gerais (n = 7)

Como realizar o experimento?
Escopo: em nossa PoC, testaremos 5 recursos da FlowBase:
nº 1 Extrair informações de bancos de dados externos (automatizar o fornecimento de informações comerciais)
nº 2 Automatizar a comparação de entrada/saída de documentos (pacote de abertura de conta)
nº 3 Automatizar a extração de dados (mesmos dados, diferentes formatos, p.ex., passaportes)
nº 4 Executar análise semântica e extrair dados-chave de pesquisas no Google (automatizar as pesquisas de sanções, tanto para pessoas jurídicas quanto para pessoas físicas)
nº 5 Pré-popular campos no sistema de KYC

3. Critério de validação
(Como saber se o teste foi bem-sucedido?)

Para cada hipótese, quais são as métricas de aprovação/reprovação?
- Qualidade: +50% (foco em "certo na primeira vez", ou seja, sem retrabalho)
- Velocidade: −50% de *lead time* (representante para Serviço ao Cliente)
- Número de pontos de contato do cliente: −50%

- Produtividade: +20% de capacidade criada (nº de casos/FTEs/semana)
- Custo: −10% da base de custo atual (2.242 FTEs globalmente)

FIGURA 7.8 Resumo do experimento da FlowBase.
Fonte: Digital Pathways.

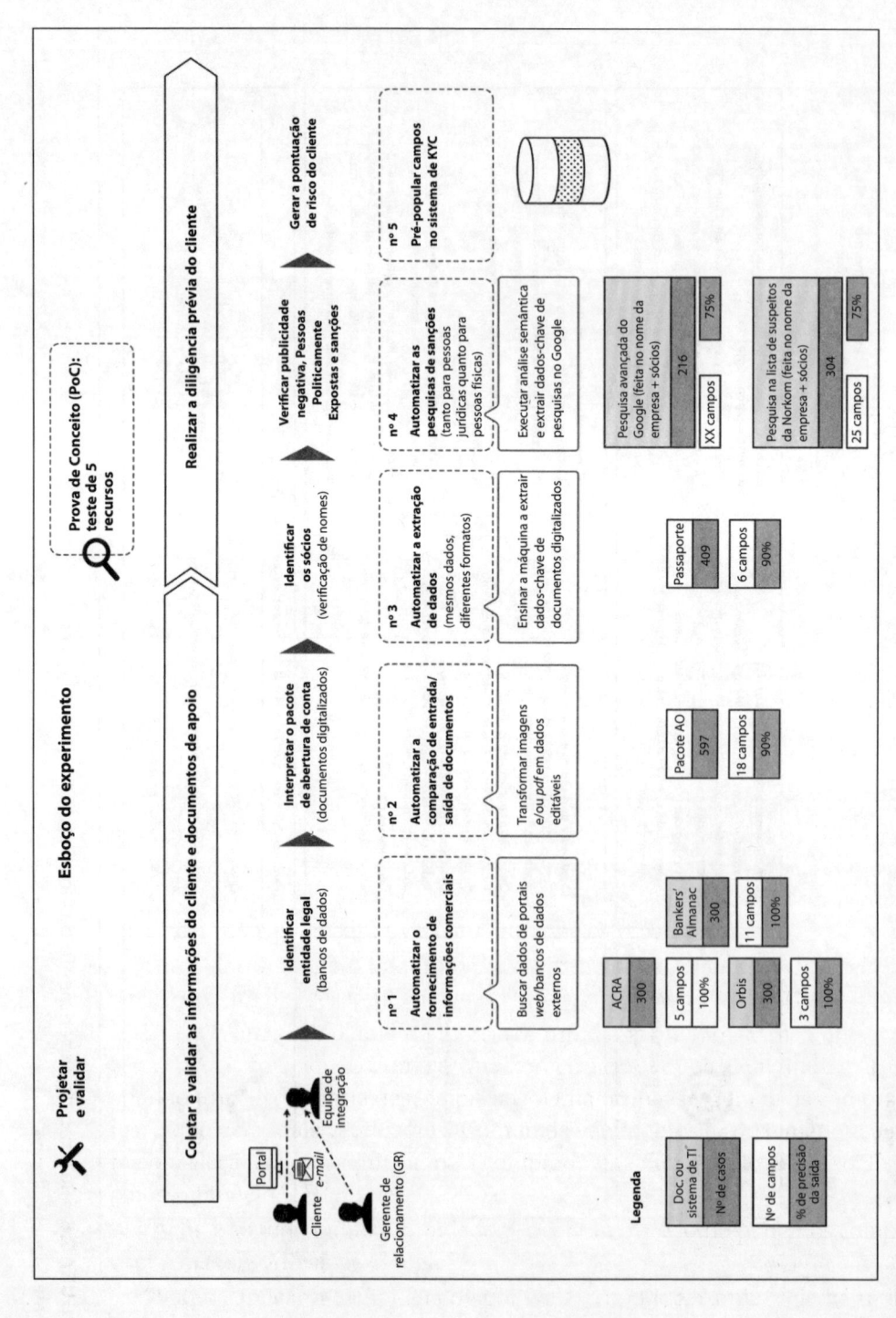

FIGURA 7.9 O coração do nosso experimento – conseguimos implantar os recursos?
Fonte: Digital Pathways.

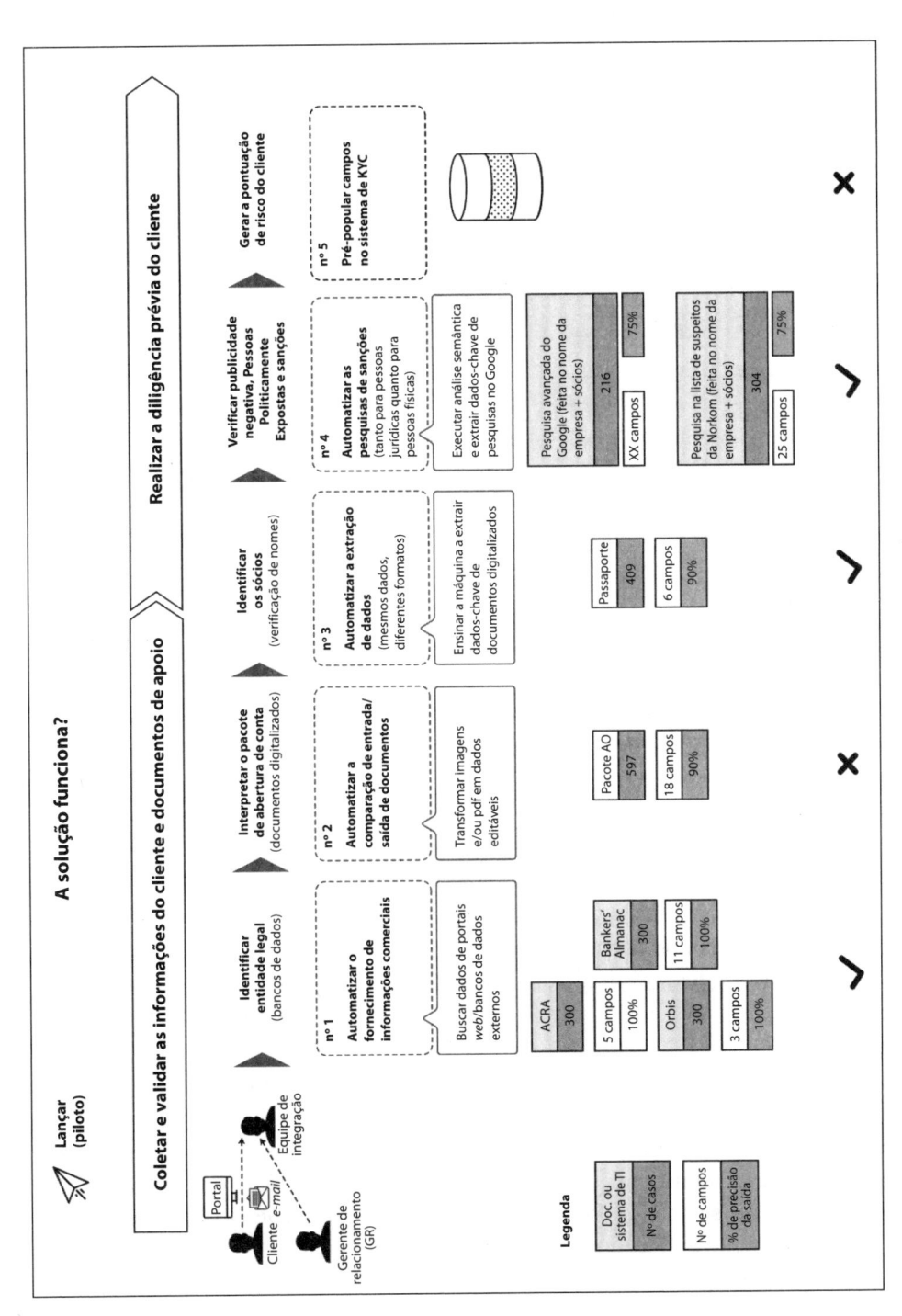

Capítulo 7 ▪ Lançamento dos nossos projetos de inovação de primeira onda 121

FIGURA 7.10 Experimento da FlowBase – temos uma prova de valor (PoV)?
Fonte: Digital Pathways.

Lançar (piloto) — O desempenho melhorou?

Desempenho operacional

Qualidade (% certo na primeira vez)	👍	+51%
Velocidade (nº de dias de trabalho) • Tempo para a tomada de decisão • Tempo para gerar receita	⏱	-72%
Engajamento do funcionário	❤	+35%

Desempenho financeiro

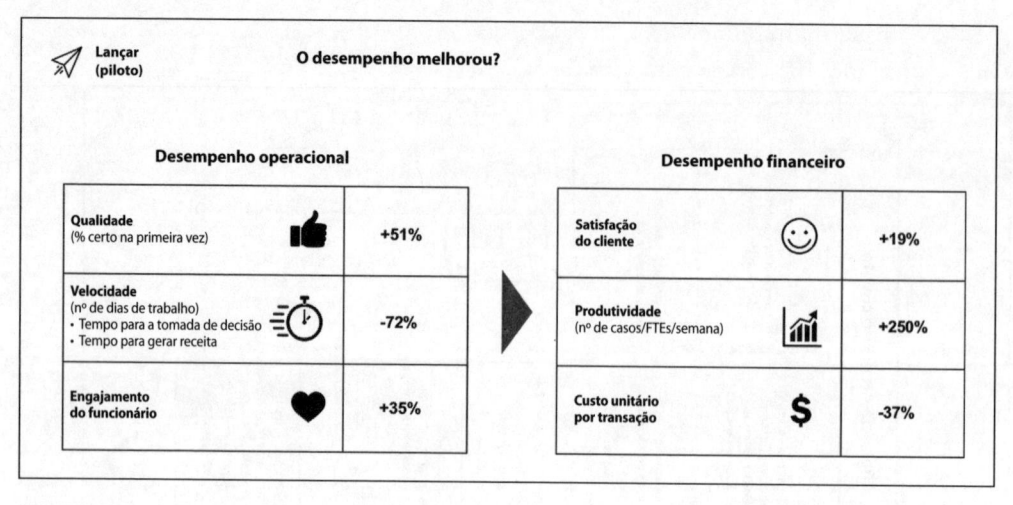

Satisfação do cliente	☺	+19%
Produtividade (nº de casos/FTEs/semana)	📈	+250%
Custo unitário por transação	$	-37%

FIGURA 7.11 Experimento da FlowBase – impacto com 90 dias de piloto (mercado de Singapura).
Fonte: Digital Pathways.

reflexo de um problema mais profundo: não temos competência em experiência do cliente. Eu até engano, mas não sou especialista."

"Por que vocês não conversaram com mais clientes?", perguntou Stephen.

Oliver fez uma pausa. "Os gerentes de relacionamento (GR) relutaram em nos dar acesso."

"Não sei se seus dados são confiáveis", disse Stephanie. "Onde vocês os conseguiram?" "Montamos uma equipe de analistas para verificar os números", disse Oliver. "É difícil conseguir dados confiáveis de nossos sistemas, então geramos nossos próprios dados."

"Dados ruins parecem ser um tema recorrente", disse Martin. "Existem três pecados mortais dos dados", disse Marcus, "e sofremos com todos eles – captura, qualidade e amplitude dos dados (de ponta a ponta). Apoiei o pedido de Oliver para montar uma equipe focada em dados. Também podemos envolver parceiros *fintech* especializados em desmistificar dados."

"Vamos voltar à FlowBase", disse Stanley. "Por que não foi possível gerar receita?"

"Não estamos totalmente conectados aos sistemas internos", disse Oliver. "Não me entendam mal, a TI tem feito um bom trabalho para a gente, mas tem sido inconsistente. Bons engenheiros trabalharam conosco, mas eles eram constantemente realocados para outros projetos."

"Mohan me pediu para avisar que a FlowBase estará totalmente integrada até o final do mês", disse Marcus. "Ele pede desculpas pelo atraso e por não estar aqui hoje. A TI tem estado sob grande pressão ultimamente."

"Fico feliz em ver que TI e Operações estão trabalhando juntas", disse Martin. "É algo que podemos desenvolver. E o novo processo funciona relativamente bem, só não podemos 'ligá-lo' ainda. Então, o que aprendemos?"

"A conectividade é um grande problema", disse Stephanie. "Temos que lidar com isso." "Temos que consertar nossos problemas de dados", disse Marcus.

"Os silos continuam sendo um problema", disse Oliver. "O suporte de TI tem sido inconsistente e o suporte de *compliance* não existe. Stanley, com todo o respeito, para que a coisa funcione, precisamos que você envie seus melhores."

"Posso fazer isso", disse Stanley, "e vamos garantir que os GRs deem mais apoio a vocês."

"Precisamos ter bons *designers* de CX, também conhecidos como *hipsters*", disse Oliver, "especialmente para novas ofertas."

"Os *hipsters* ajudarão tanto com a CX quanto com a UX[8]", disse Yumi. "UX continua sendo uma grande oportunidade, que incluiremos em PoVs futuras."

"Gostaria de ouvir nosso parceiro *fintech*", disse Martin. "Como tem sido a sua experiência desta vez, Asim?"

"É um prazer trabalhar com Oliver e a equipe do laboratório de aprendizagem", disse Asim. "Graças ao Marcus, o processo de compras está muito melhor. O suporte de TI tem sido inconsistente, mas acho que o que dificulta são os recursos limitados e não a motivação."

Eles seguiram falando francamente por algum tempo. Yumi e Oliver resumiram os pontos de aprendizado, problemas e próximos passos. Os membros do conselho de inovação votaram por continuar a financiar a PoV de integração do cliente.

Lições aprendidas

Quando voltaram para o APB, Martin chamou Stephen, Marcus e Yumi a sua sala para um café. "O que vocês acharam?", perguntou.

"No geral, estou impressionado com o laboratório de aprendizagem", disse Stephen, "mas não é uma prioridade para Mohan, Stanley ou Richard Decker."

"Acho que Stanley vai mudar de ideia", disse Martin. "Estou mais preocupado com Mohan e Richard."

"Mohan está se enrolando por algum motivo", disse Yumi. "É um problema. Nossa próxima grande PoV depende inteiramente da conectividade, pois chamaremos vários parceiros *fintech*. Quanto a Richard, não tenho ideia do que está acontecendo."

---

[8] CX = experiência do cliente; UX = experiência do usuário.

"Como podemos garantir a conectividade interna/externa?", Marcus perguntou. "Acho que nossos sistemas legados não estão à altura do desafio."

"Precisamos contornar nossos sistemas legados, pelo menos por enquanto." disse Yumi. "Tenho um parceiro *fintech* em mente. Podemos transformar essa restrição em uma oportunidade."

"Mohan, Stanley e Richard são profissionais experientes", disse Stephen. "Por que eles não apoiariam o trabalho de inovação?"

"Ninguém vem trabalhar querendo fazer um mau trabalho", disse Yumi. "Mais cedo ou mais tarde, teremos que abordar tópicos espinhosos, como estrutura de incentivos."

"As estruturas de incentivos podem ser difíceis de entender", disse Marcus, "e ainda mais difíceis de mudar."

"Seria necessário um relatório para o comitê de remuneração e uma votação da diretoria", disse Martin.

"Apesar de tudo", falou Stephen, "estou entusiasmado. Percorremos um longo caminho no último ano."

"TI e operações estão trabalhando juntas", disse Yumi. "Nossas EMs têm obtido resultados e o laboratório de aprendizagem está cada vez mais forte; começamos a entender a receita *lean digital* de três passos; cultura e tecnologia continuam sendo pontos de dor; e teremos que resolver nossos *gaps* de experiência do cliente e do usuário."

"Melhoramos a integração das *fintechs*", disse Marcus, "mas nosso problema de dados surge repetidamente."

"Dados são o novo superpoder", disse Yumi. "Para a PoV de integração do cliente, Oliver e equipe aprenderam a gerar seus próprios dados, mas isso não é sustentável. Para a próxima grande PoV, precisaremos de parceiros *fintech* especializados em limpar, integrar e desmistificar dados – o que, é claro, requer melhor conectividade."

"Qual é a nossa próxima grande PoV?", Stephen perguntou.

"Um produto digital totalmente novo em crédito a PMEs[9]", respondeu Yumi. "Vamos simplificar e digitalizar toda a jornada do cliente. Clientes PME qualificados poderão fazer *tudo* pelo *smartphone*."

Martin ergueu uma sobrancelha. "Crescimento, inovação de ponta a ponta – que bom saber disso. Estou cansado de jogar na defesa."

"Precisamos de ajuda", disse Marcus. "O crédito a PMEs está com problemas. Na minha opinião, precisaremos muito mais do que TI e operações trabalhando juntas."

"Estamos descobrindo problemas importantes", disse Yumi. "Para realizar a próxima PoV, teremos que consertá-los."

---

[9] Pequenas e médias empresas, que representam mais de 99% de todos os negócios.

CAPÍTULO 7 – QUESTÕES PARA ESTUDO

1. O que é um líder com perfil em forma de T (*T-shaped*)?
   a. Esse tipo de líder existe naturalmente na maioria dos setores? Explique a sua resposta com exemplos.
   b. Como as organizações atraem e desenvolvem esse tipo de líder?
2. O que é o laboratório de aprendizagem?
   a. O que torna um laboratório de aprendizagem eficiente? Há alguma experiência pessoal que você gostaria de compartilhar?
   b. O que pode atrapalhar um laboratório de aprendizagem?
3. Quais são os prós e contras de o laboratório de aprendizagem ser em um local diferente da sede principal, como o laboratório do APB em Fusionopolis?
   a. Quais são os desafios adicionais que podem existir em um negócio global, descentralizado?
4. Quais são os principais elementos da PoV integração do cliente (FlowBase)?
   a. O que você acha da abordagem da equipe de PoV? Explique a sua linha de raciocínio.
   b. Há algo que a equipe não está enxergando? Ela poderia fazer melhor?
5. Defina o "processo de melhoria de três passos *lean digital*".
   a. Quais são os pré-requisitos técnicos?
   b. Quais são os pré-requisitos culturais?
   c. Que tipo de comportamento a liderança deve ter?
6. Descreva uma PoV com a qual esteja familiarizado.
   a. Qual era o objetivo da equipe?
   b. Qual era a abordagem geral dela?
   c. Que experimentos ela fez, o que aconteceu e por quê?
   d. A equipe se saiu bem na gestão baseada em evidências? O que ela poderia fazer para melhorar?
7. A equipe de PoV não está recebendo o apoio necessário de departamentos importantes, incluindo TI e *compliance*. Quais são as possíveis razões para isso?
   a. Como você abordaria essas razões?
   b. Em sua organização, existem funções avessas aos risco, que podem bloquear a inovação? Como você abordaria esses desafios?
   c. Descreva alguma experiência pessoal relevante. Há alguma reflexão ou aprendizado que você gostaria de compartilhar?

CAPÍTULO **8**

Lançamento dos nossos projetos de inovação de segunda onda

Uma iniciativa piloto de um fluxo de ponta a ponta. Será que conseguimos criar produtos digitais inteiramente novos?

Se você é bom em corrigir o curso das coisas, estar errado pode custar menos do que pensa, ao passo que ter uma reação lenta com certeza custará caro.

– Jeff Bezos

INSEAD Campus Ásia, Centro do Conhecimento, Singapura

Yumi, Martin e Mohan Bilgi identificam-se na recepção e atravessam o frondoso jardim interno, com piscina de carpas e paredes cobertas de plantas, até o Centro de Desenvolvimento de Lideranças e a sala 3B, onde Susan Tse Lau e Paul Dumont aguardam. Susan é diretora administrativa da Connectivity Inc., uma *fintech* focada em viabilizar a inovação em grandes bancos, e Paul é seu diretor técnico. Yumi, que já trabalhou com Susan no passado, faz as apresentações.

"Obrigada por terem vindo", diz Susan. "A inovação rápida pode ser um salto quântico para os grandes bancos. Vocês têm grandes desafios, incluindo sistemas de TI legados, clientes e reguladores exigentes e concorrentes *fintech* que estão em rápida transformação. Oferecemos uma plataforma de *software* moderna, que possibilita a inovação; é uma ponte entre o ponto em que vocês estão agora e um futuro ágil e flexível. Paul preparou uma demonstração; ele acabou de voltar da Bélgica e pode estar com um pouco de *jet-lag*."

Durante os 45 minutos seguintes, Paul demonstra a plataforma da Connectivity, que inclui um pacote de APIs, microsserviços e requisitos específicos para bancos. Gestão de prospecção, integração do cliente e gestão de dados, assinaturas, preços/descontos dinâmicos, detecção de fraude e outros serviços básicos são disponibilizados já prontos para uso. Paul apresenta estudos de caso de clientes. "Queremos tornar o *open banking* possível", diz Paul. "Queremos ser a cola que conecta *back*, *middle* e *front-end* com seus parceiros *fintech*."

Mohan está sentado com os braços cruzados, sorrindo educadamente. Ele faz perguntas técnicas superficiais. "Conectividade não é tudo", diz. "Estabilidade e segurança também são importantes."

Martin e Yumi perguntam sobre diferentes casos de uso, para verem se a Connectivity tem experiência e recursos suficientes para as PoVs mais avançadas do APB. Eles estão especialmente interessados nos módulos de integração de clientes e empréstimos. O grupo combina de se reunir novamente, dessa vez no APB, para uma demonstração ao vivo controlada. "Precisamos de acesso de *input/output*", diz Paul.

"Sim, claro", responde Mohan.

Connectivity Inc.

No carro, voltando ao APB, Mohan estava em silêncio. "Sei que você se sente desconfortável com tudo isso", disse Martin.

Mohan esfregou os olhos. "Paul e Susan fizeram uma boa apresentação, e sei que vocês estão animados."

"A Connectivity nos ajudará a colocar o QuickLoan em prática", disse Yumi, "e a capitalizar a PoV de integração do cliente."

"Você não parece contente, Mohan. O que o incomoda?", perguntou Martin.

Mohan respirou fundo. "Minha prioridade número um é evitar grandes quedas do sistema – manter as luzes acesas, como dizemos; evitar violações de dados é a segunda prioridade. O trabalho com a Connectivity não vai me ajudar em nenhuma dessas coisas, e pode até dificultá-las."

Fez uma pausa, como se pesasse o quanto mais poderia dizer. "Olha, eu e minha equipe não controlamos mais nem nosso próprio orçamento – é o departamento de operações que controla. Ainda assim, estamos sendo pressionados a lançar cada vez mais códigos em um sistema instável e com vazamentos, fora a pressão para 'nos abrir'. *Open banking* é um *slogan* legal,

Capítulo 8 ▪ Lançamento dos nossos projetos de inovação de segunda onda

mas quem leva a culpa se o sistema falha ou se acontece uma grande violação de dados?"

E então veio com tudo: "Você sabe o tempo médio que um Diretor de TI fica no APB? *Menos de dois anos*. É incrível eu ter sobrevivido tanto tempo. Vocês querem que lancemos um novo código? Querem o *open banking*? Ok, mas precisamos controlar nosso próprio orçamento. Precisamos investir em *mainframes* e arquitetura de código aberto, contratar pessoas com o conhecimento necessário."

"Operações controla o seu orçamento?" disse Martin. "Não fazia ideia – isso significa que você tem responsabilidade, mas nenhuma autoridade."

Mohan coçou a testa. "Agora vocês sabem por que estou sempre na defensiva."

"A Connectivity pode ajudar a lançar nossas PoVs", disse Yumi, "mas também pode derrubar o sistema, e a responsabilidade será sua."

"De um jeito ou de outro, sobra para mim", disse Mohan.

"Quando assumi o cargo de CEO, Mohan", disse Martin, "lembro que você estava ansioso para apresentar um plano de transformação de tecnologia – e eu o desestimulei."

"Você pensou que eu queria construí-lo internamente, o que não é realista. Na verdade, queria recuperar o orçamento de TI para que pudéssemos investir em tecnologia que julgava necessária."

"Aquilo foi injusto, Mohan, peço desculpas. Mas nosso problema permanece: como alinhar Operações e TI? A Diretoria está aberta a mudanças nas estruturas de incentivos, mas isso levará tempo. O que fazemos nesse meio-tempo?"

"Vamos fazer um acordo com Marcus", propôs Yumi. "Se trabalharmos com a Connectivity, Operações terá que dar todo o apoio a Mohan com o dinheiro e os recursos necessários para manter o sistema. Tenho certeza de que Stephen Kwan apoiaria tal acordo."

Martin pensou um pouco. "Mohan, você poderia preparar uma lista do que precisa para garantir a estabilidade e a segurança do sistema?"

Mohan deu de ombros, "Tenho escolha?"

"Na verdade, não", admitiu Martin, "mas prometo que vou protegê-lo. Por favor, prepare essa lista."

"Ainda precisamos de uma solução de longo prazo", disse Yumi. "Posso sugerir que testemos a gestão compartilhada 'Two-in-a-Box'? Se vocês concordarem, ano que vem, Marcus e Mohan, e um grupo seleto de seus subordinados diretos, terão responsabilidade *compartilhada* pela demonstração de resultados do exercício. A remuneração e os bônus dependerão de nosso desempenho em uma série de medidas operacionais e de TI. Karen Hong fez uma ótima análise e pode lhe repassar os detalhes."

"Parece que você antecipou esse problema", disse Martin.

Yumi assentiu com a cabeça. "A ideia é criar um caminho compartilhado. Ou Marcus e Mohan ganham juntos, ou nenhum ganha. Segundo Karen, são muitas as vantagens para ambos. Em troca, a integração de novos parceiros *fintech* deve virar uma prioridade sua, Mohan, além do apoio às nossas PoVs, cedendo os melhores da sua equipe."

Mohan olhou para Yumi, depois para Martin. "Vocês fariam isso por mim?"

"Estou aberto a um piloto", respondeu Martin. "Preciso revisar os detalhes com Karen Hong."

"E o que Marcus acha disso?", Mohan perguntou.

"Não falei com ele ainda", respondeu Yumi, "mas acredito que apoiará a ideia. A gestão Two-in-a-Box daria a vocês dois um orçamento maior e mais autoridade, e possivelmente eliminaria algumas das tensões que você tem sentido."

Mohan olhou pela janela em silêncio, depois de volta para Yumi e Martin.

Três meses depois, sessão de mentoria executiva, departamento de crédito a PMEs

Martin e Yumi concluíam uma sessão de mentoria executiva sobre Teoria das Restrições.[1] Eles começaram com uma simulação de computador simples e, em seguida, seguiram o fluxo de valor de PMEs. Como de costume, os membros da equipe eram capazes, tinham boa vontade e estavam dando o melhor de si, mas os processos eram confusos. Martin estava praticando a "indagação humilde"[2] e teve *insights* importantes, respeitando o trabalho da equipe.

Demanda, capacidade, tempos de ciclo de processo e gargalos – os fundamentos da gestão de processos – não eram bem compreendidos. Como eles saberiam?, Martin se perguntou. Eles nunca foram ensinados a pensar nesses

---

[1] Paradigma da gestão desenvolvido por Eliyahu Goldratt e publicado em uma série de livros, começando com *A Meta*, de 1984.
[2] *Liderança sem ego: A arte da indagação humilde para construir equipes fortes e comprometidas* (2018), de Edgar Schein.

termos. Ele estava feliz que a equipe de Yumi tinha implementado o Almoço & Aprendizados de gestão de processo em todo o APB Empresas.

"Esta foi uma de nossas melhores sessões, Yumi", disse Martin. "A taxa de produtividade máxima é a taxa do gargalo. Assim, é preciso encontrar e alargar o gargalo. Simples e claro."

"E complicado na prática", acrescentou Yumi. "Os gargalos podem mudar de lugar, especialmente onde os padrões de trabalho são fracos."

"Mudando um pouco de assunto", disse Martin, "como está indo o trabalho com a Connectivity?"

"A Connectivity está trabalhando a mil", disse Yumi, "e estamos começando a ver resultados. A PoV de integração do cliente está totalmente incorporada. A propósito, obrigada por falar com Stanley Phau, ele nos cedeu uma de suas funcionárias de maior potencial e ela está realmente impulsionando as entregas e focada nos custos. A produtividade da área piloto aumentou quase 30%; se pudermos aplicar o piloto ao APB Empresas, isso representará mais de $ 20 milhões de SGD."

"Velocidade máxima à frente", disse Martin.

"Infelizmente não", disse Yumi. "Você acabou de aprender a Teoria das Restrições e sabe que os gargalos podem mudar de lugar – e é isso que está acontecendo. O gargalo não é mais a TI. Antes de iniciarmos oficialmente, precisamos da aprovação de *compliance* e Compras; sem a primeira, ficamos ilegais; sem a última, não podemos nos expandir geograficamente. Suspeito que *compliance* está exagerando os riscos legais."

Martin escutou em silêncio. "Preciso bater um papo com Richard Decker", disse. "Por falar nisso, fale mais sobre a PoV do QuickLoan."

"QuickLoan é um produto novo, totalmente digital", respondeu Yumi, "e é o nosso maior teste até agora. Pense em jornada digital de ponta a ponta, experiência do cliente e do usuário de classe mundial e colaboração eficaz com *fintechs*. Nosso alvo é o seguinte: PMEs elegíveis para o serviço podem tomar empréstimos de até $ 100.000 SGD em 24 horas, tudo via *smartphone*."

Martin arregalou os olhos. "KYC, qualificação do cliente e levantamento de fundos, tudo em 24 horas – isso seria maravilhoso. Essa é uma inovação de alto nível voltada para o crescimento, correto?"

"Isso mesmo", respondeu Yumi. "Se você pensar em nosso modelo de transformação (Figura 5.4), essa é uma 'moeda' e se baseia em nossas inovações em eficiência, ou 'diamantes'."

"QuickLoan é muito importante, então", disse Martin. "O que precisa acontecer para colocarmos esse produto em pé?"

"Mudar nossa mentalidade pode ser o maior desafio", respondeu Yumi. "Com QuickLoan, não estamos melhorando a jornada de um cliente existente, mas construindo um novo negócio."

Martin pensou por um tempo. "Em termos práticos, o que isso significa?"

"Temos que começar bem mais na ponta, com o cliente", disse Yumi, "e temos que ficar muito bons em CX e UX. Os *hipsters*, ausentes até o momento, precisam trabalhar diretamente com os *hackers* e os *hustlers* agora. Precisamos simular o modelo 3H em sua totalidade com experimentação *lean* – Encanta? Funciona? Caso contrário, QuickLoan será um fracasso."

"Espera aí", disse Martin, "é tão complicado assim mesmo? Imaginava algo mais simples: entrevistar várias PMEs clientes para crédito, conhecer seus trabalhos a serem feitos e pontos de dor/ganho e, em seguida, desenvolver uma oferta que conserte esses problemas. O que há de errado nisso?"

"Sua pergunta vai ao cerne da questão", disse Yumi. "O objetivo do QuickLoan não é construir funcionalidades, mas construir *experiências*."

"Ajude-me a entender isso", pediu Martin.

"Trata-se do compromisso que você assumiu de *colocar o cliente no centro de tudo o que fazemos*", disse Yumi. "A isso chamamos de desenvolvimento *lean* e ágil de produto, que está ligado à compreensão da jornada do cliente em um nível muito mais profundo e ao desenvolvimento de uma experiência de ponta a ponta incrível. (**Ver Figura 8.1**)

"O desenvolvimento *lean* e *agile* de produto é diferente do que estamos acostumados. Os elementos principais são os seguintes:

1. **Perspectiva do cliente:** começamos desenvolvendo as personas e jornadas dos clientes. Para o QuickLoan, conhecemos e observamos de perto mais de 40 PMEs clientes e suas jornadas para identificar os 'trabalhos a serem feitos', pontos de dor e ganho.
   - A jornada do cliente nos ajuda a visualizar a experiência que queremos proporcionar.
   - Traduzimos os trabalhos a serem feitos em *histórias do usuário*.
2. **Perspectiva do APB:** as histórias do usuário são traduzidas em funcionalidades necessárias. A soma de todos as funcionalidades torna-se o *backlog de produto*.
   - Priorizamos os recursos de acordo com o *valor* (para o cliente) e o *esforço* necessário para desenvolvê-los.
   - A equipe multidisciplinar, então, decide quais funcionalidades irá construir no próximo *sprint* (normalmente uma iteração de 2 a 4

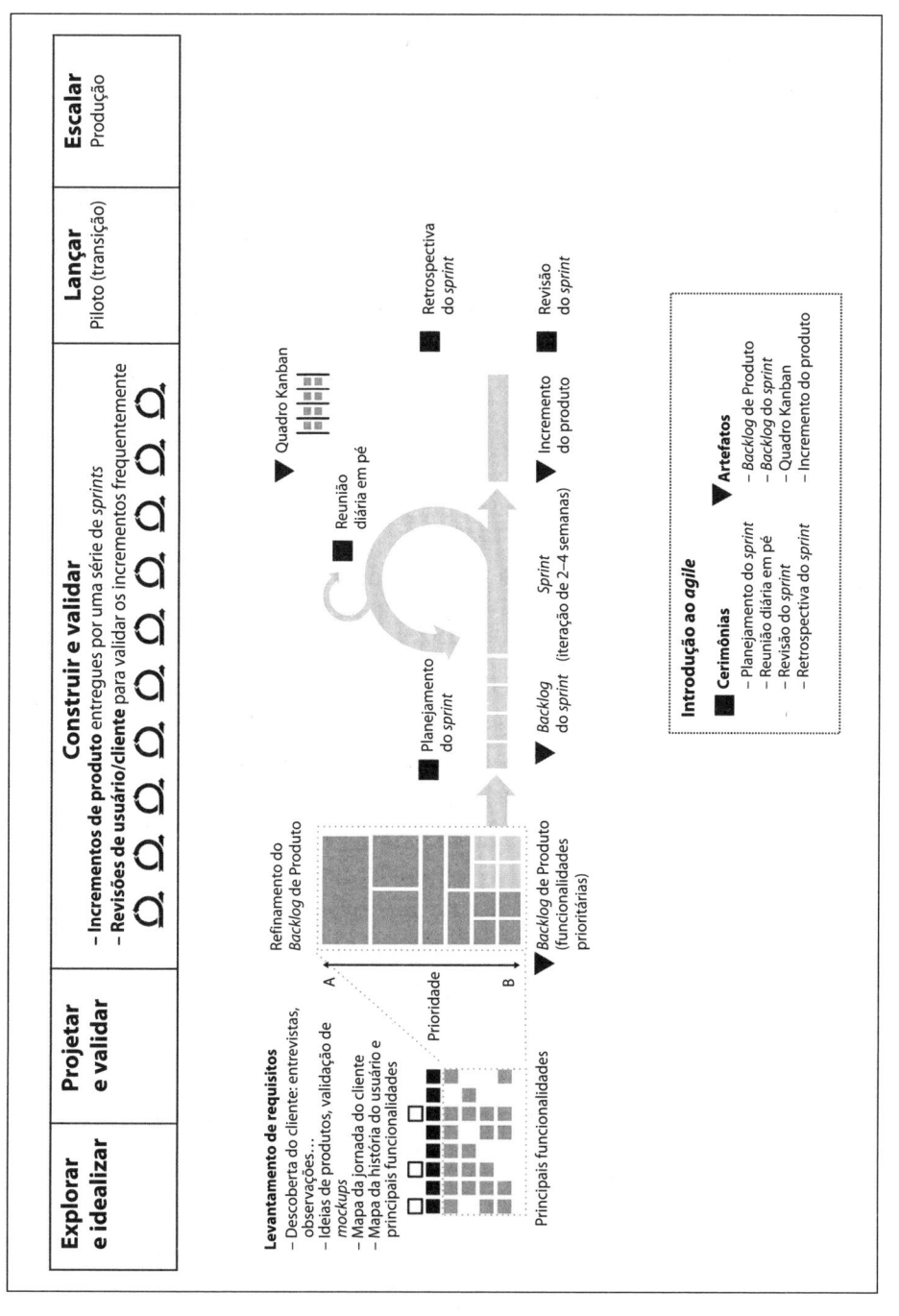

FIGURA 8.1 Focando novamente em nossos clientes com desenvolvimento *lean* e *agile* de produto.
Fonte: Digital Pathways.

semanas). As funcionalidades selecionadas tornam-se o *backlog do sprint*.

- No final de cada *sprint*, espera-se que a equipe entregue um incremento de produto, que é revisado com PMEs clientes selecionadas. Os líderes seniores e os *stakeholders* também revisam regularmente os resultados em nosso farol.

3. **Perspectiva combinada:** todos os recursos do produto são revisados e validados com nossos clientes para termos certeza de que estamos no caminho certo. Para promover uma colaboração intensiva entre *designers* (*hipsters*) e desenvolvedores (*hackers*), fazemos o *dual track agile*, no qual executamos os fluxos de *discovery* (descoberta) e *delivery* (desenvolvimento) em paralelo. Essa é uma maneira prática de integrar UX *lean* e *agile*/SCRUM.

Iteramos a obtenção de valor por meio da experimentação *lean*, que envolve fracassar rapidamente, a um baixo custo e frequentemente. Quando começamos, precisamos aceitar que, provavelmente, temos pouco entendimento dos problemas reais do cliente e dos trabalhos a serem feitos ou de possíveis soluções. Revisar os incrementos do produto dessa forma facilita a validação e permite pivotar rápido quando necessário. Também reduz o risco de apostas ruins e preserva recursos para as ideias mais promissoras."

Martin colocou as mãos na cabeça. "Isso é muito diferente, mas, como você disse, prometi colocar o cliente no centro. Temos que praticar o que pregamos."

"Desenvolver um novo negócio é um desafio de alto nível", continuou Yumi. "Eis alguns facilitadores essenciais:

1. *Tecnologia*
    a. Conectar sistemas internos e parceiros externos usando a plataforma *Connectivity*, utilizar microsserviços e APIs
    b. Utilizar a FlowBase para KYC, validação de identidade e integração do cliente
2. *Dados*
    a. Trabalhar com novas *fintechs*, incluindo i) DataClean, especializada em limpeza, integração e extração automática de informações a partir de dados, e ii) JZero, especializada em integração, análise e relatório de dados financeiros de PMEs
    b. Trabalhar com os fornecedores de *software* de contabilidade que as PMEs clientes usam (p. ex., Fast Books)

Capítulo 8 ▪ Lançamento dos nossos projetos de inovação de segunda onda

3. *Pessoas e Cultura* – aumentar o nível da gestão *lean* e *agile*, especialmente experimentação *lean*; consolidar a conexão entre *hackers* e *hustlers* e envolver os *hipsters*; ampliar o escopo para incluir experiência do cliente e do usuário, bem como faturamento, produtividade, *leadtime* e custo

4. *Capacidade do processo* – mapear processos internos que dão apoio à nova jornada do cliente; eliminar os excessos, digitalizar o que for possível; envolver os usuários para garantir uma boa experiência

5. *Sistema de gestão* – melhor integração de *fintechs*; os líderes de negócios enviam seus melhores representantes e se comprometem a apoiar os experimentos; desenvolver um processo de minifarol e dar apoio aos ritmos operacionais."

Martin olhou pela janela. "Às vezes me sinto sobrecarregado. Como conseguiremos fazer tudo isso?"

"O que você está sentindo é normal", disse Yumi. "É claro que o QuickLoan terá problemas – temos um laboratório de aprendizagem e fazemos experimentação *lean* justamente para trazer os problemas à tona e aprender como subir na curva de crescimento exponencial."

"Você pode me ajudar a visualizar isso?", Martin perguntou. "Como é a PoV do QuickLoan na prática?"

"*Hipsters* e *hackers* fazem *sprints* paralelos, mas conectados", disse Yumi. "*Hackers* e *hustlers* participam de reuniões de *hipsters* e vice-versa. *Hipsters* descobrem o que o cliente valoriza e traduzem isso em esboços, maquetes, *wireframes*, protótipos de papel e outras ferramentas de *design*. *Hackers* criam e testam pequenos incrementos de código, que os *hipsters* validam no próximo *sprint* de *design*. Depois de provarem que o produto encanta e funciona, os *hustlers* assumem o comando. Continuamos realizando experimentos *lean* até construirmos um negócio viável.

"Nossos marcos de PoV refletem esse processo", continuou Yumi. "Mínimo produto *adorável*, mínimo produto *viável*, mínimo produto *comercializável* e, por fim, mínimo *negócio* viável."

Martin pensou um pouco mais. "Quando vi pela primeira vez o lema 'Encanta? Funciona?', presumi que *hipsters*, *hackers* e *hustlers* iriam trabalhar em seus silos, mas percebo agora que eles estão envolvidos em todo o processo e assumem a liderança em diferentes partes da curva de crescimento."

"Perfeito, Martin", disse Yumi. "Espero que outros líderes estejam aprendendo tão rapidamente quanto você."

"Cada fase depende da fase anterior", continuou Martin. "Se o produto não *encanta*, não vale a pena testar se *funciona*; se o produto não *funciona*, não adianta tentar construir um *negócio*. O segredo é envolver o *hipster*, o *hacker* e o *hustler* em todo o processo."

"Melhor ainda, vamos desenvolver pessoas que possam assumir o papel de *hipster*, *hacker* e *hustler* conforme *necessário*. Esse é o nosso desafio de RH de longo prazo – desenvolver essas pessoas."

"Do contrário", disse Martin, completando o raciocínio de Yumi, "nosso sistema de pessoas vai se tornar uma restrição."

"Exatamente! Em todo caso, Mohan e Stanley finalmente estão enviando bons *hackers* e *hustlers*. Ainda não temos bons *hipsters*, mas nossos *coaches* e treinamentos de imersão em *design thinking* estão ajudando."

"Uma última pergunta", disse Martin, "quais são os atributos de um bom experimento?"

"Foco, velocidade e aprendizado. Escolhe-se uma *única* métrica e faz-se o *mínimo* possível para aprender. Por exemplo, se a ideia é testar um produto de *software*, *não* é necessário ter um aplicativo funcional – muitas vezes, um esboço de uma página é suficiente. Se é um produto físico, digamos um novo serviço de comida vegana, não é necessário investir em um restaurante, dá para testar a ideia alugando um *food truck* ou participando de uma feira local."

"Entendi", disse Martin. "Fracasse rapidamente e a um baixo custo."

PoV do QuickLoan – crédito a PMEs

Três meses depois, laboratório de aprendizagem do APB, apresentação da PoV do QuickLoan

"Hoje é sexta-feira de apresentação", disse Elina Gosh. "Começo dando as boas-vindas ao nosso Conselho de Inovação – Marcus Kupper, Stanley Phau, Mohan Bilgi, Stephanie Shan e Martin Picard. Sejam bem-vindos também Stephen Kwan e Yumi Saito. Por fim, gostaria de agradecer a Takeshi Shioda, nosso mentor de *lean* e *agile*, que tem nos ajudado tanto. Hoje nosso foco é a PoV do QuickLoan. Antes de começarmos, Martin gostaria de dizer algumas palavras."

"QuickLoan é a nossa PoV mais ambiciosa até agora", disse Martin. "Com esse produto estamos construindo um novo negócio digital. Surgirão todos os tipos de problemas e é por isso que temos um laboratório de aprendizagem: para que possamos aprender com eles e corrigi-los. Então não vamos ficar confiantes demais ou de menos; vamos aprender como subir na curva de crescimento."

Oliver agradeceu a Martin, deu as boas-vindas a todos e iniciou sua apresentação. "A equipe do QuickLoan é composta por membros das áreas de Negócios, Tecnologia, Operações, Vendas e Marketing e por nossos parceiros *fintech*: FlowBase, DataClean, JZero, FastBooks e Connectivity. Parcerias de longo prazo são essenciais para o sucesso do laboratório de aprendizagem. Desenvolvemos uma nova maneira de trabalhar com nossos parceiros externos, que chamamos de os 5Ps da colaboração com *fintechs*. Acreditamos que os 5Ps são a base para a colaboração de longo prazo." (**Ver Figura 8.2**)

"O crédito a PMEs é um segmento crítico dentro de crédito empresarial", disse Oliver, "é uma das maiores divisões do APB Empresas. Qual é o nosso objetivo? Esta é uma visão geral do desafio." (**Ver Figura 8.3**)

"O crédito a PMEs caiu 12,5% nos últimos dois anos", disse Oliver. "Estamos tentando estancar o sangramento. Nosso objetivo é *desenvolver, testar e lançar um aplicativo digital em 14 semanas*. Resultado-alvo: que as PMEs clientes obtenham empréstimos *de até $ 100.000 SGD* dentro de *24 horas* ou menos, via *smartphone*."

	Propósito	A colaboração com *fintechs* é um meio para executar a nossa Estratégia. → **não é uma meta em si!**
	Prioridades	Foco apenas em ampliar as "oportunidades de valor" identificadas. → **facilitadores, novos produtos, novos negócios**
	Processo	Minimizar o atrito administrativo (compras, jurídico, TI, dados...) para explorar, selecionar e integrar as *fintechs* certas. → **fica fácil inovar com**
	Parceria	Oferecer uma proposta atraente e regras justas para o trabalho com parceiros *fintech*. → **cuidado com seleção inadequada!**
	Performance – Decisões baseadas em desempenho	Medir o progresso e os resultados com frequência, facilitar o "fracassar rapidamente, frequentemente e a um baixo custo". Estar preparado para pivotar e recomeçar. Se não funcionar, encerrar. Sem drama – nós tentamos. → **celebração do fracasso com champagne** (o que aprendemos?)

FIGURA 8.2 Colaboração eficaz com *fintechs* – princípios norteadores.
Fonte: FutureFintech.io

QuickLoan = experimento "controlado" para
- Responder a um desempenho ruim no segmento de PMEs (–12,5% em 2 anos)
- Combater a ameaça das *fintechs*
- Construir nossas capacidades internas em **lean digital**

A iniciativa FastLending foi criada para atacar o desafio de inovação lançado pelo APB Empresas.

Principais fatores de sucesso para projetar, construir e lançar um produto de impacto:
1. Um processo rigoroso de ponta a ponta para gerenciar a inovação
2. Colaboração eficiente com fintechs
3. Maneiras ágeis de trabalhar
4. Validação de usuário/cliente sistemática

Patrocinador — **Desafio de inovação Crédito a PMEs**

- **Para os clientes:** oferta digital mais rápida, conveniente e transparente
  - Crédito de até $100K sem garantia
  - Solicitação e decisão < 1 dia
  - Realização < 1 semana

- **Para o banco:** processo e ferramenta de solicitação de crédito melhorados
  - ~93.000 clientes elegíveis
  - Simplificar processos e colocalizar funções
  - Novo portal, cocriado com usuários-chave selecionados

FIGURA 8.3 PoV de crédito a PMEs – visão geral do desafio.
Fonte: Digital Pathways.

"Qual será o retorno?" Oliver continuou. "O mercado é grande e precisamos apenas de uma pequena parte para atingir nossas metas. Se conseguirmos criar algo especial, a vantagem será enorme, mas, para isso, o aplicativo precisa passar em três testes. Ele é desejável? É tecnicamente possível? É financeiramente viável?" (**Ver Figura 8.4**)

"E que cara tem a PoV do QuickLoan na prática?", Oliver continuou. "Vamos encará-la sob duas perspectivas:

Perspectiva do cliente: queremos construir um aplicativo digital simples de usar, rápido e conveniente para o crédito a pequenas e médias empresas ($ 100.000 sem garantia)

Perspectiva do APB: queremos enriquecer nossos conjuntos de dados internos, aproveitando dados externos, para que possamos agilizar a etapa 3 do processo, *Know Your Client and their Business* (KYC-B, conheça seu cliente e o negócio dele), e a etapa 4, *Avaliação e Decisão*. Isso será possível com a colaboração com a *fintech* DataClean e com os *pacotes de contabilidade* tradicionais utilizados por nossos clientes." (**Ver Figura 8.5**)

"Nossa equipe inclui *designers*, desenvolvedores e analistas de negócios" disse Oliver, "também conhecidos como *hipsters*, *hackers* e *hustlers*. Nossas

Capítulo 8 • Lançamento dos nossos projetos de inovação de segunda onda

Explorar e idealizar

Temos um problema que mereça ser resolvido?
Podemos alavancar nosso novo recurso de inovação digital para – projetar, construir e lançar um novo produto de crédito a PMEs – validar uma boa tração de mercado para esse novo produto digital, a fim de criar um novo fluxo de receita escalonável?

Da descoberta do cliente

Gravidade do problema?
- −12,5% de vendas nos últimos 2 anos no segmento de crédito a PMEs
- 72% dos nossos clientes acham o APB "difícil de fazer negócios"

Desejável

Da parceria com fintechs

A competência correta?
- **Parceiros fintech com as credenciais certas:** clientes atuais, nova tecnologia comprovada/relevante, investimento
- **Equipe e patrocinadores internos**

Tecnicamente Possível

Financeiramente Viável

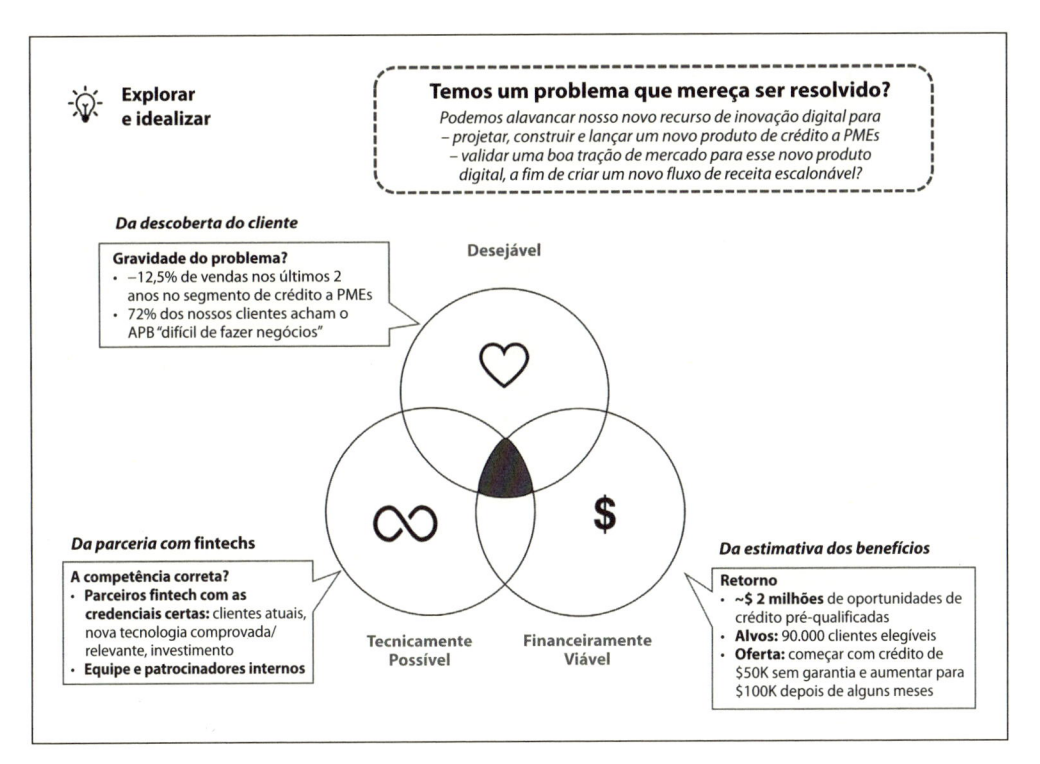

Da estimativa dos benefícios

Retorno
- **~$ 2 milhões** de oportunidades de crédito pré-qualificadas
- **Alvos:** 90.000 clientes elegíveis
- **Oferta:** começar com crédito de $50K sem garantia e aumentar para $100K depois de alguns meses

FIGURA 8.4 PoV de crédito a PMEs – temos um problema que mereça ser resolvido?
Fonte: Digital Pathways.

equipes multidisciplinares trabalham em *sprints* com limite de tempo, geralmente de uma a duas semanas de duração. Temos reuniões diárias em pé de manhã e à tarde para acompanhar o progresso, destacar problemas e combinar os próximos passos. Não é fácil, mas estamos aprendendo à medida que avançamos." (**Ver Figura 8.6**)

"Começamos diretamente com o cliente. Conversamos longamente com 41 clientes e 12 gerentes de banco e obtivemos 538 *insights*. Lançamos mais de 10 protótipos, um a cada poucas semanas, mais ou menos. Vocês conhecem nosso lema: *Encanta? Funciona? Podemos ganhar dinheiro?* Estamos trabalhando para subir na curva de crescimento exponencial, indo do mínimo produto *adorável*, passando pelo mínimo produto viável até o mínimo negócio viável.

"Com relação aos processos internos, seguimos a receita do *lean digital*", disse Oliver. "Simplifique o processo eliminando os desperdícios e os problemas,

140 Dominando a disrupção digital

🖊 **Projetar e validar** **Qual é a nossa proposta?**

Perspectiva do cliente: queremos construir um aplicativo digital simples de usar, rápido e conveniente para o crédito a pequenas e médias empresas ($100K sem garantia)

- **Conveniente:** dados pré-populados + 1 ponto de contato de cliente
- **Transparente:** por meio do portal, o cliente é atualizado do andamento
- **Rápido:** dinheiro disponível em poucos dias (*vs.* 2 semanas ou mais atualmente)

1. Início
2. Documentos e dados do cliente
3. Know Your Client (KYC-B)
4. Avaliação e decisão
5. Aceite da oferta
6. Realização ($ disponibilizado)

Cliente pronto para utilizar o dinheiro

- Data-Clean
- Pacote de contabilidade

Perspectiva do banco: queremos explorar o poder dos dados externos para enriquecer nossos conjuntos de dados, a fim de agilizar os passos 3. KYC e 4. Avaliação e decisão.
Esse objetivo pode ser atingido a partir da colaboração eficiente com *fintechs*.

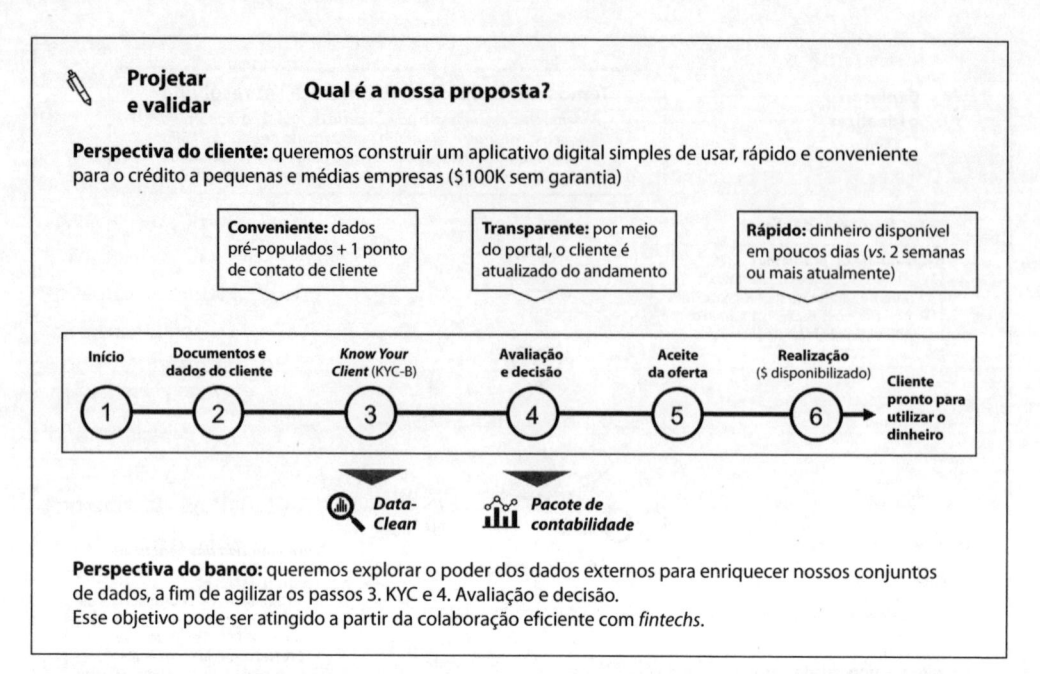

FIGURA 8.5 PoV de crédito a PMEs – qual é o nosso objetivo?
Fonte: Digital Pathways.

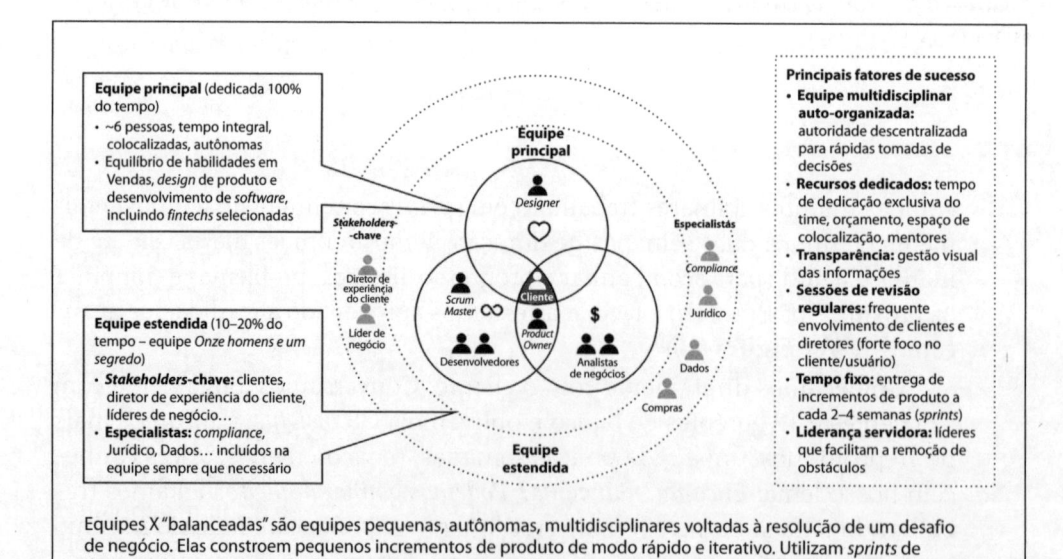

Equipe principal (dedicada 100% do tempo)
- ~6 pessoas, tempo integral, colocalizadas, autônomas
- Equilíbrio de habilidades em Vendas, *design* de produto e desenvolvimento de *software*, incluindo *fintechs* selecionadas

Equipe estendida (10–20% do tempo – equipe *Onze homens e um segredo*)
- **Stakeholders-chave:** clientes, diretor de experiência do cliente, líderes de negócio…
- **Especialistas:** *compliance*, Jurídico, Dados… incluídos na equipe sempre que necessário

Equipe principal: Designer, Scrum Master, Product Owner, Desenvolvedores, Analistas de negócios — Cliente

Stakeholders-chave: Diretor de experiência do cliente, Líder de negócio

Especialistas: Compliance, Jurídico, Dados, Compras

Principais fatores de sucesso
- **Equipe multidisciplinar auto-organizada:** autoridade descentralizada para rápidas tomadas de decisões
- **Recursos dedicados:** tempo de dedicação exclusiva do time, orçamento, espaço de colocalização, mentores
- **Transparência:** gestão visual das informações
- **Sessões de revisão regulares:** frequente envolvimento de clientes e diretores (forte foco no cliente/usuário)
- **Tempo fixo:** entrega de incrementos de produto a cada 2–4 semanas (*sprints*)
- **Liderança servidora:** líderes que facilitam a remoção de obstáculos

Equipes X "balanceadas" são equipes pequenas, autônomas, multidisciplinares voltadas à resolução de um desafio de negócio. Elas constroem pequenos incrementos de produto de modo rápido e iterativo. Utilizam *sprints* de desenvolvimento curtos e *feedback* contínuo de usuários/clientes para validar atributos produzidos incrementalmente.

FIGURA 8.6 Montando o projeto equipe X – modelo 3H.
Fonte: Digital Pathways.

Capítulo 8 ▪ Lançamento dos nossos projetos de inovação de segunda onda

implemente a automatização inteligente e concretize os benefícios. Mapeamos nossos fluxos de valor críticos de ponta a ponta. Alinhamos os mapas com o trabalho real a ser feito, com foco em eliminar os pontos de dor do cliente. Este é um esquema do nosso novo processo; como vocês podem ver, estamos utilizando a plataforma Connectivity para integrar nossos parceiros *fintech*." (**Ver Figura 8.7**)

"Destaco também o nosso trabalho de experiência do cliente", disse Oliver. "Chamamos de teste de usabilidade – nossos instrutores de *design* têm ajudado muito nisso. Tentamos observar e entender a experiência dos nossos clientes no processo de solicitação de crédito. Eles acham que o aplicativo é intuitivo e fácil de usar? Quais etapas geram mais dificuldade e por quê? Quais etapas os deixam felizes e por quê? Qual é o impacto gerado por determinado ajuste de *design*?" (**Ver Figura 8.8**)

Agora, gostaria de demonstrar a última iteração de nosso aplicativo QuickLoan", disse Oliver e então passou os próximos minutos demonstrando

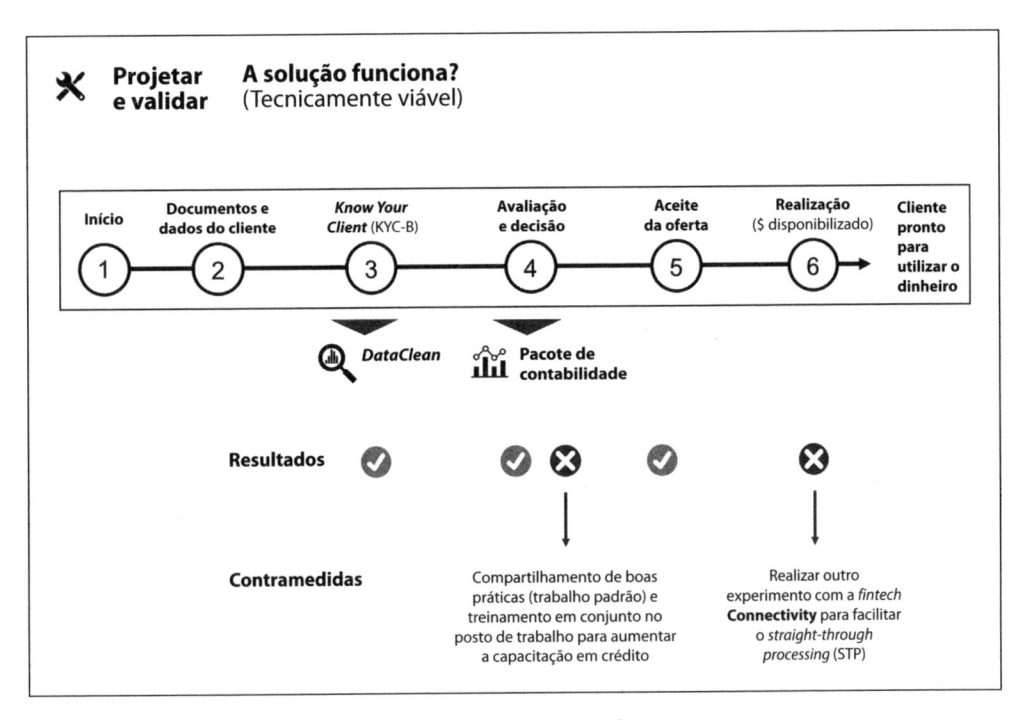

FIGURA 8.7 PoV do QuickLoan – a solução proposta funciona?
Fonte: Digital Pathways.

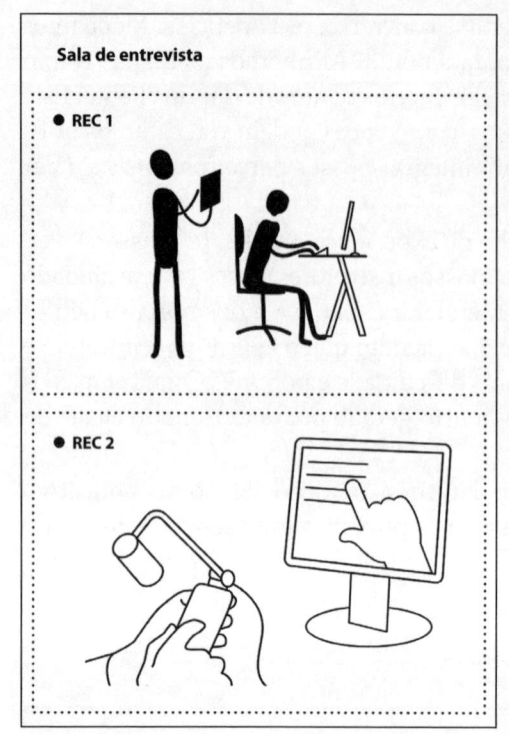

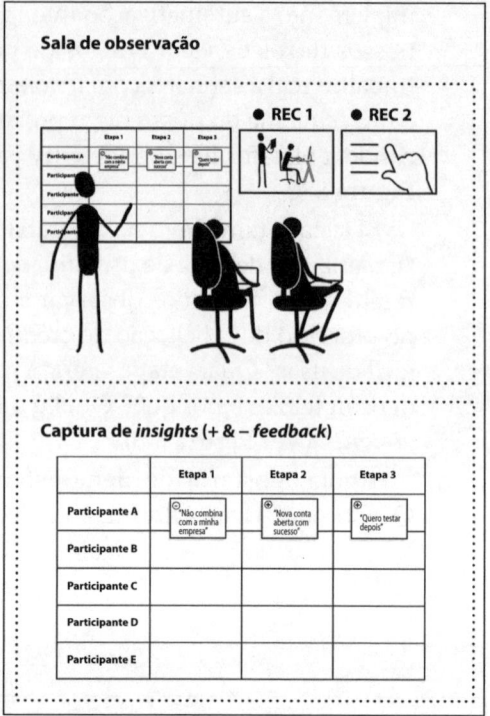

FIGURA 8.8 PoV do QuickLoan – encanta nossos clientes? (Teste de usabilidade).
Fonte: Digital Pathways.

diferentes casos de usuário, navegando facilmente em interfaces simples e elegantes.

"Muito bom, Ollie", disse Martin. "Quais são os resultados até agora?"

"Aqui estão eles", disse Oliver. "Estamos animados." (**Ver Figura 8.9**)

"E os dados são confiáveis?", Stephanie perguntou.

"Nossos parceiros DataClean e JZero atendem aos mais rígidos padrões de instituições financeiras", respondeu Oliver.

"Qual é o plano de ampliação?", Marcus perguntou.

"Ainda estamos aguardando *compliance* e Compras", disse Oliver. "Talvez precisemos da ajuda de Martin."

Martin colocou as mãos na cabeça. "Você pode falar sobre as lições aprendidas, Oliver?"

Oliver assentiu com a cabeça. "Este é um resumo que nossa equipe montou." (**Ver Figura 8.10**)

Capítulo 8 ▪ Lançamento dos nossos projetos de inovação de segunda onda

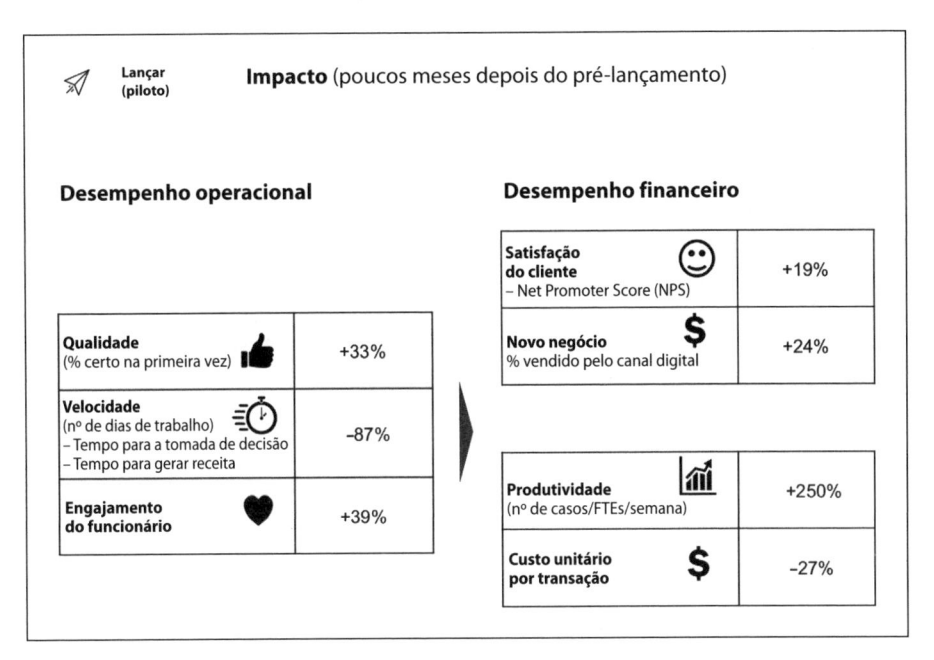

✈ Lançar (piloto) — **Impacto** (poucos meses depois do pré-lançamento)

Desempenho operacional

Qualidade (% certo na primeira vez) 👍	+33%
Velocidade (nº de dias de trabalho) ⏱ – Tempo para a tomada de decisão – Tempo para gerar receita	-87%
Engajamento do funcionário ♥	+39%

Desempenho financeiro

Satisfação do cliente 🙂 – Net Promoter Score (NPS)	+19%
Novo negócio $ % vendido pelo canal digital	+24%
Produtividade 📈 (nº de casos/FTEs/semana)	+250%
Custo unitário por transação $	-27%

FIGURA 8.9 PoV do QuickLoan – podemos ganhar dinheiro? (Medição do impacto)
Fonte: Digital Pathways.

✈ Lançar (piloto) — **Lições aprendidas** (no pré-lançamento)

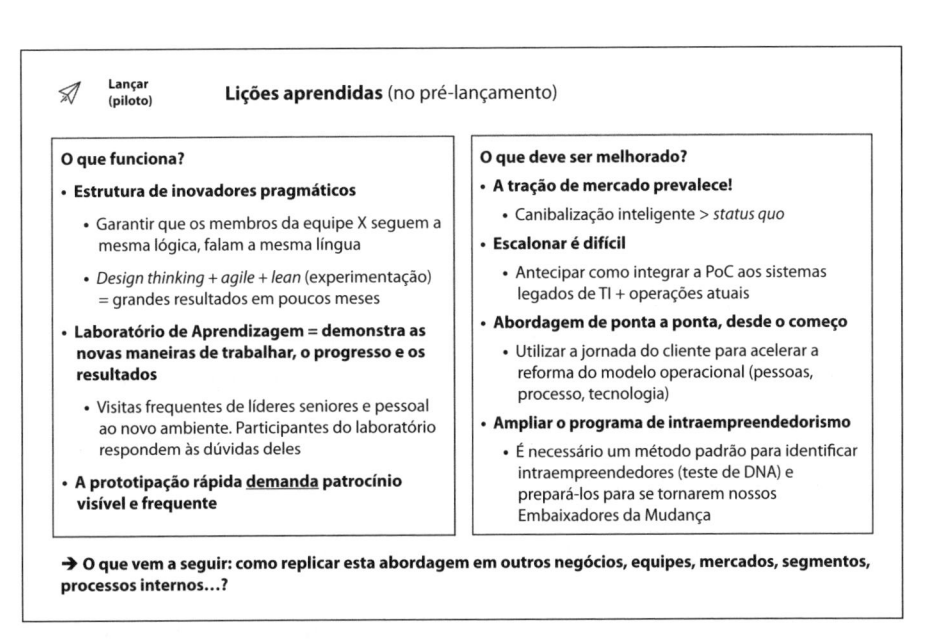

O que funciona?

- **Estrutura de inovadores pragmáticos**
  - Garantir que os membros da equipe X seguem a mesma lógica, falam a mesma língua
  - Design thinking + agile + lean (experimentação) = grandes resultados em poucos meses
- **Laboratório de Aprendizagem = demonstra as novas maneiras de trabalhar, o progresso e os resultados**
  - Visitas frequentes de líderes seniores e pessoal ao novo ambiente. Participantes do laboratório respondem às dúvidas deles
- **A prototipação rápida <u>demanda</u> patrocínio visível e frequente**

O que deve ser melhorado?

- **A tração de mercado prevalece!**
  - Canibalização inteligente > status quo
- **Escalonar é difícil**
  - Antecipar como integrar a PoC aos sistemas legados de TI + operações atuais
- **Abordagem de ponta a ponta, desde o começo**
  - Utilizar a jornada do cliente para acelerar a reforma do modelo operacional (pessoas, processo, tecnologia)
- **Ampliar o programa de intraempreendedorismo**
  - É necessário um método padrão para identificar intraempreendedores (teste de DNA) e prepará-los para se tornarem nossos Embaixadores da Mudança

➔ O que vem a seguir: como replicar esta abordagem em outros negócios, equipes, mercados, segmentos, processos internos...?

FIGURA 8.10 Lições aprendidas no pré-lançamento. (Estamos prontos para escalar?)
Fonte: Digital Pathways.

"E estas são algumas das lições que aprendi:

- Comece com o cliente e com *sprints* de *design*
- Envolva TI, Operações e Negócios desde o início
- Pense de ponta a ponta, estude o processo e automatize o que puder
- Certifique-se de ter um bom mentor em *lean* e *agile*
- Contorne sistemas de TI legados com parceiros *fintech* (Connectivity Inc.)
- Resolva problemas de dados com parceiros (como DataClean e JZero)."

"Uma pergunta para nossos parceiros *fintech*", disse Marcus. "Como foi sua experiência de integração? Seguimos os 5Ps? "

Depois de alguns resmungos, piadas e caretas engraçadas, os parceiros *fintech* do APB disseram que sua experiência de integração foi "boa, mas não ótima". Evidentemente, *compliance* e Compras ainda geravam aborrecimentos.

"Outra pergunta para nossos parceiros *fintech*", disse Yumi. "Os membros da equipe do APB praticam bem os métodos *lean* e *agile*?"

Mais resmungos, risadas e caretas. Embora os parceiros *fintech* tenham amenizado a situação, estava claro que rigor continuava sendo um problema no APB. Como disse um dos piadistas presentes, o pessoal do APB tem "uma imaginação muito boa".

"Por que a satisfação do cliente está diminuindo?", Stephen perguntou. "Esse era um dos nossos pontos de ênfase."

"Não somos muito bons em empatia com o cliente", disse Oliver. "Fizemos entrevistas sobre problemas, soluções e adequação ao mercado, mas os ouvimos bem? Nossas entrevistas carecem de estrutura, e gostamos de tirar conclusões precipitadas. Nosso *sensei* de *design thinking*, Takeshi, é muito bom, mas não acho que absorvemos totalmente seus ensinamentos."

Depois de mais algumas perguntas e comentários, o Conselho de Inovação votou por continuar financiando o QuickLoan. Elina agradeceu a presença de todos e pediu os comentários finais de Martin e Stephen.

"Estou animado", disse Martin. "Os problemas estão surgindo e estamos começando a consertá-los. Obrigado a todos por persistirem. QuickLoan ainda é uma anomalia no APB, uma semente, vital e promissora, mas vulnerável. Temos que cuidar dela para que cresça, e para colher todo o seu potencial, precisamos escaloná-la.

"Líderes seniores, preciso que cada um de vocês pratique e ensine o que estamos aprendendo aqui – colaboração entre silos e com parceiros *fintech*, empatia com o cliente, pensamento de ponta a ponta, experimentos *lean* e novas formas de trabalhar. QuickLoan é um marco importante, mas desafios ainda maiores estão no horizonte."

"Vi Singapura crescer", disse Stephen, "de uma pequena e vulnerável ilha de vilas *kampung* a um país confiante e próspero. Meu sonho ao longo desses anos sempre foi ver meu país se tornar um líder em inovação, uma nação

Capítulo 8 ▪ Lançamento dos nossos projetos de inovação de segunda onda

verdadeiramente inteligente – e é isso que estou começando a ver no Asia Pacific Bank. Do fundo do meu coração, obrigado a todos e, por favor, continuem."

※

"Isso está começando a fazer sentido, não?" disse Marcus Kupper no elevador. "Conceitualmente, sim", disse Stephanie. "Mas, em termos práticos, ainda não estou segura desses números."

"Posso aceitar os números do QuickLoan", disse Stanley Phau, "mas estamos canibalizando o negócio que já temos. Martin considerou o impacto nos empregos?"

"Novas maneiras de trabalhar, mais PoVs, mais riscos..." disse Mohan. "Não somos uma *startup*, somos um banco."

※

Caminhada pelas copas das árvores[3], Reserva Natural da Captação Central, Singapura

Yumi olha para a floresta e para as águas paradas da Reserva MacRitchie. "Este é um dos meus passeios favoritos", diz ela.

Eles chegaram cedo para evitar o calor e caminharam uma hora pela floresta exuberante do parque MacRitchie, viram macacos, esquilos e lagartos-monitores. Em seguida, dirigiram-se à ponte suspensa que conecta os pontos mais altos do MacRitchie.

"Gosto muito daqui", disse Andy. "É difícil acreditar que estamos em Singapura."

A copa da floresta ao redor deles ainda está úmida da chuva da noite anterior. "Esta é um abricó-de-macaco", diz Yumi, "e aquela, um pau-ferro".

Andy faz caretas para os macacos. "Como vai o Asia Pacific Bank?"

"Estamos progredindo", responde Yumi, "mas as reações negativas estão se acumulando."

"As pessoas odeiam mudanças", diz Andy. "De onde vem a resistência?"

"De *compliance* e Compras, principalmente. *Compliance* está se enrolando tanto na integração do cliente quanto na PoV do QuickLoan, o que significa que não podemos escalar. Martin está trabalhando nisso nos bastidores, ele não quer jogar um balde de água fria no entusiasmo do laboratório de aprendizagem."

"Se as PoVs não foram escalonadas", diz Andy, "quer dizer que a estratégia digital do APB gerou muito pouco ROI até agora. A avaliação de fim de ano pode ser desafiadora."

---

[3] https://www.nparks.gov.sg/gardens-parks-and-nature/parks-and-nature-reserves/central-catchment-nature-reserve/treetop-walk

CAPÍTULO 8 – QUESTÕES PARA ESTUDO

1. Mohan Bilgi diz que a equipe de TI está dividida entre "lançar cada vez mais código em um sistema instável" e "manter as luzes acesas".
   a. Existem tensões semelhantes em sua organização? Explique sua resposta.
   b. Quais são as possíveis abordagens para resolver essa tensão?
2. O que significa "obstáculo de governança"?
   a. Quais são os obstáculos de governança em sua transformação digital?
   b. Quais são as causas de cada obstáculo?
   c. Quais são as possíveis contramedidas?
3. Quais são os principais elementos da PoV do QuickLoan?
   a. Qual a diferença entre a abordagem do QuickLoan e a PoV de integração do cliente?
   b. O que está faltando na PoV do QuickLoan? Há algo que eles poderiam fazer melhor?
4. Quais jornadas do cliente em sua organização poderiam ou deveriam ser digitalizadas?
   a. Explique o seu raciocínio.
   b. Quais são os obstáculos para digitalizar essas jornadas do cliente?
   c. Quais são os benefícios?
5. Quais são os principais elementos para um envolvimento efetivo de *fintechs*?
   a. Como você encontra possíveis parceiros de tecnologia para o seu negócio?
6. Como você sobe na curva de crescimento exponencial?
   a. Quais são algumas das fases essenciais?
   b. Quais são alguns dos principais desafios?
7. Quais são os principais elementos do desenvolvimento ágil de produtos?
   a. Quais são alguns desafios comuns?
   b. O que significa gerenciamento *dual track agile*?

CAPÍTULO **9**

Avaliação de final de ano no Asia Pacific Bank

O império contra-ataca

"Alguns causam felicidade aonde quer que vão; outros, sempre que se vão."
Oscar Wilde (dramaturgo irlandês)

Sala de Richard Decker, Asia Pacific Bank, 36º andar

Richard Decker serve café. "Que bom que você veio, Yumi."

Quadros antigos recobrem as paredes – templos, construções coloniais, o antigo porto de Singapura...

"Os quadros são magníficos", diz Yumi.

"Herança de família", responde Decker. "Minha família está aqui há mais de 200 anos. Chegamos com Raffles."[1]

"Sobre o que você gostaria de conversar?"

"Receio ter más notícias", diz Decker. "Teremos que reduzir suas PoVs de integração do cliente e crédito a PMEs. Tanto a MAS[2] quanto Nancy Stark foram bastante claras sobre isso."

"Como assim?", diz Yumi. "Você conversou com o órgão regulador e com a diretora de risco?"

Richard assente com a cabeça. "As regras são bastante claras. Não podemos usar dados do cliente em escala, ponto-final. A nuvem também não é

---

[1] Sir Stamford Raffles (1781–1826), fundador de Singapura e da Malásia britânica.
[2] Autoridade Monetária de Singapura, órgão regulador de serviços financeiros.

> aceitável e as assinaturas eletrônicas não servem. Precisamos de assinaturas 'à tinta'."
>
> Decker toma um gole de café e olha para Yumi. "Desculpe-me trazer más notícias."
>
> Yumi sabe que, se essas PoVs forem encerradas, a transformação do APB também será. "Você falou com Martin Picard ou Stephen Kwan?", ela pergunta.
>
> "Com Martin, não, pensei que você poderia fazer isso por mim. Mas falei com o sr. Kwan, sim, e passei a ele um breve resumo da situação. Também falei com Mohan Bilgi, que está totalmente alinhado com a nossa posição."
>
> "Você parece bastante satisfeito com isso", diz Yumi.
>
> "Só estou tentando fazer o meu trabalho, proteger o banco e tudo mais."
>
> "Sabe, Richard, já vi esse filme antes..."
>
> "Mas não no Asia Pacific Bank..."
>
> "... e não termina bem para os retardatários", continua Yumi. "O avião vai decolar na pista, com ou sem você."
>
> "Talvez ele parta sem *você*, minha cara."

Sala de Martin Picard, Asia Pacific Bank, 37º andar

Martin escutou em silêncio o resumo da conversa de Yumi com Richard Decker. Ele chamou Nancy Stark, diretora de risco e chefe de Richard, para se juntar a eles, e ela chegaria em 15 minutos.

"Surpreende que Decker tenha assumido um risco tão grande", disse Martin. "Isso sugere que ele tem apoio de membros da diretoria e de outros executivos seniores. Precisamos ter cuidado – ele tem bons contatos em Singapura e em todo o leste asiático, além de Londres. E para que você fique a par: Richard fez um *lobby* agressivo para conseguir o cargo de CEO e, quando a estratégia não funcionou, ele pensou que ficaria com o cargo de diretor de risco, que também estava vago na época, mas a diretoria escolheu Nancy."

"Tenho certeza de que Decker está trabalhando nos bastidores, e é provável que tenha convocado Mohan Bilgi", disse Yumi. "Não tenho certeza do que ele disse a Stephen ou Nancy; como você mencionou, ele tem aliados na Diretoria. Meu palpite é que ele está tramando um confronto na nossa avaliação de final de ano. Falta menos de uma semana – o bicho pode pegar."

"Tive uma boa conversa com Stephen", falou Martin. "Ele continua comprometido com nossa transformação, mas disse que Nancy e MAS precisam estar a bordo."

Capítulo 9 ▪ Avaliação de final de ano no Asia Pacific Bank

"Atualizamos Nancy regularmente e até agora não tivemos objeções", respondeu Yumi. "Quanto à MAS, eles têm toda uma política de abertura e inovação.[3,4] Singapura apostou em se tornar um centro de inovação financeira no futuro."

"Não estou muito preocupado com Nancy ou com a Autoridade Monetária de Singapura (MAS)", disse Martin. "Minha maior preocupação é a influência de Decker sobre os outros líderes seniores."

"Temos encontrado resistência nos departamentos financeiro, de compras e, surpreendentemente, comercial", disse Yumi. "Stephanie continua questionando nossos dados; compras, como o grupo de *compliance* de Decker, tem desacelerado os pilotos de PoV em outros mercados. *'Antes de continuar, precisamos confirmar tudo com todos os órgãos reguladores'*. Eles também estão testando a paciência dos nossos novos parceiros *fintech*. Oliver Chan está furioso, como você pode imaginar."

"E qual é a reclamação do comercial?"

"O laboratório de aprendizagem", respondeu Yumi. "Eles pensaram que o Laboratório era uma atividade única e isolada, e agora dizem que não podem dispensar seus melhores colaboradores para PoVs contínuas."

Nancy Stark chegou alguns minutos depois. Martin a recebeu e resumiu a situação como a entendia. Yumi fez um resumo rápido da abordagem geral, das PoVs até o momento, incluindo *QuickLoan*, e o plano para avançar. "Estamos ganhando força e reconquistando a confiança das nossas *fintechs* parceiras", disse. "Problemas regulatórios e outros grandes atrasos nos farão retroceder."

Nancy, advogada australiana que cresceu em um restaurante familiar na Lonsdale Street, no bairro de Greektown, em Melbourne, escutou tudo em silêncio. O lema pessoal dela, exibido com destaque em seu escritório junto com fotos dos filhos agora crescidos, era: *Vamos jogar de acordo com as regras.*

"Apoio sua abordagem geral", disse Nancy, "mas Richard levantou questões importantes sobre o uso de dados do cliente em escala e na nuvem externa."

"Até o momento, todas as nossas PoVs têm sido executadas em uma nuvem local, conforme acertamos com Mohan Bilgi", disse Yumi.

Nancy pareceu confusa. "Não foi isso que Richard me disse. Nuvem local não é problema."

---

[3] "Singapore: Banking on the Future", dez. 2017. Entrevista com o diretor administrativo da MAS, Ravi Menon: http://www.mas.gov.sg/News-and-Publications/Interviews/2017/Singapore-Banking-on-the-Future.aspx

[4] "Centre of Connectivity", fev. 2017. Entrevista com o diretor administrativo da MAS, Ravi Menon: http://www.mas.gov.sg/News-and-Publications/Interviews/2017/OMFIF-Interview-with--Mr-Ravi-Menon- Managing-Director-Monetary-Authority-of-Singapore.aspx

Yumi continuou. "Para escalar nossas PoVs, precisaremos usar a nuvem externa. Você pode nos ajudar com isso?"

"A MAS publicará um parecer no próximo mês, posso conseguir uma versão preliminar", respondeu Nancy. "Vocês poderiam adiar a ampliação completa por algumas semanas?"

Yumi assentiu com a cabeça. "Daqui para frente, Nancy, gostaríamos que você participasse do nosso trabalho de forma mais direta como nossa consultora de negócios, ajudando-nos em coisas como a ampliação de novas ofertas em grandes mercados."

"Ficaria feliz em ajudar", disse Nancy. "Na verdade, *vocês* também podem me ajudar. A gestão de riscos está mudando tão rapidamente que eu e minha equipe temos dificuldade de acompanhar. A maioria de nós participou e gostou muito dos treinamentos de imersão em *lean digital* e do 'almoço & aprendizado', mas precisamos ir mais longe. O trabalho de vocês em automação, IA e aprendizado de máquina me interessa bastante, pois algo me diz que precisaremos seguir no mesmo estilo no departamento de risco."

"Por que não marcamos uma hora no laboratório de aprendizagem?", perguntou Yumi. "Vou apresentá-la a alguns de nossos parceiros. Talvez possamos fazer uma PoV relacionada a riscos."

"Ótimo", disse Nancy. "Ao contrário do que muitos pensam, a equipe de risco não quer acabar com a inovação, quer apenas evitar fraudes e proteger a privacidade dos clientes pessoa física e jurídica – e entende que precisamos inovar também."

"Parece que estamos bem alinhados", disse Yumi.

"Muito obrigado por vir conversar conosco, Nancy, e, por favor, mantenha-nos informados sobre o que se passa na MAS", pediu Martin.

Depois que Nancy saiu, Martin disse, "Que bela surpresa, não?"

"Especialmente em comparação com o que está por vir", respondeu Yumi.

Avaliação de final de ano da estratégia digital do APB

Sala da diretoria, Asia Pacific Bank, 37º andar

"Bem-vindos à avaliação de final de ano da nossa estratégia digital", disse Martin. "O meio digital é um elemento central de nossa estratégia corporativa e merece uma análise profunda. Um agradecimento especial a Stephen Kwan e a todos os outros membros do conselho presentes. Vou começar repassando o nosso propósito e a nossa estratégia da vitória.

"Nosso propósito é nos tornarmos *digitais até a raiz*, e nossa lógica para a vitória é:

1. *Digitalizar as principais jornadas do cliente*
2. *Implementar novas maneiras de trabalhar*
3. *Simplificar e modernizar nossa arquitetura de TI e de dados*

Alguma observação ou comentário? Nosso objetivo e abordagem geral seguem claros a todos?"

Richard Decker sorri, tamborilando os dedos na mesa, e olha para Mohan Bilgi, que desvia o olhar para baixo, para seu caderno. "É consenso entre os membros do Conselho", diz Stephen, "que nosso propósito é apropriado e nossa lógica para a vitória, adequada."

"Muito bem", diz Martin. "Agora, peço a Yumi que resuma nossas atividades digitais e os principais resultados deste ano."

"Para estruturar nossas reflexões, vou utilizar uma metáfora de *pipeline*", Yumi começa. "Queremos avaliar não apenas os resultados do *fim do ciclo*, mas também as métricas do *processo*. Esses elementos representam a pontuação final deste ano e o quão bem jogamos o jogo; juntos, eles proporcionam aprendizado e *insights* importantes sobre os possíveis próximos passos. (**Ver Figura 9.1**)

"Nossos resultados de final de fluxo são variados:

- Faturamento, APB Empresas – *Vermelho*
  - Objetivo: aumento de 20%
  - Realizado: aumento de 3,1%
- Custo por transação, APB Empresas – *Amarelo*
  - Objetivo: redução de 10%
  - Realizado: redução de 5,6%
- Atendimento ao cliente – *Amarelo*
  - Objetivo: Ouro
  - Realizado: Prata
- Horas-cliente economizadas – *Verde*
  - Objetivo: 10 milhões
  - Realizado: 16 milhões

"Nossas métricas de processo estão *verdes*, no geral. Avançamos em todos os nossos pilares estratégicos. Eis alguns destaques:

- Digitalizamos a integração do cliente para 67 produtos
- PayLah! e Paynow do APB para 12.500 PMEs clientes
- 154 Eventos de Melhoria de Processo

Visão geral:
estratégia geral e principais pilares (abaixo) são sólidos

	Objetivo	Realizado	Status	Comentários
1. Crescimento do faturamento: contribuição do digital (canais digitais e novas ofertas)	+20%	+3,10%	X	É preciso capturar mais rapidamente o impacto real causado pelas melhores experiências do cliente e das novas ofertas digitais
2. Redução de custo: ROI financeiro derivado das iniciativas de transformação *lean digital* (ganhos em eficiência)	−10%	−5,60%	△	As ações iniciais estancaram o sangramento. Agora é preciso ficar mais forte, expandir escopo e acelerar
3. Mais forte tecnologicamente: parceiros de conectividade, APIs internas/externas	Ganhar Ouro em atendimento ao cliente	Prata	△	Estamos na direção certa – agora, acelerar
4. Transformação de Pessoas e Cultura	Economizar 10 mi em horas-cliente	16 mi	✓	Principais: programa EM, treinamentos de imersão de digitalização, Academia Novas Maneiras de Trabalhar

| Metas | Atividades | Resultados acumulados no ano | | Aval. | Comentários/preocupações | Próximos passos/pontos de aprendizado |
		Objetivo	Realizado			
	Digitalizar a integração do cliente	50 produtos	50 produtos	✓		Meta: clientes podem entrar em contato conosco de qualquer lugar, a qualquer hora, via *smartphone*
A. Tornar-se Digital até a Raiz	PayLahl Do APB – PMEs clientes	15.000	12.500	△	Atrasos no lançamento, já resolvidos	
	Conectar API – sistemas internos	50	59	✓	Plataforma de conectividade – ótimo facilitador	
	Conectar API – parceiros externos	50	85	✓	Grande redução nos sistemas em papel Tempos de ciclo da integração reduzidos em 50%	
	Mapear jornadas do cliente críticas	65	52	△		
B. Digitalizar as jornadas do cliente críticas	Construir acesso *on-line* para PMEs clientes	25%	31%	✓	Registrar níveis de satisfação do cliente	
	Habilitar remessas *on-line*	25%	37%	✓		
	Envolver PMEs clientes – *app* BizPro	24.000	36.900	✓	App BizPro próximo do ponto de inflexão	
C. Mudar a cultura por meio do programa de desenvolvimento de lideranças e da Academia Novas Maneiras de Trabalhar, para ampliar a rede de inovadores pragmáticos	Treinamentos de imersão de digitalização	96	127	✓	Laboratório de Aprendizagem ativo, bem recebido	Introduzir o programa "Colaborador Saudável"
	Parcerias com start-ups	6	8	✓		
	Hackathons de API	12	11	△	Acelerar desenvolvimento de API	
	Parcerias de API	12	12	✓		
	Lançamento da Academia APB em Singapura (piloto)	240 alunos	480 alunos	✓	Melhoria na confiança e no engajamento do colaborador	Acelerar
	Experimentos	100	160	✓		

✓ Dentro do objetivo
△ Atenção
X Problema

FIGURA 9.1 Resumo de final de ano da estratégia digital.
Fonte: Digital Pathways.

- 127 treinamentos de imersão – digital, 8 tecnologias essenciais, *lean startup*, *design*
- 11 *hackathons* de API, 12 parcerias de API
- 8 parcerias com *startups*
- 12.300 colaboradores envolvidos em programas de inovação
- 160 experimentos
- 34 intraempreendedores do APB certificados
- 11 PoVs lançadas, com os seguintes resultados agregados:
  - Experiência do cliente: melhoria de 40%
  - *Lead time*: redução de 73%
  - Ganho com produtividade até o momento: $ 32 milhões de SGD
  - Certo da primeira vez: melhoria de 50%

Yumi continua. "Começamos com um mergulho profundo nas principais jornadas do cliente, o que nos ajudou a entender nossos obstáculos. Colocamos em prática um plano para fechar os *gaps* em tecnologia, capacitação, sistema de gestão e cultura. Criamos a plataforma de inovação e o laboratório de aprendizagem, encontramos um excelente diretor e montamos uma equipe sólida em torno dele. Entramos em contato e trouxemos para o projeto parceiros *fintech*. Hoje temos um portfólio de 11 PoVs alinhadas com nossa estratégia digital e nosso propósito. A cada PoV, exercitamos e preparamos nossos músculos para desafios maiores. Agora, gostaria de mostrar em mais detalhes algumas PoVs representativas. Vamos começar com a integração do cliente..."

Yumi conclui a revisão. "Alguma pergunta ou comentário?"

"Agradeço a clareza da apresentação", diz Stephen. "É revigorante ter conversas francas baseadas em fatos."

"Apenas um verde de quatro", diz Richard Decker, "um resultado meio decepcionante, não acha, Yumi?"

"Nossos resultados de crescimento e custos são os melhores em dez anos", diz Martin. "Temos vermelhos porque definimos metas agressivas. Acho isso aceitável."

"Nossas métricas em processo são, na maioria, *verdes*, mas nossos resultados de fim de ciclo são *vermelhos*. O que isso significa?", pergunta Marcus.

"Significa duas coisas", responde Yumi, "que precisamos acelerar nossas atividades..."

"Espera aí", interrompe Decker, "acho que significa que temos a estratégia *errada*."

Yumi se vira para Decker, "e também que estamos sendo restringidos por nossos obstáculos."

"Sério, Yumi? Vamos apelar para o bode expiatório agora?", pergunta Decker.

"Com todo o respeito, Yumi", diz Stephanie, "não confio nos resultados das PoVs."

"Já conversamos sobre isso várias vezes, Stephanie."

"Os meus livros é que são auditados, não os seus. Se algo estiver errado, serei presa."

"Como sugeri em outra ocasião, defina a pessoa e o método para acompanhar os resultados para que tenhamos números com os quais todos possamos concordar", diz Yumi.

"Farei isso", responde Stephanie, "mas tenho outra preocupação. Por que andar tão rápido assim? Estamos provocando uma grande disrupção no nosso *core business*, por que não desaceleramos um pouco para tomar fôlego?"

"Minha preocupação é um pouco diferente", diz Stanley Phau. "Muitas dessas PoVs têm o potencial de canibalizar nosso negócio atual. O que vai acontecer com as pessoas que perderem seus empregos? Vamos demitir pessoas? É assim que vamos capitalizar?"

"Nossa política é muito clara", diz Martin. "Todos os colaboradores que ficarem livres de suas atividades pela melhoria de processos terão a oportunidade de passar por uma reciclagem. Você sabe disso, Stanley. E como vamos capitalizar? Fazendo mais com o mesmo número de pessoas."

"Neste momento está tudo muito na teoria para mim", responde Stanley.

"Tenho um problema ainda mais básico", diz Richard Decker, balançando a cabeça. "*Risco*... risco de fraude, de ataques cibernéticos, de contágio financeiro, de violações de privacidade. Como diretores de empresa, muitos de nós enfrentam responsabilidades *pessoais* consideráveis. Como disse Stephanie, se algo der errado, nós é que enfrentaremos o órgão regulador. E como evitamos ser responsabilizados pessoalmente? Como protegemos os dados e a privacidade de nossos clientes? O órgão regulador foi muito claro. *Nada de nuvem* e de escalar com os dados do cliente – *ponto-final*."

Há uma grande tensão no ar. Os membros da Diretoria conversam entre si em tom sério e voz baixa. Richard Decker dá uma piscadela quase imperceptível a Martin. Executivos esfregam os olhos ou fingem olhar pela janela. Stephen olha para Martin e Yumi com preocupação. (**Ver Figura 9.2**)

Martin se levanta. "Fiquei surpreso com seus comentários, Richard. Sua chefe e nossa diretora de riscos, Nancy Stark, recebeu uma cópia preliminar do último documento de políticas da MAS. Acredito que ela o tenha compartilhado com você, mas talvez você não tenha se dado ao trabalho de lê-lo."

"Vou resumir os pontos mais importantes", continua Martin. "A política da MAS mudou; o órgão regulador agora incentiva a comunidade bancária de Singapura a *acelerar* sua jornada em direção à nuvem e ao *open banking*. Em outras palavras, a cidade inteligente[5] está agindo como uma cidade inteligente."

---

[5] A cidade de Singapura foi escolhida como a Cidade Inteligente de 2018 no Smart City Expo World Congress, em reconhecimento às iniciativas e aos projetos de destaque no setor de inovação e transformação urbana.

Iniciativas estratégicas

Possibilitar a transformação efetiva:
- Implantar novas maneiras de trabalhar (líderes e equipes)
- Simplificar e modernizar a arquitetura de TI e de dados
- Plataformas de colaboração eficazes

Proteger o *core business*:
- Digitalizar as principais jornadas (líderes e equipes)

Incentivar novo crescimento:
- Desenvolver novas ofertas digitais
- Desenvolver novos modelos de negócio

Impedimentos culturais

Comportamentos observados
- **Medo do fracasso:** não balance o barco, proteja-se
- **Disputas territoriais:** melhorar o meu silo × colaboração para uma melhor CX
- **Pedir permissão:** experimentos são desestimulados
- **Curto prazo e foco interno**
- Decisões baseadas **na opinião da pessoa mais bem paga** (HiPPo)
- Líderes passam **pouco tempo ensinando**
- **Mais foco nos produtos do que nos clientes**

Modelos mentais
- **Proteger o *status quo*:** aversão ao risco, síndrome de "não foi inventado aqui"
- Sistemas, processos e métricas **em silos** nos protegem
- Liderança de **comando e controle**
- A redução de custo pesa mais do que a inovação e o crescimento
- **O chefe sabe mais:** somos especialistas em regulação
- **Conjunto de habilidades estático:** a experiência é mais importante do que a motivação
- **A linha de frente é "dona"** do relacionamento com o cliente

Resultados abaixo do ideal

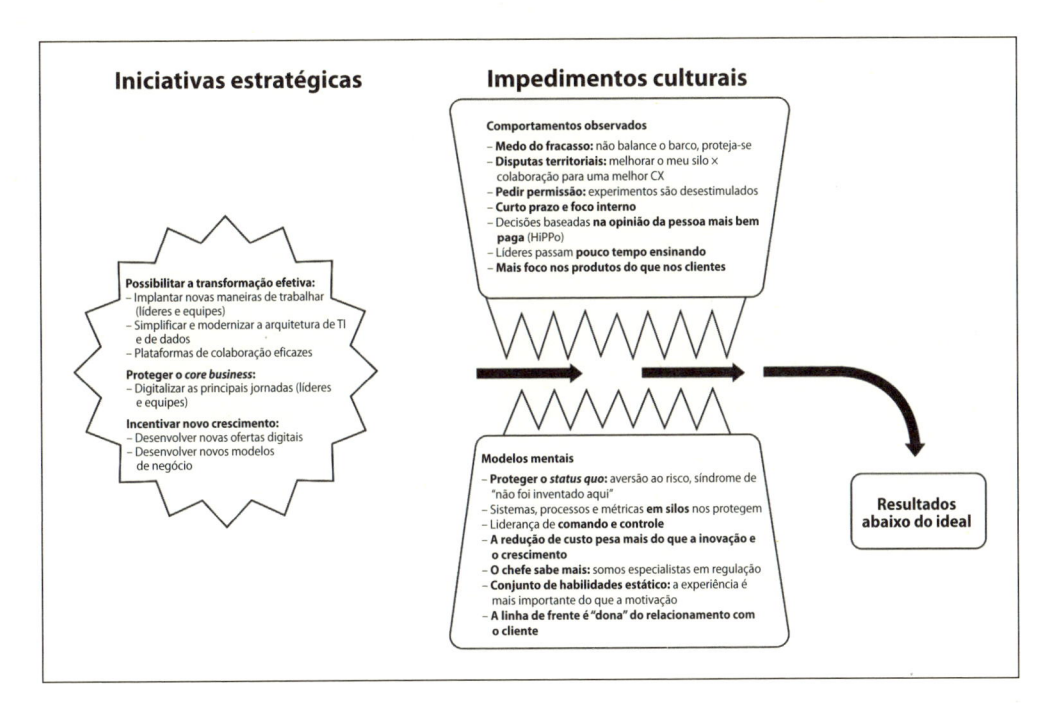

FIGURA 9.2 As mandíbulas da cultura.
Fonte: Digital Pathways, adaptada de Senn Delaney, Heidrick e Struggles.

"Não li o documento, Martin", responde Decker, "mas o fato é que *não podemos* abrir para as *fintechs* da maneira que vocês propõem sem correr grande risco." Decker se vira para Mohan Bilgi. "Não é, Mohan?"

Mohan se vira sem jeito na cadeira. "Na verdade, não é bem assim, Richard. As práticas de gestão de risco dos nossos parceiros *fintech* me surpreenderam e, em muitos casos, são melhores que as nossas."

Decker balança a cabeça novamente. "Não é bem isso que você tem dito à equipe de *compliance*."

"Deixando risco e responsabilidade de lado", continua Decker, "quero falar de outro elefante nesta sala. *Retorno sobre o investimento*... onde ele está? Gastamos uma fortuna recrutando, contratando e treinando pessoas, e quais são os resultados que temos para mostrar? Melhorias modestas em Faturamento e Custos, que, em minha opinião, devem-se meramente a efeitos cíclicos. Repito, *onde está o ROI*? Como acionista e diretor, honestamente, estou chocado com o desperdício gratuito de recursos valiosos."

A tensão na sala é palpável. Os membros do Conselho estão inquietos e os líderes seniores continuam olhando pela janela.

"Não há ROI, Richard", diz Yumi, "porque você e a equipe de *compliance* têm bloqueado a implantação de PoVs. Temos resultados excelentes, mas não podemos escalar. Explique por que você está bloqueando as PoVs de integração do cliente e QuickLoan? O retorno é enorme. Como acionista e membro da diretoria, esperaria que você agilizasse essas PoVs, mas, em vez disso, está sentado em cima delas há meses. *Por favor, explique...*"

Decker não está acostumado a confrontos diretos. "Só estou cumprindo minhas obrigações como chefe de *Compliance*. Não posso ficar de braços cruzados enquanto vejo o Asia Pacific Bank jogar pela janela a confiança arduamente conquistada de clientes e do órgão regulador, nem posso permitir que o APB esbanje recursos com empreendimentos da moda sem expectativas de ROI."

"Você não entende, não é, Richard?", diz Martin. "Apesar de toda a mentoria e treinamento, você *não entendeu nada*. Nossas atividades digitais não tratam de ROI, pelo menos não ainda. Estamos criando novos *negócios*, estamos comprando *seguro* de lucro cessante, e, desse modo, protegendo-nos contra perdas futuras. Nossos intraempreendedores são como perfuradores independentes na indústria de petróleo e gás natural, perfurando poços exploratórios; a maioria dos poços estará seca, mas, de vez em quando, vamos encontrar um poço viável. E por que fazemos isso? Porque sabemos que nossos poços atuais estão secando."

Martin abre bem os braços. "Membros do Conselho, líderes seniores e amigos, no mundo incerto de hoje, ter cautela não é mais seguro. Não fazer nada é a coisa mais arriscada que podemos fazer. Acabamos de dar os primeiros passos em uma longa jornada; os resultados de nossas PoVs são de alta qualidade e, assim que escalarmos, os números falarão por si. Após um ano curto, há uma agitação palpável em todo o APB Empresas, uma energia que faltava em nossa empresa. Os silos estão se dissolvendo, estamos unificando nossos sistemas de TI e colaborando como nunca antes. As *fintechs* estão fazendo fila para trabalhar conosco.

"Sei que os obstáculos são enormes. Mal arranhamos a superfície no que diz respeito à tecnologia; quanto à cultura, não sabemos o que não sabemos, mas o navio já partiu faz tempo. Um recado aos negacionistas presentes nesta sala: nós vamos fazer isso, quer vocês queiram ou não. Sem dúvida alguma seremos bem-sucedidos nessa empreitada. Se alguém duvida disso, fique à vontade para se retirar agora."

A sala de reuniões ficou em silêncio. Richard Decker está visivelmente perturbado. Stephanie Shan e Stanley Phau se entreolham em silêncio. Yumi dá a Martin um aceno positivo quase imperceptível com a cabeça.

"Obrigado a todos por essa discussão difícil, mas necessária", disse Stephen. "Sei que estamos todos com as emoções à flor da pele. Permitam-me falar em nome do Conselho. Esta é uma jornada que *precisa* ser feita. Aos nossos negacionistas, pergunto: *qual é a alternativa?* O futuro de Singapura depende do tipo de transformação que o Asia Pacific Bank iniciou.

"Tenho confiança de que a estratégia geral do APB está correta e sei que minha confiança reflete a do Conselho. Ninguém pode prever o rumo pelo qual a tecnologia e o cliente nos levarão; às vezes, descobrimos para onde estamos indo no caminho. Vamos continuar nesta grande jornada. Obrigado a todos pela energia e comprometimento investidos neste ano, e pela honestidade hoje."

Asia Pacific Bank, sala de Martin Picard, 37º andar

Alguns dias depois...

Richard Decker entra na sala de Martin, cumprimenta-o com um sinal de cabeça e percebe Stephen Kwan parado perto da janela. "Não esperava vê-lo aqui, Stephen."

"Richard, que bom que você pôde vir", responde Martin. "Por favor, sente-se. Vou ser direto. Você mentiu sobre a política da MAS em relação à nuvem e à inovação do *open banking*, tentou manipular Mohan para bloquear nossas PoVs e há fortes evidências de que tem atrapalhado ativamente as PoVs de integração do cliente e QuickLoan, embora a equipe de *compliance* as apoie amplamente. Isso tudo é sabotagem, para a qual existe apenas uma resposta apropriada. Espero sua demissão até o final do dia."

Decker olha para Stephen Kwan, depois para Martin. "Mas olha só... nunca pensei que você fosse capaz disso, Martin. Vocês vão mesmo demitir o responsável pelo *compliance* em um momento de risco complexo e crescente? Estão preparados para as repercussões na MAS? Em alguns meses eles podem reverter essa decisão e *talvez* vocês tenham que me aceitar de volta. Imagine *a situação...*"

"Quero você fora daqui, Richard."

"Richard, é hora de você ir", diz Stephen calmamente.

CAPÍTULO 9 – QUESTÕES PARA ESTUDO

1. Defina "mandíbulas da cultura".
   a. Quais são alguns dos principais elementos das "mandíbulas"?
   b. Quais são as causas e as possíveis contramedidas para elas?

2. Como as organizações líderes protegem a transformação digital das "mandíbulas"?
   a. Quão eficazes têm sido essas medidas?

3. "Ter cautela não é mais seguro".
   a. O que Martin quer dizer com isso?
   b. Isso se aplica ao seu setor? Explique a sua resposta.
   c. Há alguma experiência pessoal relevante que você gostaria de compartilhar?
   d. Explique a metáfora dos "perfuradores independentes" usada por Martin.

4. *A melhor abordagem para a transformação digital é levar a transformação para fora da organização* (p. ex., em uma *joint venture* ou em uma empresa totalmente nova).
   a. Quais são os prós e contras dessa abordagem?
   b. Como ela aconteceria na sua organização?
   c. Qual seria a melhor abordagem para a sua organização?

CAPÍTULO 10

Como acelerar a transformação digital?

Todo mundo quer ir para o céu, mas ninguém quer morrer

Quando os ventos da mudança sopram, algumas pessoas levantam barreiras, outras constroem moinhos de vento.

Lao-Tzu (filósofo chinês)

Maison Ikkoku,[1] *Bugis, Singapura*

Stephen, Martin e Yumi sentam-se e afundam nas cadeiras. O bar está fresco e vazio neste final de tarde. Na mesquita próxima, o muezim finaliza a chamada para a oração. O *barman* pergunta como eles estão.

"Um pouco estressados", responde Martin.

"Então vocês precisam de algo para acalmar a mente", diz o *barman* e sai para preparar *drinks* personalizados.

"O que vocês acharam da nossa avaliação de final de ano?", pergunta Yumi.

"Acho que problemas importantes vieram à tona", diz Stephen. "Imagino que nossa transformação será mais fácil agora."

"Foi bem difícil", diz Martin. "Sem o seu apoio, Stephen, o resultado teria sido diferente. Nossa sorte foi que Mohan trocou de lado. Acho que ganhamos a confiança dele."

"Agora que temos Nancy e Mohan do nosso lado, espero que Richard renuncie", diz Stephen.

---

[1] http://www.ethanleslieleong.com/.

> "Gostei do jeito com que você lidou com Decker, Yumi", diz Martin. *"Explique, por favor..."*
>
> "É uma das frases do meu pai."
>
> "Quais são os próximos passos, Yumi?", Stephen pergunta.
>
> "Com todo respeito, Stephen, não acho que as coisas serão mais fáceis a partir de agora. Pelo contrário, estamos no momento mais vulnerável de nossa jornada."
>
> "É mesmo?", diz Martin.
>
> "Já temos sinais de fadiga da inovação", responde Yumi. "A equipe *lean digital* está esgotada e falta infraestrutura de sustentação. Precisamos nos reabastecer e reorientar para a próxima parte da jornada."
>
> "Vamos conversar mais sobre isso amanhã", diz Martin. "Hoje, vamos comemorar esse ano agitado."
>
> Os *drinks* chegam, criações gloriosas refletindo o humor do grupo. Eles brindam: *yum seng*.

Como acelerar?

Sala de Martin Picard, um mês depois

Martin dá as boas-vindas a Yumi, Marcus Kupper e Mohan Bilgi em sua sala. "Muitas transformações chegam ao esgotamento neste momento da jornada", Martin começa. "Pelo menos é o que diz nossa *sherpa*, e eu acredito nela. Como evitar esse destino e acelerar nossa transformação? Esse é o motivo do nosso encontro hoje. Pedi a Yumi para liderar nossa discussão."

Yumi começa. "Marcamos alguns gols e tivemos algumas vitórias. O pessoal está empolgado. Enquanto isso, os obstáculos foram para a obscuridade e estão ganhando tempo. A fadiga da inovação está se instalando. Emocionalmente, não temos mais para onde ir, a não ser para baixo. A equipe *lean digital*, por sua vez, está em capacidade máxima; ela não é grande o suficiente para levar o APB para o próximo nível. Tudo isso faz parte de um problema maior: não temos infraestrutura de sustentação.

"Vou utilizar a metáfora da árvore da inovação para ilustrar nossa situação. (**Ver Figura 10.1**). Para cultivar frutas suculentas, precisamos de um bom solo e uma árvore saudável. O solo, é claro, representa nossa cultura, o modo como pensamos e nos comportamos; o tronco da árvore, o modo como trabalhamos.

"Como acelerar nossa transformação digital?", Yumi continua. "Precisamos decidir o tipo de fruta que queremos e cuidar do solo e da árvore. O que isso significa?

Quais tipos de FRUTA queremos cultivar?
- ☆ Novos modelos de negócio
- ○ Novas ofertas digitais
- ◇ Jornadas do cliente digitais e *lean*

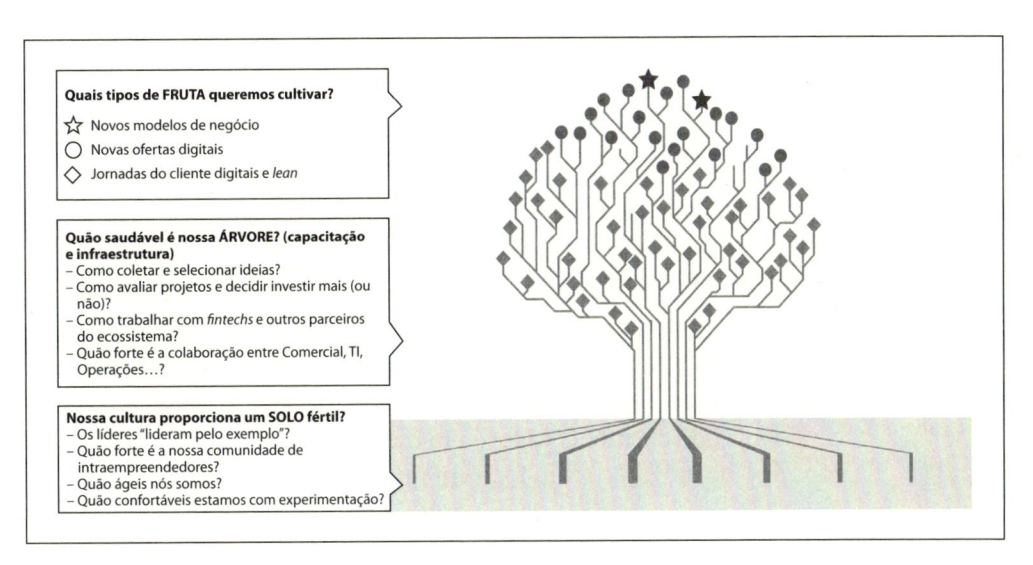

Quão saudável é nossa ÁRVORE? (capacitação e infraestrutura)
- Como coletar e selecionar ideias?
- Como avaliar projetos e decidir investir mais (ou não)?
- Como trabalhar com *fintechs* e outros parceiros do ecossistema?
- Quão forte é a colaboração entre Comercial, TI, Operações...?

Nossa cultura proporciona um SOLO fértil?
- Os líderes "lideram pelo exemplo"?
- Quão forte é a nossa comunidade de intraempreendedores?
- Quão ágeis nós somos?
- Quão confortáveis estamos com experimentação?

FIGURA 10.1 Metáfora da árvore da inovação digital.
Fonte: Digital Pathways, inspirada em Ed Essey @ Microsoft Garage.

- Quais tipos de *fruta* queremos cultivar e com qual *variedade*? Nossas opções incluem: (Ver Figura 5.4)
  - Reinventar as jornadas do cliente ("diamantes")
  - Lançar novas ofertas digitais ("moedas")
  - Lançar novos negócios digitais ("estrelas", normalmente com base em tecnologia disruptiva)
- Quão saudável é nossa *árvore*? (Nossos principais sistemas estão em boa forma?)
  - Sistema de pessoas: mentalidade e conjunto de habilidades, para líderes e funcionários
  - Sistema de trabalho: organização, processos e tecnologia
  - Sistema de gestão: Farol (gestão visual), encontros em diferentes níveis, ritmos operacionais, desenvolvimento de estratégia e processo de implantação
- Nosso *solo* é favorável à inovação? Quanto?
  - Em que medida os líderes praticam o que pregam?
  - Há foco no cliente, prototipagem rápida e experimentação *lean*?
  - Praticamos e recompensamos maneiras ágeis de trabalhar?

Todo mundo quer a fruta, mas nem todo mundo quer cuidar do solo e da árvore."[2]

---

[2] Um agradecimento a Ed Essey e nossa ótima conversa durante a San Francisco Lean Startup Conference 2019.

"Isso me lembra uma antiga canção de *blues*", diz Martin. "*Todo mundo quer ir para o céu, mas ninguém quer morrer.*"[3]

"Como enriquecemos o solo e fortalecemos a árvore?", pergunta Marcus.

Yumi distribui um resumo.

Temos quatro alavancas para acelerar nossa transformação digital:

1. Implantar nosso modelo de três raias em todo o APB Empresas
2. Expandir nossa rede de inovação pragmática e dar o pontapé inicial em nosso programa de intraempreendedorismo (InnoBox)
3. Melhorar a governança da inovação,[4] implantar os conselhos de experiência do cliente (com foco em diamantes) para dar apoio ao conselho de inovação (com foco em moedas e estrelas)
4. Simplificar e modernizar nosso *stack* tecnológico e nossa arquitetura de dados

---

Isso tudo pode parecer demais em um primeiro momento, mas lembrem-se de que faremos a implementação em etapas, ao longo de vários anos, e que teremos sessões regulares de revisão no Farol. Vejamos, agora, cada um dos elementos."

Acelerador 1: implantar nosso modelo de três raias em todo o APB Empresas

"Nossa receita de transformação foi feita para a escalabilidade", diz Yumi, "e, como vocês sabem, envolve três raias:

1. Desenvolvimento de líderes
2. Rede de inovação pragmática
3. Inovação focada em áreas-piloto selecionadas, alinhadas à estratégia

Para implementar a receita em todo o APB Empresas precisamos de mais pessoas envolvidas, mais locais-piloto, mais EMs, treinamentos de imersão, almoço & aprendizado, *hackathons* e assim por diante.

Este é o visual do modelo; aqui também temos uma visão geral simplificada de projetos de inovação identificados." (**Ver Figura 10.2**)

---

[3] Letra de uma canção de *blues* clássica. Eis a versão de Albert King: https://www.youtube.com/watch?v=Lb-EJEWRxlM

[4] Uma governança de inovação eficaz implica ser melhor e mais rápido em identificar e investir nos projetos certos, eliminando as ideias infrutíferas.

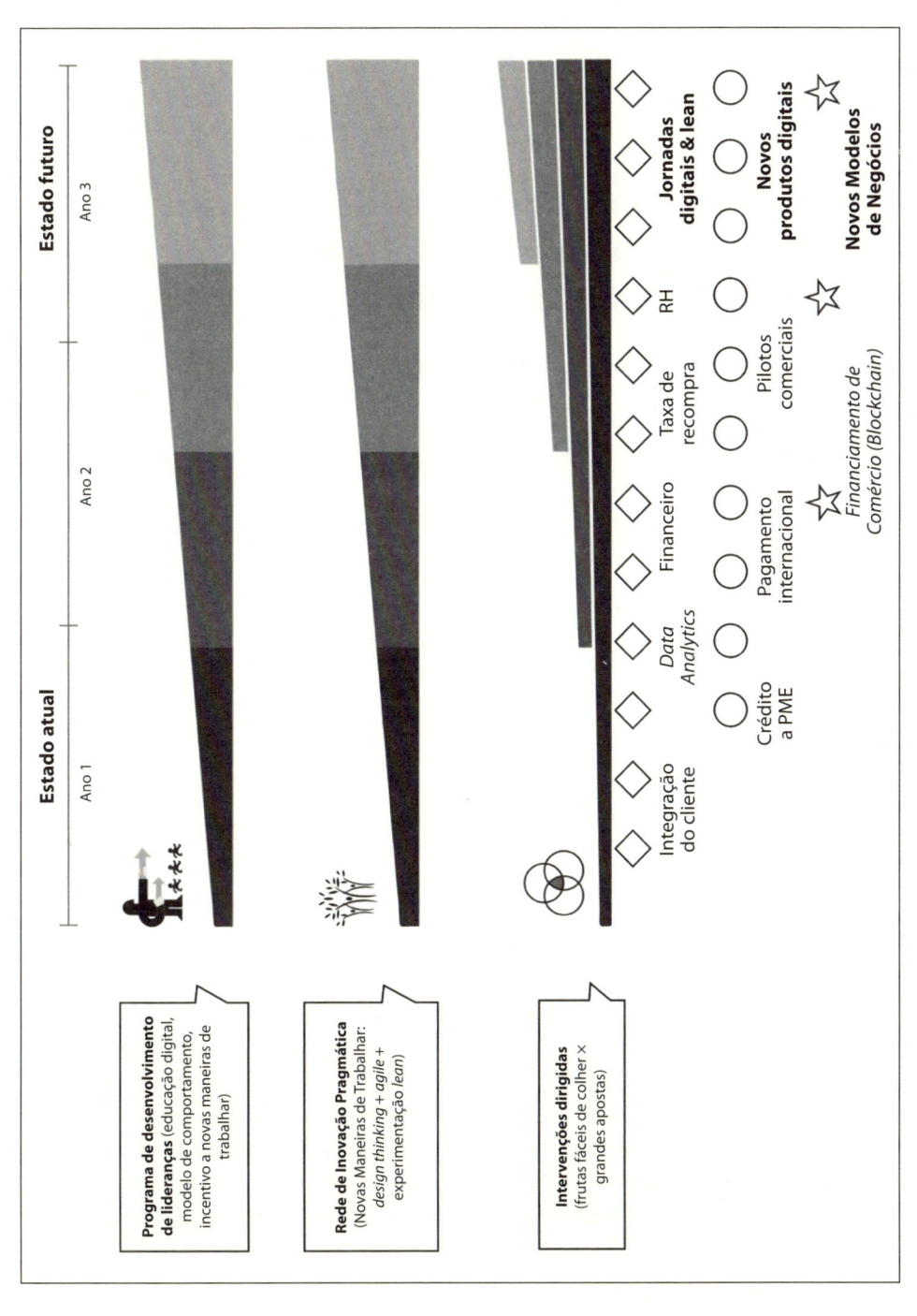

FIGURA 10.2 Implantar o modelo de três raias em todo o APB Empresas.
Fonte: Digital Pathways.

Martin, Mohan e Marcus estudam o documento em silêncio. "Que interessante, Yumi", diz Mohan. "Gosto dos exemplos concretos de diamantes, moedas e estrelas."

"Nosso pessoal entende o modelo de três raias", diz Marcus. "A equipe *lean digital* é boa em implantá-lo, e tivemos bons resultados em nossas áreas-piloto."

Acelerador 2: expandir nossa rede de inovação pragmática e dar o pontapé inicial em nosso programa de intraempreendedorismo InnoBox

Rede de inovação pragmática – abordagem "equipes de equipes"

"Nossa raia do meio é a rede de inovação pragmática, um elemento fundamental da infraestrutura", diz Yumi. "Precisamos de mais *intraempreendedores*, que atuem como mentores de inovação e ajudem a alimentar nosso funil de inovação.

Com o tempo, queremos complementar a inovação de cima para baixo com ideias criadas internamente, de baixo para cima. Assim, vamos explorar o que meu pai chama de '*gênio organizacional*'. Com o tempo, a rede evoluirá para uma 'equipe de equipes', com a equipe *lean digital* em seu núcleo."

Martin, Marcus e Mohan processam a informação.

"É um passo grande", diz Mohan. "Nunca pedimos nada desse tipo aos nossos colaboradores."

"Gosto da ideia de uma rede informal, mas é uma grande mudança cultural, de fato", diz Marcus.

"Teremos que selecionar muito bem os membros da rede", diz Martin. "Queremos pessoas com um perfil T[5], com um forte senso de propósito e iniciativa."

"Um exército de Oliver Chans viria bem", diz Mohan.

"Concordo com tudo o que vocês estão dizendo", diz Yumi. "Minha equipe está trabalhando com o RH para definir nosso perfil-alvo, uma espécie de teste de DNA de intraempreendedorismo, e também para garantir que o trabalho de inovação seja reconhecido quando se tratar de promoção. Falando nisso precisaremos aumentar nosso orçamento para as 'bolsas de estudo' para desenvolver os intraempreendedores, compostas por, digamos, seis ou oito posições

---

[5] *T-shaped leader*. Consulte o Capítulo 5.

rotativas na equipe *lean digital*. Todo ano, vamos treinar e certificar 'bolsistas' e realocá-los como mentores multiplicadores em seus departamentos de origem."

"Esses cargos serão de tempo integral?", Marcus pergunta. "Não temos condições de assumir mais burocracia."

"Os bolsistas intraempreendedores realocados passariam uns 20% de seu tempo em trabalhos relacionados à inovação", diz Yumi. "Preencheremos as bolsas com base nas necessidades estratégicas. Bolsas em tecnologia seriam uma prioridade, por exemplo."

"Isso faz sentido. Estou especialmente interessado em capacitar o pessoal em *DevOps*", diz Mohan.

"O que podemos fazer para que seja mais fácil para nosso pessoal desenvolver suas próprias ideias?", pergunta Martin. "Suponham que eu seja um jovem cheio de motivação e com uma ótima ideia. Já participei dos treinamentos de imersão para intraempreendedores e entendo as principais metodologias. Como posso conseguir o apoio executivo necessário para colocar minha ideia em prática? No APB de hoje, a maioria dos chefes diria *esquece isso!*"

"E como criamos mais inovações do tipo moedas e estrelas?", Marcus pergunta. "Inovações de diamante (eficiência) são necessárias, mas não suficientes."

Programa InnoBox: abrindo espaço para os inovadores

"Ótimas perguntas", diz Yumi. "Estudamos uma série de metodologias de inovação de código aberto e gostamos particularmente do Kickbox[6], que foi inventado por Mark Randall, na Adobe. Os funcionários que têm ideias que gostariam de apresentar recebem uma caixa vermelha contendo tudo o que precisam para começar, depois apresentam essas ideias a um painel de líderes seniores. Se os dados forem persuasivos, eles recebem mais dinheiro e apoio, como no programa de TV 'Shark Tank'. Essa é a forma mais básica de um *metered funding*. O Kickbox dá aos funcionários dinheiro, tempo, treinamento e permissão para inovar, e para adaptá-lo ao APB, propomos o *InnoBox*."

"Como vocês podem ver, trata-se de um processo de inovação de ponta a ponta. Queremos ajudar nosso pessoal a transformar ideias promissoras em negócios de sucesso." (**Ver Figura 10.3**)

---

[6] Um agradecimento à Adobe e a Mark Randall. www.Kickbox.org é uma associação sem fins lucrativos e uma comunidade colaborativa de boas práticas que faz curadoria, distribui e suporta o Kickbox, garantindo que ele continue a evoluir como um recurso compartilhado.

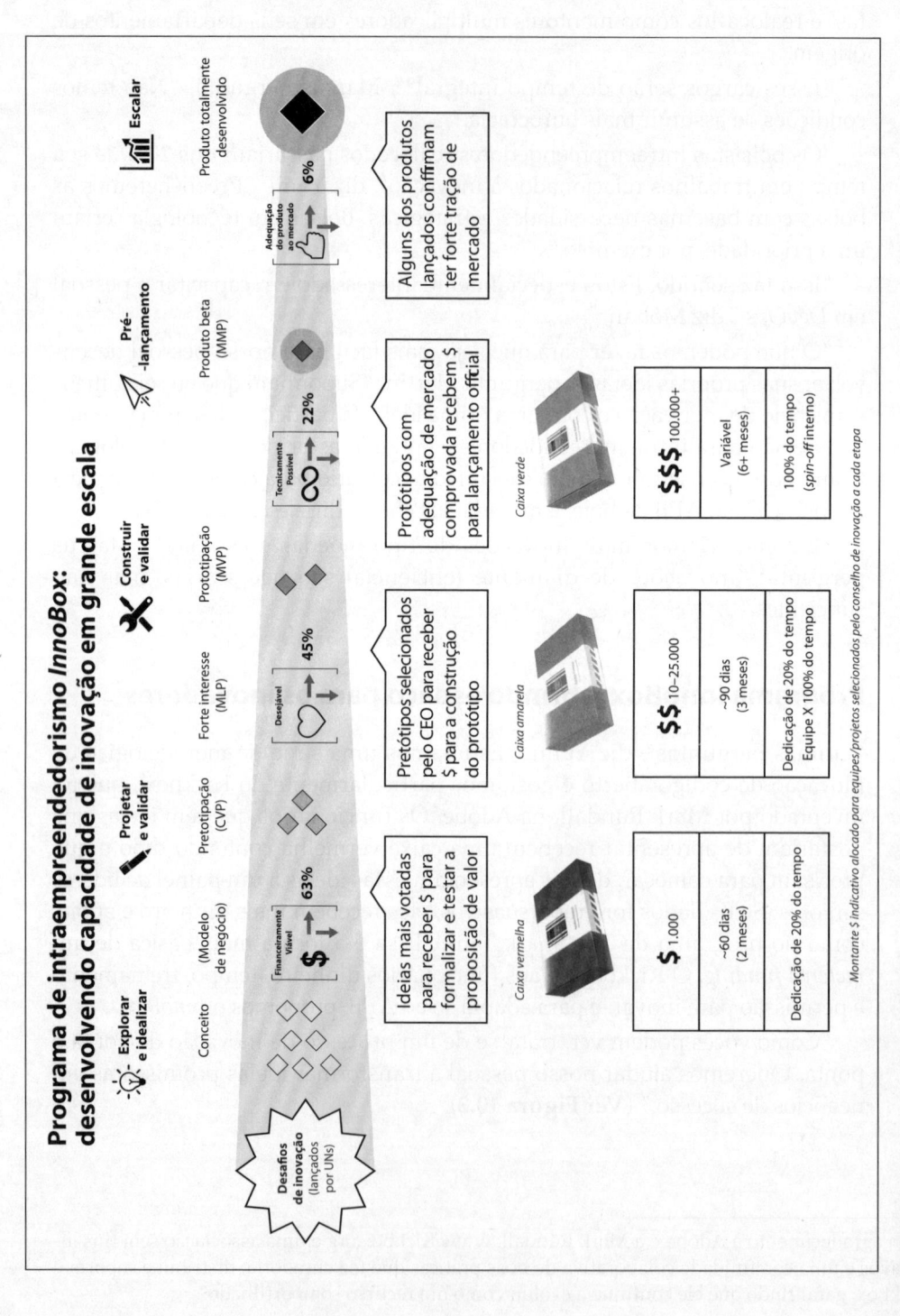

FIGURA 10.3 Programa de intraempreendedorismo *InnoBox*: desenvolvendo capacidade de inovação em grande escala.
Fonte: Digital Pathways, inspirada pelo programa KickBox, na Adobe, de Mark Randall.

"Pode nos mostrar o passo a passo, Yumi-*san*?", pergunta Martin.

O objetivo do programa InnoBox é fomentar o intraempreendedorismo e a inovação corporativa.

Nosso objetivo geral é criar um movimento, uma comunidade de intraempreendedores: queremos ver cada vez mais colaboradores dizendo '*Sou o CEO da minha ideia*', '*Quero criar minha própria* start-up *dentro do APB*'.

Para gerar novas ideias, organizamos eventos regulares e oportunidades de colaboração com *start-ups fintech* promissoras; para tirar as ideias do papel, guiamos nossos funcionários e gerentes por uma série de etapas e os colocamos em contato com mentores experientes e outros fornecedores de serviços de inovação. Queremos ter certeza de que, além de treinamento e apoio, os talentos intraempreendedores dentro da APB tenham a chance de desenvolver suas ideias inovadoras de acordo com a realidade da perspectiva dos clientes e da validação de mercado.

O programa InnoBox está organizado em torno dos seguintes marcos:

- **Início**. Para concentrar esforços e gerar ideias para resolver problemas tangíveis de negócios e/ou clientes, precisamos de alguns eventos que sirvam de gatilho. Normalmente começamos com desafios de inovação lançados pelo APB e/ou uma Unidade de Negócios específica. Os funcionários podem enviar suas soluções a esses desafios, individualmente ou em pequenas equipes.
- **A caixa vermelha (explorar e idealizar, projetar e validar)**. A fim de eliminar o atrito para inovar, os participantes selecionados recebem uma caixa vermelha contendo
  - um manual de inovação pragmática
  - um cartão pré-pago de $ 1.000
  - o direito de dedicar um dia da semana ao seu projeto.

Os participantes têm 60 dias para formalizar seu Modelo de Negócio, esclarecer quais problemas serão resolvidos para qual público, desenhar e validar a proposição de valor com clientes-alvo. Esse protótipo inicial costuma ser chamado de pretótipo.[7] Os clientes em potencial estão dispostos a comprar a sua proposição? A proposição de valor e os dados de teste são apresentados ao conselho de inovação, e as propostas selecionadas (~45%) podem prosseguir para a próxima etapa e receber uma caixa amarela.

- **A caixa amarela (construir e validar)**. Havendo evidência de interesse do mercado, os participantes recebem um investimento adicional (geralmente $ 10.000+) e uma equipe multidisciplinar mais forte e estável de *hustlers*,

---

[7] Um agradecimento a Alberto Savoia e seu livro *The Right It: Why So Many Ideas Fail and How to Make Sure Yours Succeed*.

hipsters e *hackers*. Cada equipe tem 90 dias para construir um protótipo, geralmente chamado de mínimo produto viável (MVP). O MVP e o aprendizado derivado de testes com clientes são apresentados ao Conselho de Inovação, e os protótipos que tiverem evidências de boa tração inicial no mercado recebem uma caixa verde (~22%).

- **A caixa verde (pré-lançamento no mercado)**. Um protótipo funcional com os recursos mais importantes costuma ser chamado de mínimo produto comercializável (MMP, do inglês *Minimum Marketable Product*). Nesse estágio, a equipe recebe mais recursos (até $ 100.000+) para comercializar esse 'produto beta'. Durante os próximos 6 meses, as equipes selecionadas podem trabalhar em tempo integral com o negócio para lançar e escalar seu produto.
- **Adequação do produto ao mercado (ampliação)**. Alguns protótipos têm confirmada sua forte tração no mercado e, quando isso acontece, esses produtos podem se tornar uma *start-up* dentro do *hub* de inovação do APB.

"Também protegeremos a disponibilidade das pessoas (20% no início) e daremos orientação e apoio executivo visível."

"Capacitar inovadores é um conceito potente, mas, mais uma vez, muito diferente de tudo o que já fizemos antes", diz Marcus.

"Gosto da ideia, mas preciso de tempo para processá-la", diz Martin. "Pode falar mais sobre o acelerador 3?"

Acelerador 3: melhorar a governança de inovação

"Como vocês sabem, o APB tem dois desafios muito diferentes", responde Yumi. "Temos que proteger nosso *core business* e desenvolver *novos* negócios. Para tanto, precisamos de tipos de inovação diferentes com ritmo e governança diferentes.

1. *Proteger o core business*: envolve projetos de inovação em eficiência (diamantes), que proporcionam ROI rápido e claro. Esses projetos geralmente são simples e incrementais e serão controlados por *conselhos de experiência do cliente (CEC)*. O objetivo aqui é liberar dinheiro para financiar outras inovações.
2. *Criar novos negócios*: envolve inovação sustentada e revolucionária (moedas e estrelas), nas quais investimos para aprender por meio de testes rápidos com os clientes. Frequentemente, são projetos disruptivos e envolvem investimentos de risco em tecnologias, mercados, produtos e/ou parcerias desconhecidos. As moedas e estrelas serão controladas pelo *conselho de inovação (CI)*. O objetivo geral aqui é nos reinventar e gerar novas fontes de crescimento."

Martin, Mohan e Marcus estão em silêncio novamente. "É, faz sentido", diz Martin, finalmente. "Do contrário, o conselho de inovação se tornará um gargalo. Quantos CECs você imagina que precisaremos, Yumi?"

"Proponho a criação de cinco CECs no próximo ano, todos compostos por líderes de unidades de negócios e presididos por Martin. Queremos estimular o senso de propriedade e a competição saudável."

"Cinco mini-Shark Tanks em todo o APB Empresas", diz Martin. "Gosto da ideia, mas não sei se poderei participar de todas as reuniões."

"Marcus, Mohan e eu podemos ajudar os conselhos na sua ausência", diz Yumi. "Com o tempo, também queremos atrair outros líderes seniores."

"Teremos que selecionar com cuidado os membros do conselho, e eles vão precisar de treinamento...", diz Marcus.

"Comecei perguntando como acelerar a coisa", diz Martin. "Parece que já temos várias cartas na manga."

Yumi concorda com a cabeça e distribui uma folha de papel. "Outra maneira de olhar para a nossa jornada de inovação está ilustrada neste gráfico. Começamos no canto inferior esquerdo e estamos evoluindo em direção ao canto superior direito." Esta é uma visão geral das iniciativas do APB para fortalecer e escalar nosso novo ecossistema de inovação. (**Ver Figura 10.4**)

Os líderes seniores presentes estudam a imagem em silêncio. "Que imagem esplêndida", diz Marcus, finalmente. "Parabéns, Yumi."

"Também gosto", diz Martin. "Mudando de assunto de novo. Qual é o plano para a TI?"

"Mohan e eu temos trabalhado juntos nisso", Yumi responde. "Mohan, você pode apresentar o que temos pensado até agora?"

Acelerador 4: elevar o nível de nossa tecnologia

Open Banking

"Comecemos pelo '*Open Banking*'", diz Mohan. "Nuvem, APIs, microsserviços, ecossistemas – todo o discurso técnico atual está relacionado a esse conceito. O *Open Banking* implica as seguintes mudanças:

- De um sistema *fechado*, no qual os dados do cliente são mantidos no banco (como em um cofre),
- A um ecossistema *aberto*, em que os dados são compartilhados entre os membros do ecossistema (p. ex., outros bancos, *fintechs*, agências governamentais, serviços públicos).

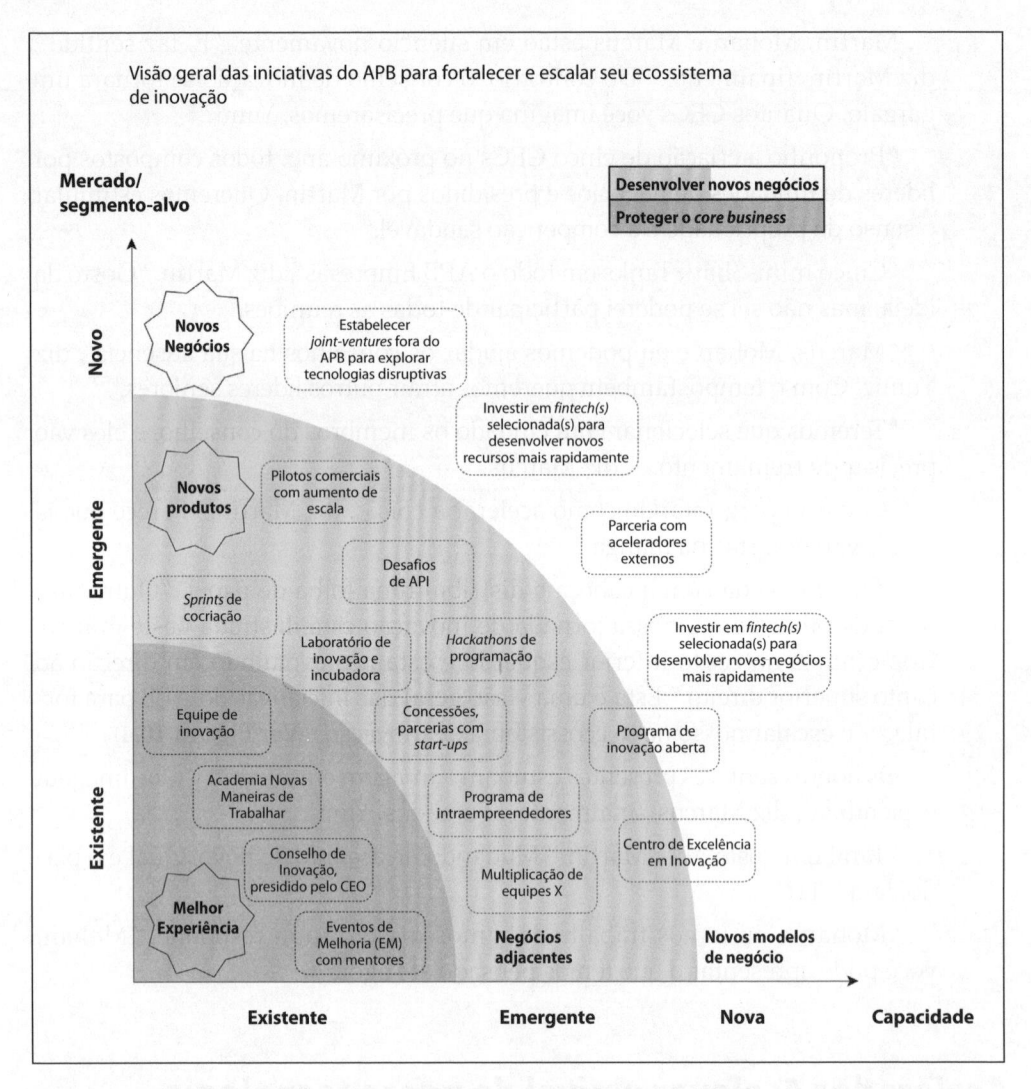

FIGURA 10.4 Escalando nosso ecossistema de inovação – colaboração interna e externa.
Fonte: Digital Pathways.

Não temos escolha quanto ao compartilhamento de dados – mudanças regulatórias como o PSD2[8] obrigam esse compartilhamento, sem contar a inovação tecnológica.

"Mas então por que isso é importante? Somos um banco tradicional operando em um sistema fechado. Controlamos nossos recursos e ativos, e vencemos reduzindo o atrito e otimizando toda a cadeia de valor. Para o APB, o

---

[8] *Payment Services Directive*, legislação publicada pela União Europeia.

valor é proporcional ao *número de clientes* que temos. Esse modelo funcionou por séculos e, em muitos setores, ainda funciona. Mas, como vocês sabem, as *fintechs* estão atacando as partes mais interessantes da nossa cadeia de valor, e – mais preocupante ainda – surgiu um novo modelo de negócios poderoso. Yumi, você pode explicar mais?"

"As *plataformas* digitais operam sob uma lógica totalmente diferente", diz Yumi, "e devastaram os modelos de negócio em *pipeline* (fluxo unidirecional) de muitos setores. Por exemplo, quando o iPhone foi lançado, em 2007, os cinco maiores fabricantes de telefones celulares – Nokia, Samsung, Motorola, Sony Ericsson e LG – controlavam 90% dos lucros globais da indústria. Eles tinham todas as vantagens estratégicas clássicas: marcas fortes e diferenciação de produto; sistemas operacionais e logísticos fortes; proteção regulatória; grandes orçamentos de P&D; e enorme economia de escala. Mesmo assim, em 2015, o iPhone gerou sozinho mais de 90% dos lucros globais, enquanto todos os outros, exceto um, não tiveram lucro algum.[9]

"Como explicar a ascensão do iPhone?", Yumi continua. "A resposta é a *App Store* – uma plataforma de distribuição digital de aplicativos móveis para o sistema operacional iOS, desenvolvida e mantida pela própria Apple. Na App Store, os usuários podem navegar e baixar aplicativos criados por desenvolvedores utilizando o kit de desenvolvimento de *software* para iOS da Apple. O valor criado é proporcional ao *número de usuários multiplicado pelo número de desenvolvedores*.

"A Apple concebeu o iPhone como algo mais do que um produto isolado ou um *pipeline* de serviços. O iPhone foi uma forma de conectar usuários e desenvolvedores de aplicativos em um mercado de mão dupla, gerando valor para ambos. Por si só, o iPhone é um *pipeline*, mas quando ele é conectado à App Store, que é um *marketplace* digital, torna-se uma plataforma." (**Ver Figura 10.5**)

"A capitalização de mercado do Uber excede a da General Motors", acrescenta Marcus. "A do Airbnb excede a de qualquer rede de hotéis. Yumi está certa, o APB é obviamente vulnerável a grandes plataformas de tecnologia. Mas é importante lembrar que nem toda plataforma é um sucesso: a Predix, da GE, foi um fracasso. Talvez outra hora possamos falar sobre por que algumas plataformas são bem-sucedidas e outras, não."

Yumi assente com a cabeça. "Por enquanto, vamos resumir nossa conversa sobre *pipeline versus* plataforma. A lógica de crescimento/valor do *pipeline* é *linear*. O APB é um *pipeline* clássico e cresce na proporção do número de clientes que tem. A lógica de crescimento da plataforma, por outro lado, é *exponencial*.

---

[9] "Pipelines, Platforms, and the New Rules of Strategy", de Marshall W. Van Alstyne, Geoffrey G. Parker e Sangeet Paul Choudery, *Harvard Business Review*, abril de 2016.

De modelo de negócio em *pipeline* (ecossistema fechado)

Banco
Dados de clientes, banco, produto

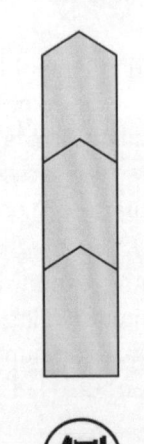

Clientes

Características: monolítico, trabalho duplicado, dados inconsistentes, lento e difícil de desenvolver, integrar e lançar novas funcionalidades, produtos...

Criação de valor: entregar uma boa experiência do cliente (reduzir o atrito e a variação na qualidade do serviço)

Crescimento linear: proporcional ao número de clientes (apenas o lado da demanda)

A modelo de negócio em plataforma (ecossistema aberto)

- Serviços públicos
- Governo
- Dispositivos IOT
- Fintechs (parceiros comerciais)
- Banco — Dados de clientes, banco, produto
- Telecoms
- Fintechs (parceiros de serviços)
- Clientes
- Agregadores

Características: microsserviços, conectado por APIs, compartilhamento de dados, rápido e fácil de desenvolver, integra e lança novas funcionalidades, produtos...

Criação de valor: entregar uma experiência sem percalços e produtos e serviços personalizados (conecta membros do ecossistema + transforma dados coletados em visões práticas)

Crescimento exponencial: proporcional ao número de participantes do ecossistema (ambos os lados da demanda: lado do cliente e do fornecedor: parceiros, desenvolvedores...)

FIGURA 10.5 Evolução de um sistema fechado para *open banking*.
Fonte: Digital Pathways.

As empresas tipo plataforma crescem proporcionalmente ao tamanho da *rede* que têm, o que, no caso da App Store, inclui usuários e desenvolvedores. Portanto o crescimento do *pipeline* comparado ao da plataforma equivale a X *versus* X^2 – é por isso que as plataformas de sucesso podem dominar seus mercados completamente."

"Mas vamos direto ao assunto", diz Martin. "O que quer dizer tudo isso para o Asia Pacific Bank?"

"Que somos vulneráveis", diz Mohan. "*Fintechs* estão atacando as partes mais interessantes de nossa cadeia de valor. O que preocupa ainda mais é que Google, Alibaba, Amazon, todas essas empresas estabeleceram plataformas e relacionamentos sólidos com dezenas de milhões de clientes. Se e quando elas decidirem entrar no nosso mercado, teremos problemas. Google já tirou proveito de sua plataforma para entrar em setores tão diversos quanto mapeamento, sistemas operacionais móveis e automação residencial, e está concorrendo diretamente com Siemens e Honeywell em termostatos domésticos, por exemplo."

"As *fintechs* já estão aqui e os gigantes da tecnologia estão chegando. Como responder a isso?", pergunta Marcus.

"Nossas opções são as seguintes", responde Yumi. "Podemos:

1. Desenvolver e entregar nossos próprios produtos diretamente aos mercados-alvo (também conhecido como 'banco especializado').
2. Desenvolver nossos próprios produtos, mas entregá-los por meio de parceiros preferenciais, como *fintechs* e serviços públicos (também conhecido como *'white label'*).
3. Construir nossa própria plataforma e oferecer uma gama de produtos, alguns desenvolvidos internamente, outros fornecidos por parceiros. Alguns chamam isso de banco como serviço (BaaS, *banking as a service*).

Todas essas opções dependem da modernização do nosso *stack* tecnológico e arquitetura de dados. Então, como fazer isso? Mohan, por favor..."

Arquitetura aberta: API e microsserviços

"Para entrar no jogo, precisamos melhorar drasticamente a conectividade, tanto interna quanto externa", diz Mohan. "Queremos que seja *fácil* trabalhar conosco para que:

- Clientes gostem de utilizar nossos serviços bancários
- Desenvolvedores (internos e externos) e parceiros gostem de criar aplicativos e produtos conosco
- Intraempreendedores gostem de trabalhar com nossa plataforma de prototipagem rápida

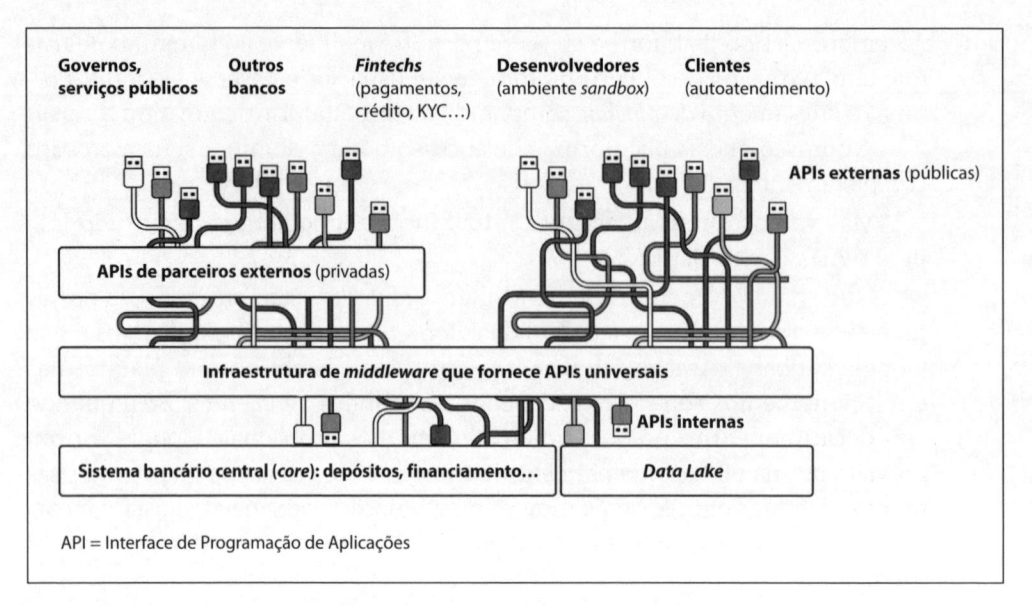

FIGURA 10.6 *Stack* tecnológico-alvo para conectividade interna e externa.
Fonte: Digital Pathways.

No curto prazo, continuaremos trabalhando com a Connectivity Inc. e alavancando o sistema de *middleware* deles. Eu e Susan Tse Lau, diretora administrativa da Connectivity, acreditamos que podemos implementar rapidamente API e infraestrutura de *middleware* escaláveis. Conectaremos tudo usando três tipos de APIs:

- *Camada de API interna*: para dar acesso fácil ao nosso sistema bancário central e *hub* de dados aos nossos desenvolvedores. Resultados esperados: maior eficiência, mais segurança, moral elevada e menor custo.
- *Camada de API externa* privada: para ajudar a integrar o nosso negócio com clientes, fornecedores, provedores, revendedores e outros parceiros. Resultados esperados: menores custos de transação, maior segurança e receita por meio da monetização da API.
- *Camada de API externa* pública: para ajudar os desenvolvedores e parceiros externos a construir novos aplicativos e produtos digitais. Resultados esperados: laços mais fortes com desenvolvedores, acesso a um mercado mais amplo, mais inovação." (**Ver Figura 10.6**)

Mohan faz uma pausa. "Alguma pergunta?"

"Está tudo muito claro, obrigado", diz Marcus. "O que podemos fazer para que nossa infraestrutura atual não nos atrapalhe?"

Nuvem híbrida e SaaS[10]

"Queremos migrar para a nuvem de maneira ordenada", diz Mohan, "embora provavelmente tenhamos que manter *alguns* servidores locais. A nuvem tem muitas vantagens em funcionalidade, flexibilidade, velocidade e custo. Nosso plano de migração inclui estratificar todas as aplicações e plataformas atuais de acordo com (a) facilidade e (b) vantagens da migração para a nuvem. Aplicamos os 6Rs[11] para priorizar a migração das aplicações. Yumi, você pode explicar?"

"Os 6Rs são bem fáceis de entender", diz Yumi:

1. Reter (***Retain***) – manter estas cargas de trabalho *in situ*. Não alterá-las de forma alguma; por exemplo, AS400 e dependências não resolvidas. Isso pode representar 10% das nossas aplicações.
2. Remover (***Retire***) – livrar-se de aplicações subutilizadas e/ou obsoletas. Precisaremos explorar mais esta área, mas ela pode representar 5% de nossas aplicações.
3. Re-hospedar (***Re-host***) – estas aplicações requerem reengenharia mínima e, portanto, podem ser as primeiras a migrar para a nuvem; por exemplo, IP, DNS, alterações de caminho de arquivo... esta abordagem é frequentemente chamada de *'lift & shift'*; ela pode representar até 40% de nossa carga de trabalho atual e pode gerar *'vitórias rápidas'* significativas.
4. Reorganizar a Plataforma (***Re-platform***) – estas aplicações precisam passar por algumas alterações para aproveitarem de forma mais completa conceitos de nuvem como elasticidade e *failover*. Esta abordagem é frequentemente chamada de *'lift, tinker and shift'*, e pode representar até 30% de nossa carga de trabalho atual; por exemplo, infraestrutura de banco de dados elástica, dimensionando e aproveitando os recursos reservados.
5. Refatorar (***Re-factor***) – estas aplicações requerem reengenharia significativa para serem executadas na nuvem; por exemplo, transformar aplicações baseadas em 'com servidor' em 'sem servidor'... esta área pode representar 10% das nossas aplicações.
6. Recomprar (***Re-purchase***) – estas aplicações são candidatas à migração para a plataforma de *software* como serviço; por exemplo, mudar do nosso CRM interno para Salesforce ou MS Dynamics. Este item pode representar até 5% de nossa carga de trabalho atual e pode reduzir significativamente o custo de licenças de *software* caras."

---

[10] SaaS = *Software as a Service, software* como serviço.
[11] "Six Strategies for Migrating Applications to the Cloud", de Stephen Orban, AWS Cloud Enterprise Strategy Blog, novembro de 2016.

"Mohan e eu estamos trabalhando em um plano de três anos para a TI, que apresentaremos no próximo mês."

"O que quer dizer 'microsserviços'?", pergunta Martin.

"Serviços pequenos, com baixo acoplamento, que podem ser implementados de forma independente, proporcionando velocidade e flexibilidade", responde Mohan. "Como os serviços são bons e os protocolos são leves, eles representam uma ótima maneira de modernizar um portfólio de aplicações."

"Então você apenas implementa o que precisa", diz Marcus, "e não o código completo."

Mohan acena com a cabeça em concordância. "A propósito, também estamos planejando visitas a empresas nativas em nuvem, como Google, Amazon, Netflix, Apple, LinkedIn e Facebook. Elas foram muito gentis em aceitar nos receber."

"Serão visitas de *aprendizado*", acrescenta Yumi, "e não simplesmente um 'passeio no parque no Vale do Silício'. Cada participante terá objetivos de aprendizagem e deverá apresentar o que aprendeu e como compartilhará esse aprendizado."

Martin faz um sinal de joia. "Vocês podem falar um pouco mais sobre dados?"

Data analytics

"Os dados do APB consistem, essencialmente, em informações, interações e transações de clientes pessoa física e jurídica", afirma Mohan. "Como todos sabemos, nossos dados não são nem completos, nem abrangentes de ponta a ponta e nem têm qualidade consistente. Para utilizá-los, precisamos superar dois obstáculos:

- Os dados residem em silos de produtos.
- Aplicações de TI legadas que não conseguem nem se comunicar bem, nem processar grandes quantidades de dados. Nossos sistemas são especialmente fracos no processamento de dados não estruturados, como vídeos, falas e imagens.

"Os projetos dos parceiros *fintech*", continua Mohan, "ajudaram a aprimorar nossa IA e nossos recursos de aprendizado de máquina. Por exemplo, usamos dados externos para preencher nossos ativos de dados existentes (por exemplo, sistema, arquivo de saída da aplicação, documento, banco de dados ou páginas da *web* diretamente associados à geração de receita). (**Ver Figura 10.7**)

"Estamos progredindo na coleta e análise de dados, na geração de *insights* e na tomada de decisões", diz Mohan. "Agora podemos detectar padrões e relacionamentos-chave utilizando várias fontes de dados (por exemplo, histórico

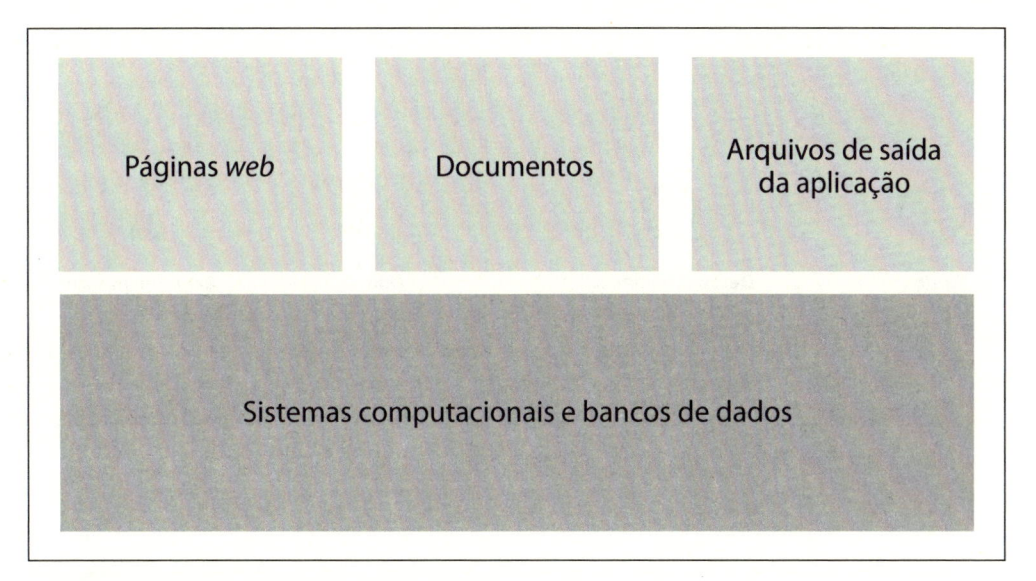

FIGURA 10.7 Visão geral dos ativos de dados.
Fonte: Digital Pathways.

financeiro, mídia social). Estamos começando a gerar *insights* práticos, testando-os com os clientes. Nosso objetivo, claro, é desenvolver experiências e produtos personalizados. Temos que equilibrar tudo isso com o respeito à privacidade e aplicar os mais altos padrões internacionais. Por fim, começamos a contratar e desenvolver cientistas de dados de primeira linha."

Desenvolvendo os músculos de engenharia

"Conhecimento técnico é uma grande limitação", diz Yumi. "Para desenvolver os músculos de engenharia, vamos acelerar nossos *hack2hires* e *hackathons*. Também estamos fazendo parceria com universidades líderes, oferecendo bolsas de estudo para engenheiros promissores, seguidas de empregos temporários para ganharem experiência."

"O RH precisa se tornar uma vantagem competitiva", diz Marcus.

Yumi assente com a cabeça. "Karen Hong e a equipe de RH fizeram um bom trabalho ao montar a academia Novas Maneiras de Trabalhar. O currículo é modular e escalonável; os participantes passam sistematicamente pelo nosso ciclo de 'aprender, aplicar, entregar'. Criamos um caminho específico de certificação para desenvolvedor ágil, com base no "trio vencedor": *agile*, *DevOps*, nuvem. Esta é a visão geral." (**Ver Figura 10.8**)

"Acabamos de falar sobre a nuvem. Como *agile* e *DevOps* se encaixam nisso?", pergunta Martin.

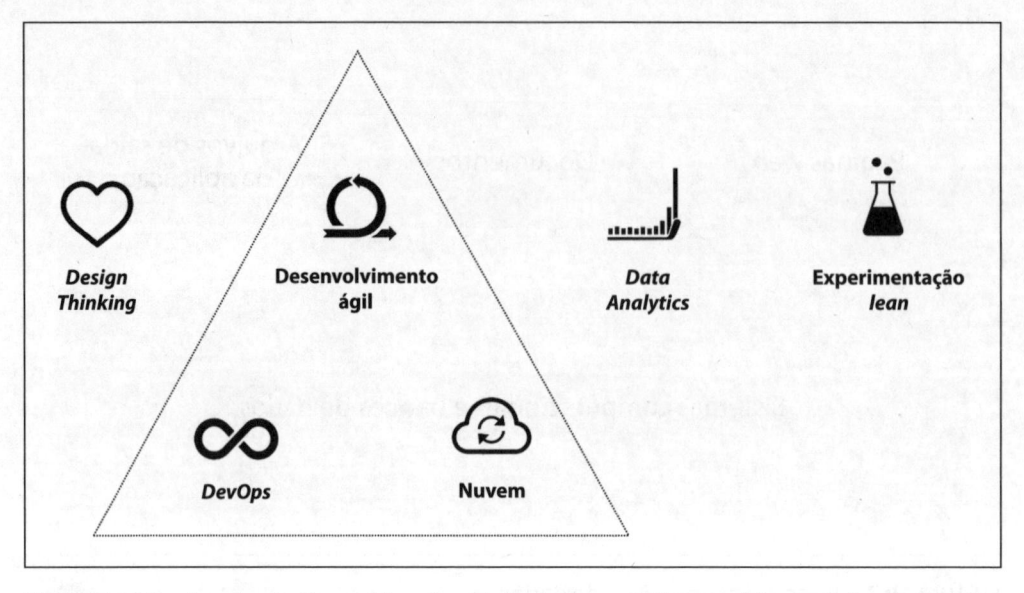

FIGURA 10.8 Academia *Novas Maneiras de Trabalhar* – visão geral do caminho de certificação para desenvolvedor ágil.
Fonte: Digital Pathways.

"Para aumentar o nível de nossa TI", responde Yumi, "temos que derrubar muros, e dois em particular:

- **Muro da confusão** entre comercial e desenvolvedores.
- **Muro do conflito** entre o desenvolvimento de TI e as operações de TI.

O desenvolvimento ágil de produto resolve o primeiro muro. Precisamos de *DevOps* para derrubar o segundo." (**Ver Figura 10.9**)

"Fale mais sobre *DevOps*",[12] diz Marcus.

DevOps: mentalidade, conjunto de habilidades e conjunto de ferramentas certos

"*DevOps* integra silos de TI, especialmente desenvolvimento e operações, de modo a fornecer funcionalidades, *patches* e atualizações no ritmo das necessidades do negócio", responde Yumi. "A Amazon libera código a cada dez *segundos*, mais ou menos; nós lançamos um novo código a cada poucos *meses*. Isso não é uma crítica a Mohan e à equipe de TI, cujo foco tem sido manter as luzes acesas, mas precisamos mudar e focar velocidade, flexibilidade e experiência do cliente – enquanto mantemos as luzes acesas.

---

[12] Um agradecimento ao nosso amigo e colega Reuben Athaide, pelas muitas conversas produtivas sobre este tópico.

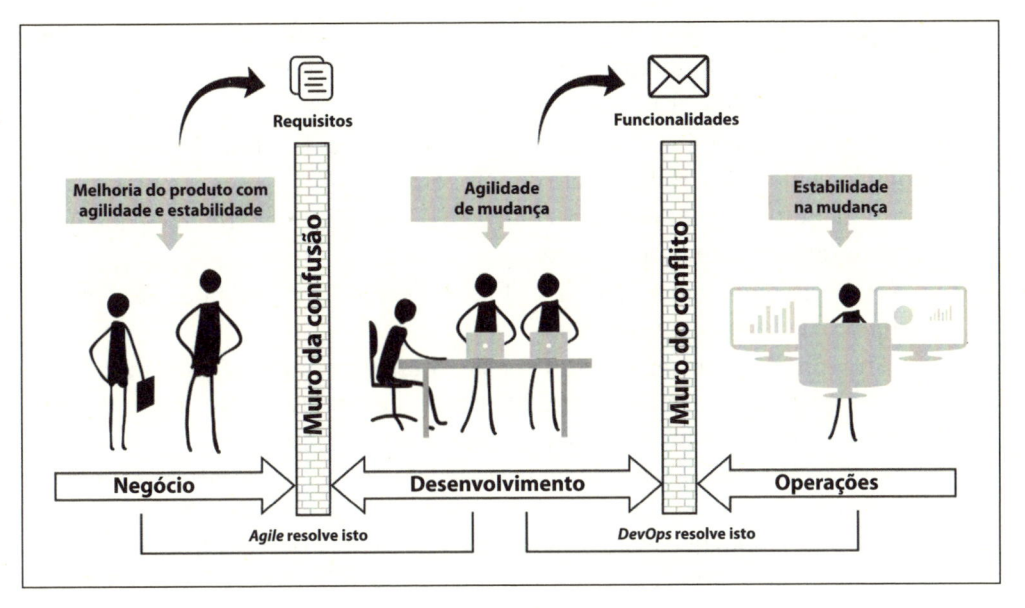

FIGURA 10.9 Como *DevOps* e *agile* dissolvem nossos silos internos.
Fonte: Digital Pathways.

"A *mentalidade DevOps*", diz Yumi, "é expressa pela sigla CALMS:

- *Cultura de colaboração* – métodos *lean* e *agile*, reuniões em pé regulares, gestão visual
- *Automatização* – tarefas repetitivas enfadonhas são automatizadas; em particular, são automatizados os testes de qualidade (QA, do inglês *Quality Assurance*)
- *Lean (Princípios)*:
    - Fluxo de ponta a ponta, desde o desenvolvimento do código até as operações de TI
    - *Feedback* regular de usuários finais e clientes, para garantir que entregamos valor
    - Melhoria contínua, possibilitada pela experimentação
- *Medição* – *telemetria* para monitorar continuamente o desempenho de TI. Mede-se o que é importante e utilizam-se os dados para melhorar a velocidade e a qualidade
- *Sharing (compartilhamento)* – relatórios, problemas (com relação a código, sistema, aplicações e melhores práticas), sucessos, fracassos e lições aprendidas

"O *conjunto de habilidades DevOps* compreende a capacidade técnica e de liderança", diz Yumi. Queremos desenvolver *hackers* que também tenham conhecimento de CX e de negócios, de acordo com nosso modelo 3H. Pessoas assim são raras, como vocês sabem. Para isso, firmamos parceria com a DigitalSG, uma escola de programação que incorpora nosso modelo."

Yumi faz uma pausa. "Alguma pergunta?"

"Como sempre, é muita coisa para absorver", diz Martin. "Isso certamente complementa nosso trabalho até o momento."

"É definitivamente um plano plurianual", diz Marcus. "Teremos que praticar o sequenciamento inteligente."

Yumi assente com a cabeça. "Mohan, você se importaria de descrever o conjunto de ferramentas *DevOps*?"

"Integração e entrega contínuas são a essência do *DevOps*", diz Mohan. "Isso significa que temos que automatizar o desenvolvimento, a implementação e o monitoramento de *software*. Alguns aplicativos permitem automatizar *partes* da cadeia de valor de TI, mas, à medida que a complexidade do aplicativo aumenta, também aumenta a necessidade de automatizar *toda a* cadeia de valor de TI. É aqui que entra a cadeia de ferramentas *DevOps*, que, na verdade, gera qualidade automaticamente em cada etapa. Não é preciso dizer que estamos apenas arranhando a superfície aqui." (**Ver Figura 10.10**)

"*DevOps* é outro grande passo", diz Martin. "Ainda estamos aprendendo os métodos *lean* e *agile*."

"Então, deixem-me resumir", disse Yumi. "Como podemos acelerar isso tudo?

1. Implantar nosso modelo de três raias em todo o APB Empresas.
2. Expandir nossa rede de inovação pragmática e dar o pontapé inicial em nosso programa de intraempreendedorismo (InnoBox).
3. Melhorar a governança da inovação,[13] introduzindo os conselhos de experiência do cliente (foco: diamantes) para complementar o conselho de inovação (foco: moedas e estrelas).
4. Simplificar e modernizar nosso *stack* tecnológico e nossa arquitetura de dados, e implantar *DevOps* para acelerar a entrega de *software* de alta qualidade.

Assim, melhoraremos nosso solo e nossa árvore, de modo a cultivar frutas saudáveis por muito tempo. Queremos chegar ao ponto em que a melhoria e a inovação não sejam uma 'grande coisa', sejam apenas parte do nosso trabalho diário. Alguma pergunta?"

"No momento, parece coisa demais", diz Marcus. "Estou feliz por estarmos pensando em longo prazo."

"Todo mundo quer ir para o céu", diz Martin, "mas dá muito trabalho."

---

[13] Uma governança de inovação eficaz implica se tonar melhor e mais rápido em identificar e investir nos projetos certos, eliminando as ideias infrutíferas.

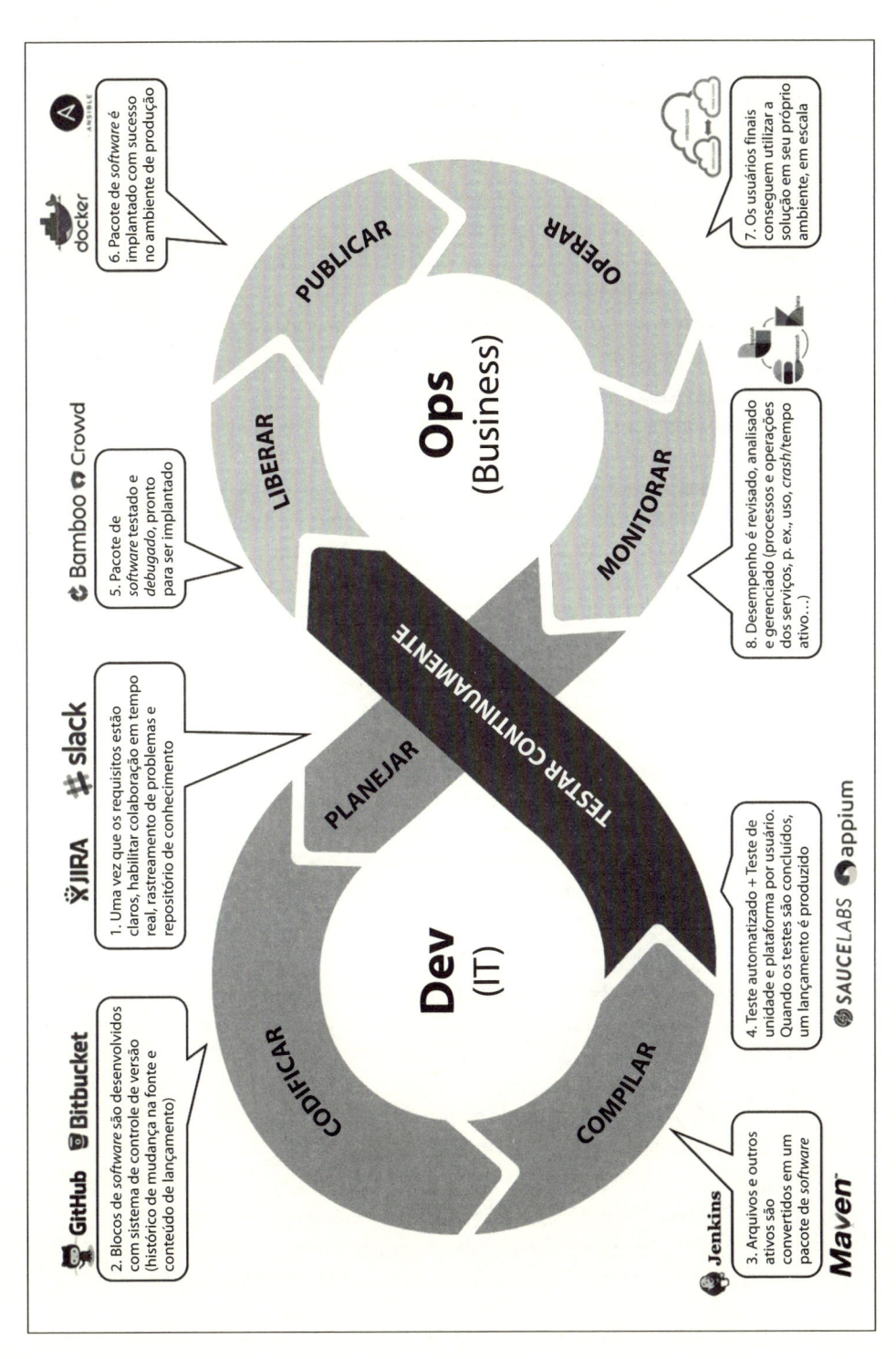

FIGURA 10.10 Visão geral do conjunto de ferramentas *DevOps*.
Fonte: Digital Pathways.

CAPÍTULO 10 – QUESTÕES PARA ESTUDO

1. O que Yumi quer dizer com "fadiga da inovação"?
   a. Quais são os sintomas comuns dessa condição?
   b. Quais são as possíveis contramedidas?
2. Defina a metáfora da árvore da inovação.
   a. Quais são os três tipos de fruta possíveis?
   b. Como a árvore da inovação se relaciona com um "portfólio equilibrado de projetos de inovação"?
   c. O que a árvore e o solo representam na metáfora da árvore da inovação?
3. O que é "plataforma digital" e qual é a diferença dela para um modelo de negócio em *pipeline*?
   a. Quais vantagens as plataformas digitais têm em relação aos modelos de negócio em *pipeline*?
   b. *Pipelines* e plataformas são mutuamente excludentes ou podem trabalhar juntos de modo eficiente? Explique a sua resposta com exemplos.
   c. Sua organização é predominantemente um negócio em *pipeline* ou uma plataforma digital? Explique a sua resposta.
4. Quais são as quatro alavancas descritas por Yumi para acelerar a transformação digital do APB?
   a. Quais são as características e as vantagens associadas ao "modelo de três raias"?
   b. Como a rede de inovação pragmática e o programa de intraempreendedorismo InnoBox contribuem para fortalecer a capacidade de inovação do APB?
   c. Com relação à Governança, por que o APB faz a diferenciação entre conselhos de experiência do cliente (CECs) e conselho de inovação (CI)?
   d. Como a migração para a nuvem contribui para a simplificação e a modernização do *stack* tecnológico e da arquitetura de dados do APB?
5. Quais são as características e as vantagens associadas aos itens a seguir?
   a. Interface de programação de aplicações (API) e microsserviços.
   b. Os "6Rs" para priorizar a migração das aplicações do APB.
   c. Recursos de *data analytics*.
   d. Caminho de certificação de desenvolvedor ágil.
   e. Conjunto de ferramentas *DevOps*.
6. Defina *DevOps*.
   a. Quais são os principais elementos de *DevOps*?
   b. Como *DevOps* pode ajudar uma organização?
   c. Quais são os principais desafios na adoção de *DevOps*?
   d. Quais são as possíveis contramedidas para cada desafio?
   e. Há alguma experiência pessoal que você gostaria de compartilhar?

Capítulo 11

Novos empreendimentos digitais

O que conquistamos, o que aprendemos e o que está por vir?

Obstáculos são aquilo que vemos quando afastamos os olhos do objetivo.
– Henry Ford

Mr. Stork Rooftop Garden Bar, Andaz Singapore Hotel[1], seis meses mais tarde

Martin Picard está sentado de frente a Amy Tay. A luz do sol brilha na Marina Bay e no horizonte. "Impossível cansar desta vista, não é?", diz Martin.

Amy sorri. "Na última vez que estivemos aqui, eu disse que o APB era 'lento, não confiável e caro'."

"Essa afirmação ficará para sempre na minha memória", diz Martin. "Sou muito grato pela sua franqueza, Amy, ela me ajudou a abrir os olhos."

"Só tenho ouvido coisas boas sobre o APB."

"Estamos totalmente comprometidos com o digital. Quanto mais aprendemos, mais percebemos que não sabemos nada."

"Vi sua apresentação sobre financiamento do comércio no Fintech Festival", diz Amy.

"Fazemos parte de um consórcio de *blockchain* com foco no comércio na APAC e Ásia-Europa", disse Martin. "Nosso laboratório de aprendizagem está liderando o desenvolvimento dos primeiros casos de uso – digitalização de

---
[1] https://www.hyatt.com/en-US/hotel/singapore/andaz-singapore/sinaz.

documentação e *lead time* de carta de crédito[2]. O processo manual leva de 5 a 10 dias, mas nosso último piloto levou *20 horas*. Nossa próxima prova de valor será sobre *smart contracts* (contratos inteligentes). Queremos dar visibilidade a cada uma das fases de um processo de comércio internacional muito fragmentado e complexo. Grandes oportunidades, grandes problemas."

"Você parece muito comprometido, Martin."

"Os problemas são os mesmos que enfrentamos no APB, mas em uma escala muito maior", diz Martin. "E as contramedidas são muito semelhantes: alinhamento em direção a um propósito comum, padrões compartilhados, novas tecnologias, sistemas integrados, pensamento ponta a ponta, foco no cliente... se formos bem-sucedidos, será uma virada de jogo. Dizem que isso pode impulsionar o comércio global em até 10%."

"A KYTay International não pode se dar ao luxo de ficar para trás", diz Amy. "Gostaríamos de fazer uma parceria com o APB no financiamento do comércio, agora e nos próximos anos."

Martin levanta as sobrancelhas. Uma parceria com a KYTay International na inovação em financiamento do comércio daria um grande impulso ao negócio de PMEs do APB e enviaria um alerta para o setor. "Vocês estariam abertos a apoiar nossa PoV de *smart contract*?", Martin pergunta.

"É por isso que estou aqui", diz Amy.

Martin se recosta na cadeira. "Isso significa muito para mim. Obrigado por confiar na gente novamente. E mande lembranças ao seu pai, sinto saudade dele." "Ele também de você", diz Amy, "e está muito feliz que o APB esteja de volta aos trilhos."

"Ainda temos um longo caminho a percorrer."

"Sim, mas agora estão com os olhos bem abertos", diz Amy.

A manhã está agradável e fresca, e Yumi decide caminhar os últimos quilômetros até o Asia Pacific Bank no distrito comercial central. Ela sai do MRT na estação Raffles Place e segue pela margem do Rio Singapura; os cruzeiros fluviais, tão populares, só começarão dentro de algumas horas. Ela avista o edifício do parlamento, com seu telhado em prisma e uma grande entrada cerimonial ladeada por palmeiras; o Victoria Theatre & Concert Hall, dois pentágonos e uma torre do relógio unidos por um corredor em meio a um mar de parque verde; a fachada branca e a torre do relógio do Museu das Civilizações Asiáticas; e, logo ao lado, a estátua de Raffles, fixada no local onde ele chegou pela primeira vez, em janeiro de 1818. Yumi reflete novamente sobre a curta

---

[2] Linha de crédito ou crédito documentário, mecanismo de pagamento utilizado no comércio internacional, no qual um banco com capacidade de crédito oferece uma garantia econômica a um exportador de bens.

e agitada vida de Raffles, tão cheia de realizações, mas também envolta em tragédia.

Yumi cruza a ponte de pedestres Cavanaugh, passando pela colunata de granito cinza do Fullerton Hotel – um local de que gosta muito à noite, quando os refletores transformam a colunata e a ponte em ouro. Ela também avista o extraordinário Marina Sands Resort, com suas três torres graciosas coroadas por um imenso *skypark*, de mais de 12 mil m^2, com piscinas, jardins e pistas de corrida; o Clifford Pier, com seus arcos de concreto em treliça e uma vista esplêndida da baía; e mais adiante, em meio aos cânions de aço, cromo e granito do distrito comercial central, fica o Asia Pacific Bank.

Blockchain no financiamento do comércio

Asia Pacific Bank, 33º andar, farol da transformação

Martin recebeu Stephen Kwan e os colegas membros do subcomitê de *blockchain* no farol. "Esta é a nossa PoV mais ambiciosa até agora", Yumi disse a eles. "Estamos desbravando novos caminhos e queremos mantê-los totalmente a par."

Martin começou. "Até o momento, nossas inovações têm sido inovações em eficiência e sustentação, os chamados diamantes e moedas. Todo esse trabalho árduo nos preparou para nossa primeira inovação disruptiva de verdade, nossa primeira 'estrela'. Estamos construindo um modelo de negócio de *plataforma* como parte de um proeminente consórcio de *blockchain*[3], com foco no comércio na região APAC e Ásia-Europa.

"Nossa PoV de financiamento do comércio baseada em *blockchain* é um bom exemplo de como nosso novo ecossistema de *open banking* permite novos modelos de negócios. Oliver Chan mostrará uma visão geral e, em seguida, faremos uma breve demonstração." (**Ver Figura 11.1**)

"Queremos muito aprender", disse Stephen. "Aliás, parabéns por voltar a trabalhar com a KYTay International. Isso é muito importante para nós."

"Estamos muito satisfeitos", respondeu Martin. "Oliver, é com você."

"O financiamento do comércio baseado em *blockchain* tem um grande potencial", disse Oliver, "mas enfrenta desafios importantes. Aprendemos que o *alinhamento* de todos os *players*, que é um grande trabalho, é essencial. Com isso, passamos muito tempo com clientes-chave, tentando entender suas

---

[3] Também conhecido como tecnologia de registro distribuído (DLT, *distributed ledger technology*). É a tecnologia no centro de *bitcoin* e de outras moedas virtuais, o *blockchain* é um registro aberto e distribuído que pode registrar transações entre duas partes de forma eficiente, verificável e permanente.

Foco	Conta aberta
	Financiamento de comércio tradicional
	Logística de transporte
	Otimização do capital de giro
Serviços	Pré/pós-expedição
	Documentos digitalizados, carta de crédito
	Rastreamento
	Financiamento do *supply chain*
Geografia	APAC
	Europa-Ásia
Segmento de cliente	Pequenas e médias empresas (PMEs)
	Mercado intermediário
Provedor de tecnologia + protocolo de tecnologia de registro distribuído (DLT)	Em construção
Nº de bancos no consórcio	24

FIGURA 11.1 Financiamento do comércio baseado em *blockchain* – visão geral da PoV.
Fonte: Digital Pathways.

preocupações e validando seu interesse na solução proposta. Também dedicamos um tempo ao *alinhamento* com *stakeholders*-chave, tanto de dentro do APB quanto do ecossistema comercial. A ampla adoção de nossa plataforma, o chamado efeito de rede, é outro fator-chave para o sucesso. Na verdade, nossos desafios são semelhantes aos que enfrentamos com PoVs anteriores, embora em uma escala muito maior:

- Compreender a nova tecnologia em um nível básico: o que é *blockchain* e o que ele pode fazer por nosso negócio de financiamento do comércio?
- Alinhar com parceiros em busca de um propósito comum
- Gerenciar a incerteza em torno das relações de custo/benefício de casos de uso e tempos de reembolso
- Aprender a aplicar a tecnologia por meio da experimentação lean
- Desenvolver padrões compartilhados
- Pensar em termos de fluxo de ponta a ponta
- Tomar boas decisões de investimento frente a outras tecnologias

Como de costume, precisamos aprender como subir na curva de crescimento exponencial. Este é um resumo visual de como gerenciamos todos os obstáculos." (**Ver Figura 11.2**)

"Como o *blockchain* pode melhorar o financiamento do comércio?", perguntou Stephen. "Fala-se tanto nisso que não sei no que acreditar."

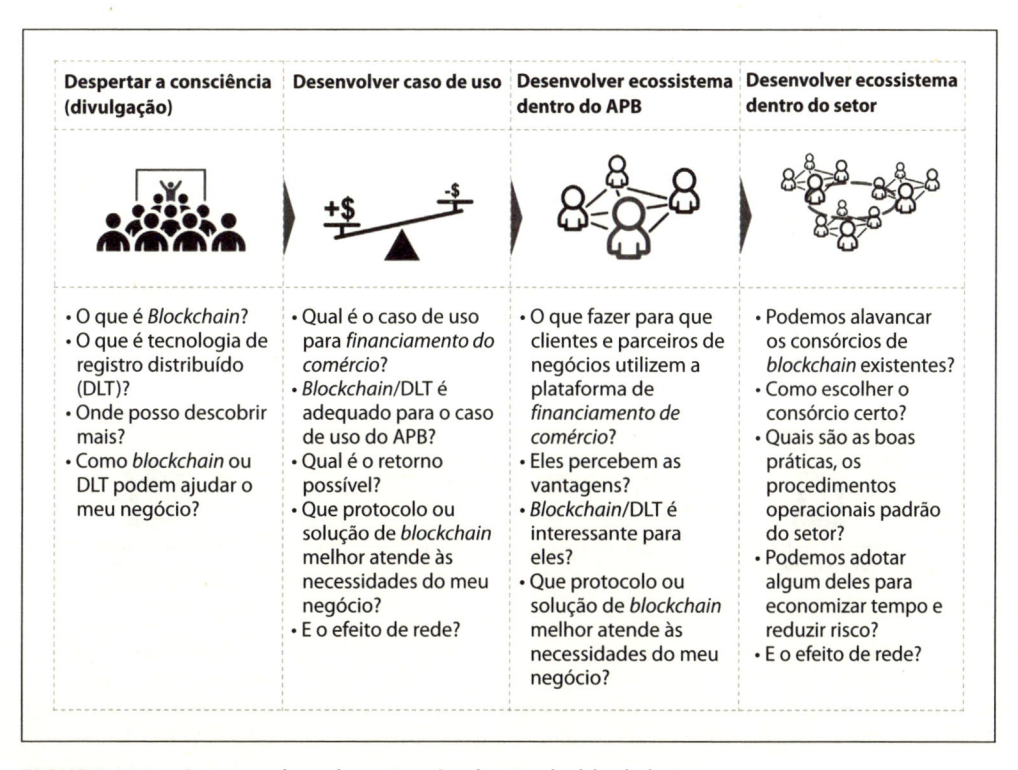

Despertar a consciência (divulgação)	Desenvolver caso de uso	Desenvolver ecossistema dentro do APB	Desenvolver ecossistema dentro do setor
• O que é *Blockchain*? • O que é tecnologia de registro distribuído (DLT)? • Onde posso descobrir mais? • Como *blockchain* ou DLT podem ajudar o meu negócio?	• Qual é o caso de uso para *financiamento do comércio*? • *Blockchain*/DLT é adequado para o caso de uso do APB? • Qual é o retorno possível? • Que protocolo ou solução de *blockchain* melhor atende às necessidades do meu negócio? • E o efeito de rede?	• O que fazer para que clientes e parceiros de negócios utilizem a plataforma de *financiamento de comércio*? • Eles percebem as vantagens? • *Blockchain*/DLT é interessante para eles? • Que protocolo ou solução de *blockchain* melhor atende às necessidades do meu negócio?	• Podemos alavancar os consórcios de *blockchain* existentes? • Como escolher o consórcio certo? • Quais são as boas práticas, os procedimentos operacionais padrão do setor? • Podemos adotar algum deles para economizar tempo e reduzir risco? • E o efeito de rede?

FIGURA 11.2 Superando as barreiras à adoção do *blockchain*.
Fonte: Digital Pathways.

188 Dominando a disrupção digital

"As principais vantagens são velocidade, custo, segurança e transparência", respondeu Oliver. "O *financiamento do comércio* convencional é caro, complicado, sujeito a erros e *invisível*. Imagine um jogo composto por:

- *Vários jogadores* – por exemplo, compradores, fornecedores e seus bancos, bancos intermediários, órgãos reguladores, organizações de transporte e operações de recebimento
- *Um grande número* de contratos
- *Dezenas de documentos sujeitos a erros* – documentos comerciais, de transporte e regulatórios, por exemplo, conhecimentos de embarque, cartas de crédito
- Pequenos erros (por exemplo, erros de digitação) podem interromper o processo em seu rastreamento
- Os jogadores ficam *no escuro* – ninguém pode ver todo o tabuleiro, por assim dizer

Nesse jogo, as transações são cheias de atrasos, custos e complicações. Todo mundo perde." (**Ver Figura 11.3**)

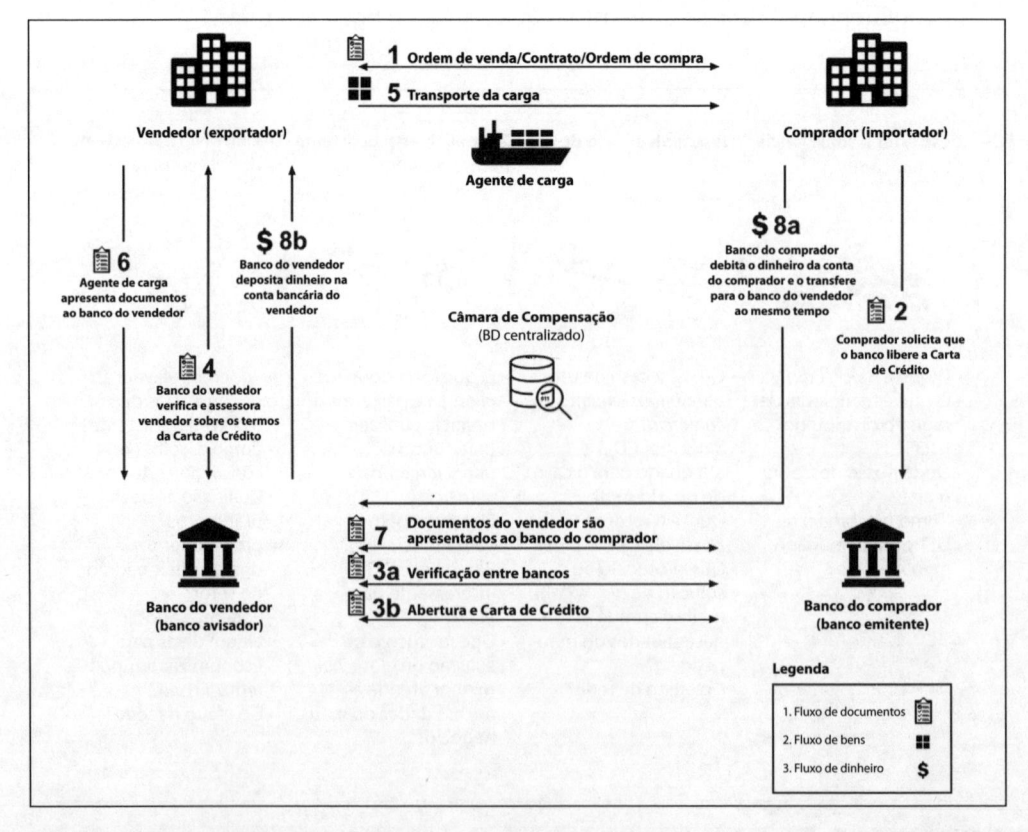

FIGURA 11.3 Caso de uso de financiamento do comércio do APB – situação atual: processo lento, nebuloso, complicado.
Fonte: Digital Pathways.

Com nossa plataforma de *financiamento de comércio* baseada em *blockchain*, as coisas ficam bem diferentes. Todos nós vemos as mesmas coisas e em tempo real. Por exemplo, digamos que eu seja o banco do comprador; antes de pagar o fornecedor, preciso saber coisas como:

- A mercadoria chegou e está em boas condições?
- O fornecedor cumpriu as leis comerciais, de segurança e financeiras aplicáveis?

O *blockchain* responde a essas perguntas a todos os *players* em tempo real. Posso emitir e validar a carta de crédito facilmente; posso pagar o fornecedor, a mercadoria é liberada e todos ficam felizes." (**Ver Figura 11.4**)

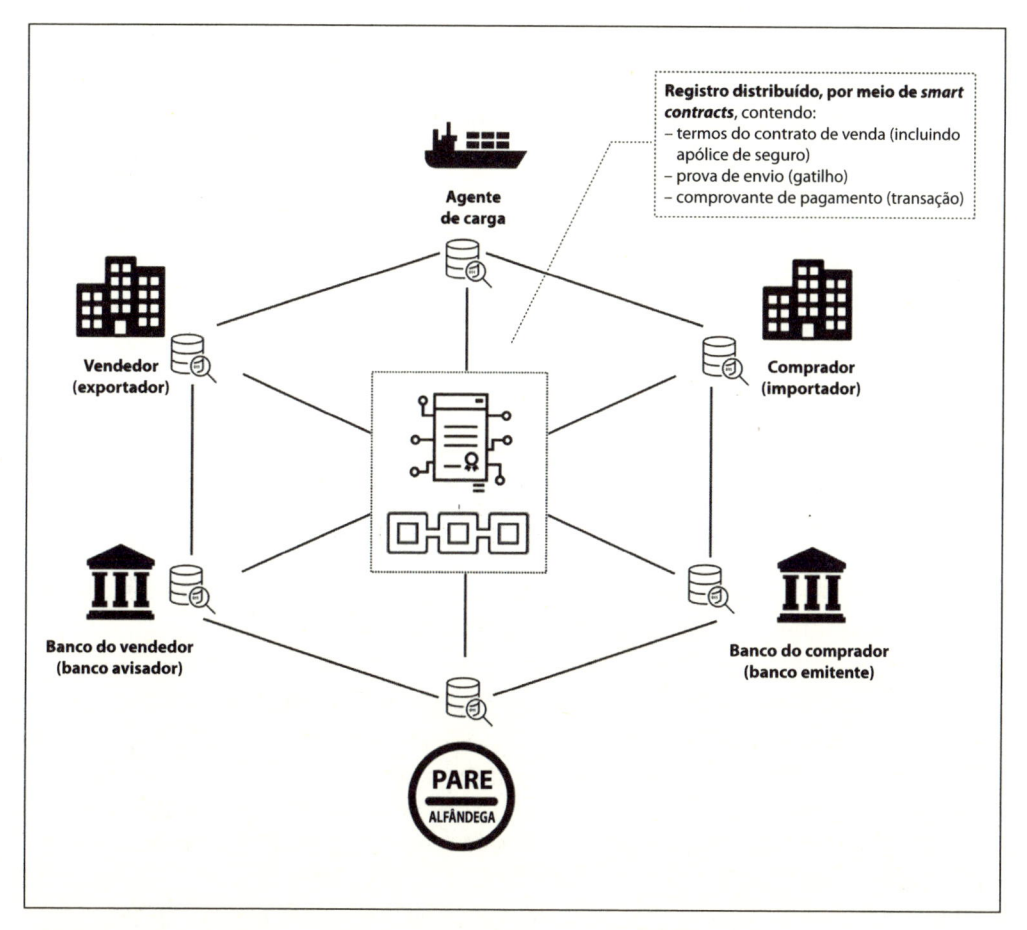

FIGURA 11.4 Caso de uso de financiamento do comércio do APB – situação futura: experiência rápida, clara e sem atritos.
Fonte: Digital Pathways.

	1	Comprador e vendedor formalizam acordo em contrato.
	2	Os termos do acordo de venda são traduzidos em linhas de código para a criação de um contrato autoexecutável. *Smart contracts* são feitos para executar, controlar ou documentar eventos e ações legalmente relevantes, conforme os termos de um contrato/acordo automaticamente.
	3	O *smart contract* é inserido em uma rede *blockchain* distribuída, descentralizada, que representa uma fonte única de informação confiável que pode ser acessada por *stakeholders* envolvidos na operação (comprador, vendedor, bancos, alfândega, agente de carga…)

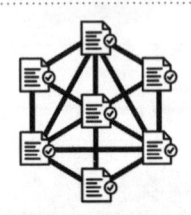

FIGURA 11.5 *Smart contracts.*
Fonte: Digital Pathways.

"Além disso", disse Oliver, "posso automatizar o pagamento usando os chamados *smart contracts*, outro aplicativo-chave do *blockchain*." (**Ver Figura 11.5**)

"E quanto à segurança?", Stephen perguntou.

"É praticamente impossível hackear e alterar informações em um *blockchain*", respondeu Oliver. "Mas fraude já é outra história: o *blockchain* não consegue detectar informações falsas. Para resolver isso, precisamos de *data analytics*, que pode ajudar a identificar fraudes e falsificações."

Após mais conversas, Oliver resumiu os resultados esperados da PoV de *financiamento do comércio* baseado em *blockchain*. (**Ver Figura 11.6**)

Oliver então pediu à equipe de *blockchain* para demonstrar os aplicativos desenvolvidos até o momento e resumir os aprendizados e as próximas etapas. A apresentação foi encerrada com uma sessão descontraída de perguntas e respostas. Martin agradeceu a Oliver e à equipe de *blockchain* e pediu os comentários finais.

"*Blockchain* representa uma revolução em *financiamento do comércio*", disse Stephen, "e estou feliz que o APB esteja no meio disso. Não fugimos dos

Métrica de desempenho	Modelo tradicional de *financiamento do comércio* (registro centralizado)	Modelo baseado em *blockchain* (registro distribuído)
Velocidade (tempo de transação)	Lenta	Rápida
Custo de transação	Baixo	Alto
Segurança e integridade de dados	Baixa, devido à propensão a falhas e fraude	Alta, devido à criptografia robusta e à transparência
Esforço 1 – Gestão de documentação	Alto, devido ao grande número de documentos para gerenciar e conciliar	Pequeno, pois há apenas um documento para gerenciar e conciliar
Esforço 2 – Integração e validação de dados	Alto, devido ao número significativo de intermediários (bancos correspondentes, agentes de carga, alfândega...)	Pequeno, devido à integração simplificada habilitada por DLT
Esforço 3 – Confirmação de pagamento	Alto, devido à confirmação manual de pagamento se os documentos do vendedor foram validados	Pequeno, devido ao pagamento automático disparado por *smart contract*

FIGURA 11.6 Financiamento do comércio baseado em *blockchain* – visão geral dos resultados.
Fonte: Digital Pathways.

desafios difíceis. Parabéns a Oliver e à equipe de *blockchain* por seu excelente trabalho até agora. Acredito que falo pelos meus colegas membros do conselho quando digo, *velocidade máxima à frente*."

Reflexões sobre os primeiros 18 meses da nossa transformação

Sala da diretoria, Asia Pacific Bank, 37º andar

Martin dá as boas-vindas à equipe de liderança sênior. "Estamos há 18 meses nesse processo de transformação. Geramos bons resultados por todo o APB Empresas e estamos progredindo em outras áreas do APB. Este é um bom momento para fazermos uma pausa e refletir. *O que aprendemos até agora? Quais serão os maiores desafios daqui para a frente?* Pedi a Yumi que desse início à nossa discussão."

Yumi coloca um documento de uma página na tela. "Para colhermos todos os frutos do nosso árduo trabalho, precisamos aplicar o que aprendemos no APB Empresas em todo o banco. A isso chamamos de análise 3C, desafio (*do inglês challenge*)–causa–contramedida.

"Estes foram os principais desafios no APB Empresas até o momento, na minha opinião:

- *Por que poucos projetos de inovação disruptiva ou sustentação se transformaram em negócios escaláveis?*
- *Por que o desenvolvimento de uma mentalidade intraempreendedora exige tanto esforço?*
- *Por que a construção interna de habilidades de inovação digital demora tanto tempo?*
- *Como fortalecemos nossas plataformas de colaboração?*
- *Como podemos nos afastar da tomada de decisão baseada em opinião e achismo?*

Eis as causas de cada um e as contramedidas que aplicamos, com níveis diferentes de sucesso." (**Ver Figura 11.7**)

"Não me entendam mal", diz Yumi. "Esses desafios são normais neste ponto, e nossa rede de inovação pragmática é uma boa resposta, mas precisamos fazer um balanço e ajustar conforme necessário. Então, o que vocês pensam sobre isso?"

"Entendo que é uma avaliação precisa de nossa condição atual", diz Marcus Kupper. "O APB Empresas já percorreu um longo caminho, mas ainda estamos atrás de nossos concorrentes digitais."

"Eu adicionaria a arquitetura de TI aos nossos desafios", diz Mohan Bilgi. "Apesar de termos avançado, ainda temos grandes *gaps* em nosso *stack* e recursos de TI. A combinação de *agile*, *DevOps* e Nuvem definitivamente permitiu a prototipagem rápida em grande escala, mas as novas maneiras de trabalhar do APB ainda são estranhas para muitas pessoas."

"Também estou de acordo com o exposto, Yumi", diz Stephanie Shan, "mas também faria um acréscimo aos desafios. Não somos bons em contabilidade de inovação ou em governança de inovação em geral." Muitos ainda não entendem por que os projetos de eficiência (diamantes) precisam ser gerenciados de forma diferente dos projetos de sustentação (moedas) e disruptivos (estrelas).

A discussão continua assim por quase uma hora. A alta liderança ficou mais aberta e relaxada desde a saída de Richard Decker. Yumi aplicará o *feedback* da alta liderança em sua próxima iteração.

Martin então pede que sejam feitas reflexões pessoais, que serão resumidas em um documento de lições aprendidas, que servirá de referência nos próximos anos.

Capítulo 11 • Novos empreendimentos digitais

Desafios observados	Causas	Contramedidas
Poucos negócios escaláveis	• Processo de inovação fragmentado, não de ponta a ponta • Sem um caminho claro, estruturado para transformar as melhores ideias em negócios	**Processo em etapas consistente, de ponta a ponta** • Validar cada etapa com clientes e usuários: Explorar e idealizar, Projetar, Construir, Comercializar (lançar e escalar) • Tração de mercado supera todo o resto → **Mínima Empresa Viável (MVC) > Mínimo Produto Viável (MVP)**
Mentalidade intraempreendedora?	• Programa inconsistente de apoio ao intraempreendedor • Estamos integrando as pessoas certas?	**InnoBox: programa de intraempreendedorismo atraente, focado em resultados** • Guia intraempreendedores na jornada para chegar à MVC (do inglês *Minimum Viable Company*), ajuda-os a serem bem-sucedidos • Teste de DNA intraempreendedor: integrar as pessoas certas • Garantir que as pessoas tenham tempo suficiente para dedicar ao seu projeto de inovação → **Programa de intraempreendedorismo para alimentar nosso funil de inovação**
Habilidades de inovação digital?	• Intraempreendedores frequentemente não têm habilidades de inovação • Linguagem e lógica inconsistentes, pouca orientação	**Rede de Inovação Pragmática** • Currículo: integrar *Design Thinking*, Agile, *Lean Startup* e *Growth Hacking* • Treinamento: *workshops*, treinamentos de imersão, *e-learning*; utilizam a mesma linguagem e lógica • Mentoria sob demanda → **Fortalecer a capacitação interna (para atingir as metas de transformação)**
Plataformas de colaboração?	• Interno: Comercial, TI e Operacional tendem a focar no desempenho do silo, não nos resultados para o cliente • Externo: frequentemente as *fintechs* acham "difícil trabalhar conosco". Nossa proposição de valor é atraente para as melhores *fintechs*?	**Aproximar *Hustlers*, *Hackers* e *Hipsters* (equipes 3H) + *fintechs* envolvidas (5Ps)** • Laboratório de Aprendizagem: experimentos controlados e demonstrações de exibição • Equipes pequenas multidisciplinares, constroem e testam incrementos de produto • Validação com *sprints* curtos, *feedback* frequente de usuários e clientes → **Colaboração radical para construir o que as pessoas querem, rapidamente**
Tomada de decisão baseada em opinião	• Opinião da pessoa mais bem paga (HiPPo) × dados gerados por experimentos e *feedback* do cliente • Teste e validação são fracos	**Cultura da experimentação lean** (falhar rápido, frequentemente) • Experimentar para gerar dados *ad hoc* e validar pressupostos-chave • Acostumar-se com a ocorrência de falhas e a frequente correção de curso • *Metered Funding*: requer aprendizados validados antes de investimento adicional → **Decisões baseadas em fatos**

FIGURA 11.7 Transformação do APB – *Challenge* (Desafio) | Causas | Contramedidas (3Cs).
Fonte: Digital Pathways.

O que aprendemos?

"A tecnologia *legada* não precisa ser uma restrição", diz Mohan. "A tecnologia em nuvem não é um problema, é um facilitador de negócios vital. Não precisamos construir tudo internamente – a parceria com *fintechs* pode ser mais rápida e barata. Para atrairmos parceiros inteligentes, é preciso ser fácil inovar conosco. Construir a plataforma entre TI e operações foi uma revelação pessoal, especialmente depois que incluímos *designers* e começamos a validação rápida com os clientes."

"*Experiências, não produtos*", diz Marcus. "Ser centrado no cliente significa compreender os problemas do cliente e projetar experiências de ponta a ponta, o que implica quebrar silos, realizar a gestão *11 homens e um segredo* e utilizar métricas muito diferentes das que utilizamos no passado."

"O *digital* é o trabalho do banco", acrescenta Stephanie. "Digital não é um departamento, canal ou competência separada, é o que todos nesta sala fazem."

"A equipe de *compliance* é uma parceira de negócios", acrescenta Nancy Stark. "Que bom que vocês entendem que *compliance não* está tentando matar a inovação. Na verdade, ficamos felizes em defendê-la junto ao órgão regulador, afinal, inovação significa ir além."

"*Open banking*", diz Mohan, "que significa desenvolver APIs para conectividade interna e externa de modo que possamos fortalecer nosso núcleo, criar canais de distribuição e lançar novos empreendimentos."

"*Inteligência artificial* e *data analytics*", diz Yumi. "Precisamos aumentar nossa capacitação em *data science* e IA. No momento, não somos totalmente capazes de proporcionar experiências e propostas personalizadas baseadas em *insights*. Nossos dados estão abaixo do padrão ideal; nosso trabalho com parceiros *fintech*, como a *dataclean*, é uma contramedida temporária eficaz. No longo prazo, precisamos desenvolver nosso próprio músculo de dados."

"Precisamos parar de contratar *bancários*", diz Martin. "Do contrário, nunca resolveremos esse tipo de problema."

"*Recursos humanos* precisa se tornar uma vantagem competitiva", afirma Karen Hong. "O talento digital é um *gap* crítico. Nosso piloto com a escola de programação DigitalSG é um exemplo de como podemos avançar. Experiência digital prática e uma mentalidade 3H são essenciais, mas difíceis de obter."

"A *implementação da estratégia* deve ser mais rápida e flexível", diz Marcus. "O processo da bússola de inovação digital é bom, mas a implementação é lenta. Exceto pelo processo do farol, nossos ritmos operacionais são inconsistentes."

"A *integração de fintechs* precisa ser mais fluida", diz Mohan. "A reputação de nosso ecossistema está melhorando, mas muitas *fintechs* continuam desconfiadas de trabalhar conosco."

"*Métricas* para a era digital", diz Stephanie. "Fatias de mercado, ROI e outras métricas tradicionais podem ser enganosas. Precisamos nos acostumar com métricas como velocidade de lançamento ao mercado, experiência do cliente e do usuário, produtividade e custo por transação. Assim como nosso conselho de inovação está focado em medidas de tração para determinada PoV, precisamos focar as medidas de tração para nosso portfólio de investimentos mais amplo."

"*Blockchain* e outras tecnologias inovadoras", Mohan acrescenta, "temos que ficar bons nelas diretamente ou por meio de parcerias."

"Precisamos ser *ambidestros*", diz Marcus, "o que significa administrar uma cultura de 'defeito zero' em nosso *core business* e uma cultura orientada à experimentação em novos negócios."

"Uma lista excelente, obrigado", diz Martin. "Agora, gostaria de pedir à nossa *sherpa* que junte tudo isso para nós. Yumi, como essas coisas se encaixam? Você pode fazer um panorama do futuro para nós?"

O que está por vir, Yumi-*san*?

Estancamos o sangramento. Agora vamos nos reinventar

"Somos uma organização nascente ou poente?", começa Yumi. "Estancamos o sangramento e construímos a base para ter algum crescimento. Isso é o suficiente para nós?"

As palavras de Yumi pairam no ar, como um desafio.

"Nosso objetivo não é apenas a sobrevivência", diz Marcus, "é a *reinvenção*. Nossas PoVs até o momento visam à eficiência e ao retorno do crescimento, mas elas também são a base para inovações revolucionárias – como *financiamento do comércio* baseado em *blockchain*."

"Vamos até o fim, custe o que custar. Já fomos muito longe para parar agora", diz Nancy.

"*Digital até a raiz* significa nos reinventarmos", diz Stephanie. "Outras empresas fizeram isso, por que não o Asia Pacific Bank?".

"Não temos escolha", diz Karen Hong. "O modelo bancário tradicional está passando por uma disrupção. Acabamos de destacar uma ampla gama de pontos de aprendizagem. Minha pergunta é: quais são os *principais* elementos da reinvenção?".

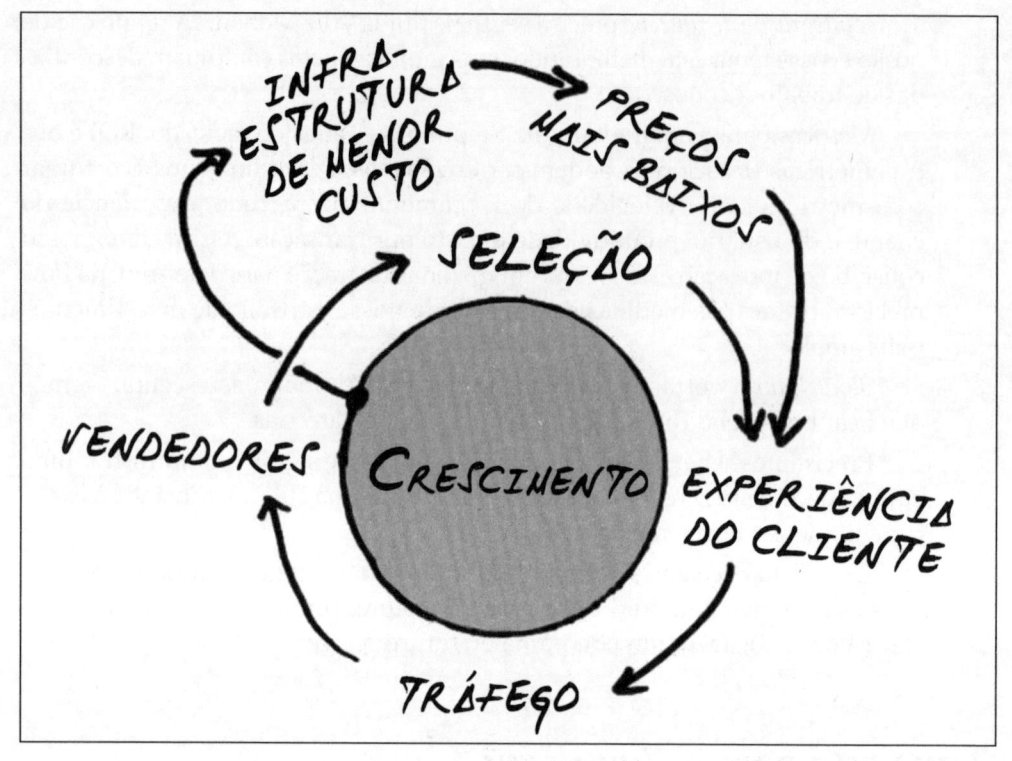

FIGURA 11.8 O *flywheel* (volante de inércia) da Amazon (círculo virtuoso).
Fonte: Amazon (famoso esboço de Jeff Bezos feito em um guardanapo).

"Precisamos fazer a mudança de uma empresa em *pipeline* para *plataforma*", diz Yumi. "*Data analytics*, inteligência artificial e *blockchain* também são elementos importantes. Para quê? Nossos clientes estão estressados, sobrecarregados e com pouco tempo. Se pudermos tornar suas vidas mais fáceis, teremos sucesso. É isso que me motiva, é por isso que estou aqui."

Yumi caminha até o quadro branco e começa a desenhar. "O *flywheel* da Amazon é um bom exemplo do que estou falando. (**Ver Figura 11.8**)

Um *flywheel*, ou volante de inércia, é um dispositivo mecânico que armazena energia rotacional. Como a Amazon gira o volante? Reduzindo o atrito e criando uma experiência descomplicada. Uma ótima CX gera mais compradores, o que gera mais vendedores. Com mais vendedores tem-se menor custo e maior seleção, o que significa mais compradores – um círculo virtuoso. Esse é o nosso modelo."

"Acho isso tudo muito intimidador", diz Stanley. "Como podemos competir com Amazon, Alibaba e Google?".

"Vamos aplicar a tecnologia disponível", responde Yumi. "*Não* há motivo para não fazê-lo. Provamos que podemos transformar nossos sistemas legados e nossa mentalidade. Estamos aplicando métodos de ponta e lançando novas ofertas sofisticadas. Estamos mais rápidos e mais próximos de nossos clientes e ecossistema. As empresas líderes estão voltando a trabalhar conosco. Estamos liderando um grande consórcio e desenvolvendo novos modelos de negócios.

"E temos uma força inata que as *big techs* talvez nunca tenham. As pessoas confiam a nós seu dinheiro e sabem que não o perderemos. Sabemos como gerenciar *riscos* e temos feito isso com sucesso há muito tempo. Por último, apesar dos lapsos éticos de alguns bancos, as pessoas acreditam que faremos a coisa certa por elas e suas famílias.

"Somos uma empresa *nascente*", continua Yumi, "e, como vocês sugerem, nosso objetivo é a reinvenção. Vamos aprender com Amazon, Alibaba e Google. Vamos continuar melhorando nossa arquitetura e recursos de TI, vamos migrar para a nuvem de forma cuidadosa e ordenada, vamos acelerar com relação a APIs e microsserviços e nos comprometer totalmente com *open banking* multicanal. Vamos aplicar *DevOps* e *data analytics*, assim como aplicamos *agile*, *lean startup* e *design thinking*. Vamos expandir nosso *pool* de dados fazendo parcerias com companhias de telecomunicações, serviços públicos e plataformas. Vamos nos comprometer em tornar a vida de nossos clientes mais fácil."

Uma jornada extraordinária

Martin conclui a reunião com alguns pensamentos de sua autoria. "Estamos trilhando uma jornada extraordinária. Começamos com o ponto de vista do cliente e uma autoavaliação franca e dolorosa. Encontramos uma *sherpa* que conhece a montanha, que não vai mentir para nós e não vai nos deixar mentir para nós mesmos. Nossa *sherpa* nos ajudou a definir nosso propósito e o plano para alcançá-lo.

"Enfrentamos nossos obstáculos; não nos esquivamos da dura realidade da cultura, capacitação, tecnologia e todo o resto. Desenvolvemos uma abordagem geral que funciona e que podemos escalar em nossa organização. Montamos uma plataforma de inovação e adotamos uma maneira totalmente diferente de trabalhar, às vezes de modo incompleto e inepto, mas com sinceridade e bom humor. E inovamos como nunca antes. Começamos com projetos modestos de inovação em eficiência, também conhecidos como eventos de melhoria ou EMs. Executamos diversos projetos de inovação de sustentação, associados a novos produtos e serviços. E agora também estamos testando novos modelos de negócios. Cada fase nos preparou para a próxima fase da jornada. Nossos EMs estabeleceram as bases para a digitalização das principais jornadas do cliente, o que nos deu força e resistência para lidar com tecnologias disruptivas e novos empreendimentos.

"Repito, estamos em uma jornada extraordinária. Não vamos cantar vitória antes da hora, mas não deixemos de celebrar. Esta é uma maratona, e resistência é o segredo. Tenho absoluta confiança em vocês. Vamos ficar bem e nos divertir ao longo do caminho.

"Última coisa", diz Martin. "Nos últimos anos, aprendemos muitas novas ideias, métodos e vocabulário: novas maneiras de trabalhar, *design thinking*, *agile*, *lean startup*, *DevOps* e assim por diante. Tudo isso era necessário. Daqui para frente, não vamos nos prender a jargões nem ficar muito dogmáticos sobre tudo isso. No longo prazo, o segredo é trabalhar melhor em conjunto para ajudar o cliente."

Visão da linha de frente

A equipe de Kenny Soh inicia seu encontro matinal. Martin, Yumi e Marcus Kupper acompanham em silêncio ao fundo, ao lado de Kenny. "Deixo os membros da equipe conduzirem a reunião", ele sussurra.

Kanya Arom lidera a reunião e começa com uma breve visão geral do trabalho atual e futuro da equipe. Ela resume os resultados desejados *versus* os reais nas métricas principais e os chamados "alertas" (anormalidades e problemas em potencial). "Esqueci de algo, Kenny?", ela pergunta. Kenny faz um sinal de positivo com o polegar. "Tudo bem, então", diz Kanya. "Será um ótimo dia – vamos lá nos divertir um pouco."

Após agradecer a Kanya e à equipe, Martin, Yumi e Marcus passam alguns minutos com Kenny. "Martin disse que você é a arma secreta dele", diz Yumi.

Kenny sorri. "Martin e eu temos uma longa história, então, acho que podemos ser francos um com o outro."

Martin faz uma careta. "Às vezes um pouco francos demais..."

"Você deve ter testemunhado muitas mudanças no APB ao longo dos anos", diz Marcus. "Como os últimos anos se comparam a elas?"

"Tivemos nossos altos e baixos", diz Kenny. "Anos em que o nosso crescimento parecia que não teria fim, outros, como a Grande Crise Financeira[4] ou agora, na era covid-19, em que parecíamos estar em risco de afundar. Mas nunca vi uma mudança interna como a dos últimos anos.

"*Digital até a raiz* ainda é algo assustador para nós, mas a equipe entende que temos que mudar. Somos gratos a todos os EMs, treinamentos de imersão

---
[4] Grande Crise Financeira de 2008–2009.

e *hackathons*, e à oportunidade de aprender. Para falar a verdade, estamos um pouco cansados agora e precisamos recuperar o fôlego.

"Também somos gratos a Martin e a toda alta liderança por serem honestos conosco e usarem uma linguagem simples. Gostamos que vocês tenham compartilhado o propósito e a lógica para a vitória do APB, e como nossa equipe se encaixa neles. E sabe o que mais? Quanto mais aprendo sobre essas coisas de *lean digital*, mais percebo que, por trás de tudo está apenas o bom senso. Estamos aprendendo a trabalhar melhor em conjunto e a nos aproximar de nossos clientes, tanto internos quanto externos."

"Esse é um bom resumo", diz Yumi. "Algum conselho para nós?"

"Mantenha-nos informados", diz Kenny, "e trate-nos com respeito."

CAPÍTULO 11 – QUESTÕES PARA ESTUDO

1. O que é *blockchain*?
   a. Que outras aplicações o *blockchain* pode ter?
   b. Na sua experiência, quais são os principais obstáculos para a adoção do *blockchain*?

2. Quais são as tecnologias inovadoras mais relevantes para a sua organização e setor?
   a. Explique o impacto de cada tecnologia nas ofertas e operações de sua organização.
   b. O que sua organização pode fazer para se preparar e explorar essas tecnologias disruptivas?

3. De acordo com Yumi, quais são os principais desafios para ampliar a transformação para todo o Asia Pacific Bank?
   a. O que você acha das causas-raiz e das contramedidas propostas por Yumi?
   b. Yumi está deixando de fora algum ponto importante?
   c. Você teria algum exemplo de sua própria experiência?

4. Quais são os principais desafios para ampliar a transformação para toda a sua organização?

5. Martin perguntou à equipe sênior: "O que aprendemos?".
   a. Os aprendizados da equipe são realistas?
   b. Eles esqueceram algum aprendizado importante?
   c. Há alguma experiência pessoal que você gostaria de compartilhar?

6. Martin pede a Yumi que fale sobre sua visão do que está por vir nos serviços financeiros.
   a. Você concorda ou discorda das reflexões de Yumi? Explique o seu raciocínio.
   b. Yumi está esquecendo de outros fatores e desenvolvimentos importantes?

7. Quais são as cinco principais lições que você aprendeu lendo este livro?
   a. Escreva sobre elas da forma mais breve possível.
   b. Como você aplicará essas lições no seu trabalho?

APÊNDICE **A**

Locais de Singapura mencionados neste livro

Estes são os locais e bairros de Singapura mencionados neste livro. Se você tiver a oportunidade, aproveite para visitá-los.

Capítulo 1. O elefante e os cães de corrida

1. Mr. Stork Rooftop Garden Bar, Andaz Singapore Hotel
   http://www.hyatt.com/en-US/hotel/singapore/andaz-singapore/sinaz/dining
2. Porto de Singapura, Expansão TUAS
   http://www.mpa.gov.sg/web/portal/home/port-of-singapore;
   https:// www.singaporepsa.com/

Capítulo 2. Mapeamento das jornadas do cliente para entender a real situação

3. Distrito comercial central de Singapura
   https://www.myguidesingapore.com/regionalinfo/central-business-district;
   https://www.visitsingapore.com/walking-tour/culture/running-route-in-the-central-business-district/
4. Restaurante Akane, Associação Japonesa de Singapura
   http://www.jas.org.sg/index_en.html
   http://www.jas.org.sg/dining/akane/akane_en.html

202 Dominando a disrupção digital

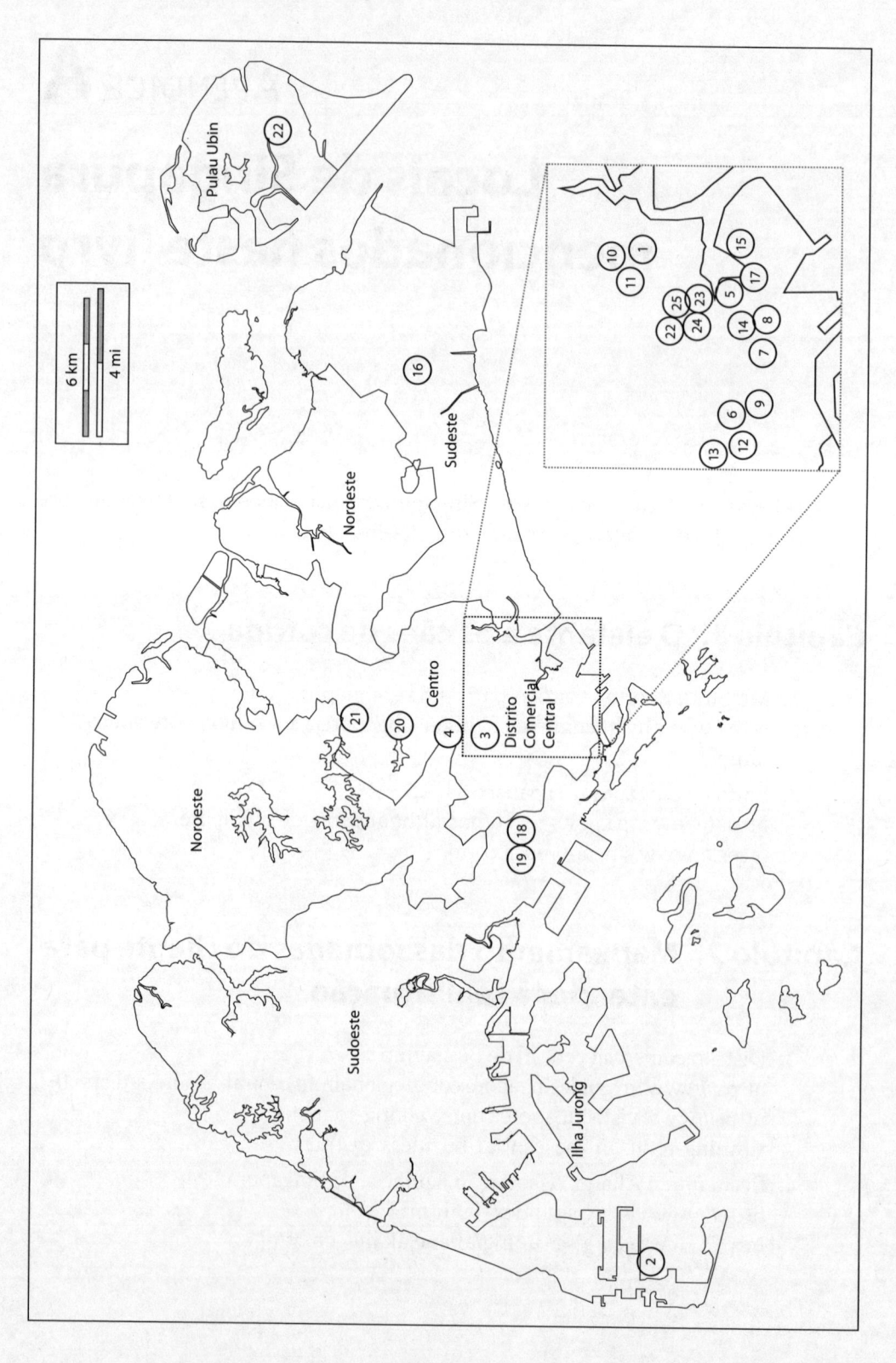

Pulau Ubin

22

Nordeste

Sudeste

16

10 1
11   15
    25 23 17
 22 24   5
          14 8
             7

     6 9
  13 12

Noroeste

Centro

21 20 4 3 Distrito Comercial Central

18
19

Sudoeste

Ilha Jurong

2

6 km
4 mi

Capítulo 3. Compreensão dos nossos obstáculos

5. Fullerton Hotel
   http://www.fullertonhotels.com/fullerton-hotel-singapore
6. Duxton Hill, Bairro
   https://en.wikipedia.org/wiki/Duxton_Hill
   http://www.vogue.com/article/
   a-guide-to-duxton-hill-singapore-neighborhood
7. Telok Ayer Street, rua
   http://www.tripadvisor.com/Attraction_Review-g294265-d324751-Reviews-Telok_Ayer_Street-Singapore.html
8. Lau Pa Sat Food Hawker Center
   http://www.laupasat.biz/
   http://www.hotels.com/go/singapore/lau-pa-sat
9. Brasserie Gavroche
   https://brasseriegavroche.com/

Capítulo 4. Encontrando o Norte verdadeiro com nossa bússola de estratégia digital

10. Maison Ikkoku
    https://www.ethanleslieleong.com/
11. Bugis Street, rua, e Kampong Gelam, bairro
    https://www.visitsingapore.com/see-do-singapore/places-to-see/kampong-gelam/
    https://www.hotels.com/go/singapore/bugis-street-market

Capítulo 5. Promovendo a inovação em uma cultura avessa ao risco

12. Straits Clan Cafe
    https://straitsclan.com/clan-cafe
13. Bukit Pasoh e Chinatown, bairros
    http://www.chinatown.sg/index.php?fx=precinct&g1=precinct&g2=2&g3=3

Capítulo 6. Aceitando novas maneiras de trabalhar

14. Tower Club
    https://www.tower-club.com.sg/
15. Marina Bay Sands Hotel
    https://www.marinabaysands.com/
16. Singapore Fintech Festival (Festival Fintech de Singapura) na Expo
    https://www.fintechfestival.sg/

Capítulo 7. Lançamento dos nossos projetos de inovação de primeira onda

17. Restaurante Ola Cocina del Mar, Centro Financeiro de Marina Bay (Marina Bay Financial Center)
    https://ola.kitchen/
18. Complexo de Pesquisa Fusionopolis
    https://www.jtc.gov.sg/industrial-land-and-space/Pages/fusionopolis.aspx

Capítulo 8. Lançamento dos nossos projetos de inovação de segunda onda

19. Insead Campus Ásia, Centro do Conhecimento (Knowledge Hub District)
    https://www.insead.edu/campuses/asia
20. Caminhada pelas copas das árvores, Reserva Natural da Captação Central
    https://www.nparks.gov.sg/gardens-parks-and-nature/parks-and-nature-reserves/central-catchment-nature-reserve/treetop-walk
21. Reserva MacRitchie
    https://www.nparks.gov.sg/gardens-parks-and-nature/parks-and-nature-reserves/macritchie-reservoir-park
22. Ilha Pulau Ubin
    https://www.nparks.gov.sg/gardens-parks-and-nature/parks-and-nature-reserves/pulau-ubin-and-chek-jawa

Capítulo 9. Avaliação de final de ano no Asia Pacific Bank

O império contra-ataca

Capítulo 10. Como acelerar a transformação digital?

10. Maison Ikkoku
    https://www.ethanleslieleong.com/
11. Bugis Street, rua, e Kampong Gelam, bairro
    https://www.visitsingapore.com/see-do-singapore/places-to-see/kampong-gelam/
    https://www.hotels.com/go/singapore/bugis-street-market

Capítulo 11. Novos empreendimentos digitais

1. Mr. Stork Rooftop Garden Bar, Andaz Singapore Hotel
   https://www.hyatt.com/en-US/hotel/singapore/andaz-singapore/sinaz/dining

   Parlamento de Singapura
   http://www.parliament.gov.sg/

   Museu das Civilizações Asiáticas
   https://www.nhb.gov.sg/acm/

   Estátua de Raffles e local de chegada, Rio Singapura
   https://www.visitsingapore.com/see-do-singapore/history/memorials/sir-raffles-statue-landing-site/

   Victoria Theatre & Concert Hall
   https://www.vtvch.com/
3. Distrito Comercial Central
   https://www.myguidesingapore.com/regionalinfo/central-business-district

Guia oficial de Singapura

https://www.visitsingapore.com/en

APÊNDICE B
Lista de figuras

Organização do Asia Pacific Bank (personagens principais)

Capítulo 1. O elefante e os cães de corrida

1.1 O que é *fintech*?
1.2 Possível impacto das *fintechs* sobre o negócio geral do APB
1.3 Impacto das *fintechs* no negócio de pagamentos do APB
1.4 Colaboração com *fintechs* – por que faz sentido na teoria
1.5 Colaboração com *fintechs* – por que é difícil na prática

Capítulo 2. Mapeamento das jornadas do cliente para entender a real situação

2.1 Farol da transformação do APB
2.2 Plano de Yumi para os primeiros 30 dias
2.3 Imersão da alta liderança – regras de engajamento
2.4 Mapa da jornada do cliente – principais elementos
2.5 Persona do cliente – CEO da KYTay International Retail Group
2.6 Plano de trabalho de três semanas para surpreender os diretores do APB
2.7 Jornada do cliente – KYTay International Retail Group

Capítulo 3. Compreensão dos nossos obstáculos

3.1 Entendendo os obstáculos do APB por meio de três sistemas
3.2 Entendendo os *gaps* de habilidades do APB (sistema de pessoas)
3.3 Trazendo à tona as crenças centrais do APB (sistema de pessoas)
3.4 Entendendo como estão os Processos e a TI do APB (sistema de trabalho)
3.5 Entendendo a plataforma de tecnologia do APB (sistema de trabalho)
3.6 Ativando a execução eficaz da estratégia no APB (sistema de gestão)

Capítulo 4. Encontrando o Norte verdadeiro com nossa bússola de estratégia digital

4.1 Nossa lógica para a vitória
4.2 Pilar estratégico 1: digitalizar as principais jornadas do cliente
4.3 Pilar estratégico 2: implementar novas maneiras de trabalhar
4.4 Pilar estratégico 3: simplificar e modernizar nossa arquitetura de TI e de dados
4.5 Nossa bússola de estratégia digital
4.6 Alinhando os projetos de inovação com os objetivos estratégicos

Capítulo 5. Promovendo a inovação em uma cultura avessa ao risco

5.1 Roteiro da transformação *lean digital* – pense grande, comece pequeno, cresça rápido
5.2 Maneiras de trabalhar *lean* e *agile*
5.3 Espaços de valor de inovação do APB
5.4 Três raias para uma transformação sustentada

Capítulo 6. Aceitando novas maneiras de trabalhar

6.1 Plataforma de inovação do APB
6.2 Encanta, funciona, podemos ganhar dinheiro?
6.3 Prova de valor (PoV) – trajetória esperada
6.4 Prova de valor (PoV) – principais atividades

Capítulo 7. Lançamento dos nossos projetos de inovação de primeira onda

7.1 Perfil em forma de T para um líder de inovação
7.2 Receita de três passos (para melhorar rapidamente a jornada do cliente)
7.3 PoV da integração do cliente – visão geral
7.4 PoV da integração do cliente – retorno
7.5 PoV da integração do cliente – conceito do escritório modelo
7.6 Capacidades da FlowBase – será que temos o parceiro *fintech* certo?
7.7 Proposta de desenho para melhorar a experiência de integração do cliente
7.8 Resumo do experimento da FlowBase
7.9 O coração do nosso experimento – conseguimos implantar os recursos?
7.10 Experimento da FlowBase – temos uma prova de valor (PoV)?
7.11 Experimento da FlowBase – impacto com 90 dias de piloto (mercado de Singapura)

Capítulo 8. Lançamento dos nossos projetos de inovação de segunda onda

8.1 Focando novamente em nossos clientes com desenvolvimento *lean* e *agile* de produto
8.2 Colaboração eficaz com *fintechs* – princípios norteadores
8.3 PoV de crédito a PMEs – visão geral do desafio
8.4 PoV de crédito a PMEs – temos um problema que mereça ser resolvido?
8.5 PoV de crédito a PMEs – qual é o nosso objetivo?
8.6 Montando o projeto da equipe X – modelo 3H
8.7 PoV do QuickLoan – a solução proposta funciona?
8.8 PoV do QuickLoan – encanta nossos clientes? (Teste de usabilidade)
8.9 PoV do QuickLoan – podemos ganhar dinheiro? (Medição do impacto)
8.10 Lições aprendidas do pré-lançamento (Estamos prontos para escalar?)

Capítulo 9. Avaliação de final de ano no Asia Pacific Bank

9.1 Resumo de final de ano da estratégia digital
9.2 As mandíbulas da cultura

Capítulo 10. Como acelerar a transformação digital?

10.1 Metáfora da árvore da inovação digital
10.2 Implantar o modelo de três raias em todo o APB Empresas
10.3 Programa de intraempreendedorismo *InnoBox* – desenvolvendo capacidade de inovação em grande escala
10.4 Escalando nosso ecossistema de inovação – colaboração interna e externa
10.5 Evolução de um sistema fechado para *open banking*
10.6 *Stack* tecnológico-alvo para conectividade interna e externa
10.7 Visão geral dos ativos de dados
10.8 Academia *Novas Maneiras de Trabalhar* – visão geral do caminho de certificação para desenvolvedor ágil
10.9 Como *DevOps* e *agile* dissolvem nossos silos internos
10.10 Visão geral do conjunto de ferramentas *DevOps*

Capítulo 11. Novos empreendimentos digitais

1.11 Financiamento do comércio baseado em *blockchain* – visão geral da PoV
11.12 Superando as barreiras à adoção do *blockchain*
11.13 Caso de uso de financiamento do comércio do APB – situação atual: processo lento, nebuloso, complicado
11.14 Caso de uso de financiamento do comércio APB – situação futura: experiência rápida, clara e sem atritos
11.15 *Smart contracts*
11.16 Financiamento do comércio baseado *em blockchain* – visão geral dos resultados
11.17 Transformação do APB – *challenge* (desafio) | causas | contramedidas (3Cs)
11.18 O *flywheel* (volante de inércia) da Amazon (círculo virtuoso)

Índice

Nota: os números de página em itálico remetem a textos dentro de figuras; os números seguidos por n remetem a alguma nota dentro do respectivo número.

A
Abismo de Moore, 95
Aceleradores, 162-173
  data analytics, 176–177
  DevOps, 177–181
  Governança da inovação, 168–169
  Modelo de três raias, 81, 162–164
  Programa Innobox, 164–168
  Sistema de TI, 170–175
Adobe, 165
Agarwal, Asim, 98–99, 106, 110
Agile, 11, *91*, 134; *ver também* Lean, Agile trabalho
Amazon, 42, 178, 196
APB Empresas, 6, 137–138; *ver também* Integração
  pesquisa de cliente, 25–31
  transformação, 46, 92, 162–164, 191
API (*application program interface*), 42–43, 61n4, 169–174, 192

Apple, 171
Arquitetura aberta, 173–174
ASEAN mais Seis, 61
Automatização, 80, *111*, 179
Avaliação de final de ano, 150–154

B
Banco, 10–11, 14, 95, *12*
  APB Empresas, 25–31, 162–164
  Banco como serviço (BaaS), 173
  banco especializado, 173
  impacto das fintechs, 5–7
  open banking, 64, 128, 129, 169–173, 185, 194
  tradicional, 170–171, *191*, *195*
Banco multicanal, 197
Bilgi, Mohan, 47, 52, 54, 127, 136, 148-151, 155
  desafios do sistema de TI, 43, 47, 128–130, 192, 194

DevOps, capacitação em, 164–165
inovação, 123, 149, 151, 155, 168–169, 170–173
sistemas abertos, 61, 173–176
Blockchain, 110, 185– 191, 195
  consórcio, 184, 185
Bloqueios, 19, *20*
Bússola da estratégia digital, 61–63, 66, 75, 79, *94*, 194

C
CALMS, mentalidade, 179
Capital de risco, 15, 89
Cascata, abordagem de, 47, 77, 78
Certificação para desenvolvedor ágil, 177–178
  processo de desenvolvimento de *software*, 59, *60*, *74*, *78*, *89*, *90*, *179*, *181*
Chan, Oliver, 185
  blockchain, 188–190
  envolvimento, 105– 108

integração do cliente, 109–110, 112, 114, 122–123
QuickLoan, 110, 136–142
Círculo virtuoso, *196*
Clientes
dados, 148, 149–150, 154
experiência, 46, 53, *62*, 92, 141–142, *142*
foco em, 84, 89, *90*
necessidades, 1–3, 5, *57*, *58*, 132, 133
Persona do cliente, *27*
satisfação, *36*, 144
Coaching, 15, 92–93, 136
em cascata, 73, 109
Colaboração, 78
5Ps da colaboração com *fintechs*, *137*, 144
fintechs e bancos, 10, *12*, 64, *116*
Colher os frutos, *111*
Compliance, 154
resistência à mudança, 99, 131, 142, 144, 145, 147–148
Comportamentos, 37, *62*
Computação em nuvem
migração para, 43, *74*, 175–176, 197
nuvem híbrida, 149, 175–176
resistência a, 99, 154
Concorrentes, 55, *62*, 64, 196–197
Conectividade, *41*, 42–43, 123, 124
Confiança, 3, 43, 197

Conselho de inovação
integração do cliente, 123
papel,15, 65–66, 89, 93, 108, 168
QuickLoan, 136, 144
Conselhos de experiência do cliente (CEC), 89, *90*, 168
Consenso, 21, *22*
Contabilidade da inovação, 65, 83, 89, 95
Conta-corrente e poupança, 26, *27*, *29*, 52–53, 112
Contramedidas, 19, 184, 192–193
Controle, 11, 19, 47; *ver também* Orçamentos
Core business, 5–6, 63, 72, 169
Crédito, *ver* QuickLoan
Crenças, 37–38, *39*
Crescimento, 72, 168
hacking, 81, 93–96
marketing, 37
mecanismo do, *62*, *63*, 64
métricas, 96
Cultura, 3
como facilitadora, 135
culturas paralelas, 13, 79–80, 83, 89
desafios, 77, 78, 92, 155
gap, 37–40, *62*
mentalidade, 37–40, *62*, 89, 132, 179
Curva de crescimento exponencial, 81, 93, 95, 135, 140–141, 187

D

Dados, 44, 134; *ver também* TI, sistema de
analytics, 43, 176–177, 190, 194, 197
arquitetura, *60*, *90*, 173–174, 192
ativos, 122, 124, 176, *177*
dados do cliente, 148, 149–150, 154
DataClean, 142, 194
Decker, Richard, 47–48, 55–56
atitude, 52, 151
resistência à mudança, 61, 65–66, 99, 123, 131, 147–148, 153–157
Deep Dives, 23, 26
Avaliação de Final de Ano, 150–154
jornada do cliente, 52–54
obstáculos, 47
transformação digital, 83–84
Defeito zero, cultura de, 13, 79, 83
Desdobramento da estratégia, 9
Desejabilidade, *91*, *93*, *139*
Desenvolvimento de produto, 81–83, *97*, 131–136, *143*, 168–169, 185–191
características do produto, 132, 134
testagem da facilidade de uso, 141–142, *143*
Desenvolvimento de *software*, *ver* Agile

Índice

Design thinking, 11, 74, 89, 91; *ver também* Agile; Lean startup

Designers, *ver* Hipsters

DevOps, 60, 74, 165, 178–181, 197

Diamantes, 72, 76, 131
  governança, 168–169, 192
  modelo de Três Raias, 81, 162–164

E

Ecossistemas
  abertos, 64, 169, *170*, 185
  desenvolvimento de, *187*
  fechados, 169, *170*
  fintechs, 18, 43, 195
  inovação nascente, 169
  start-up, 98
Efeito de rede, 186, *187*
Eficiência, inovação em, 64, 81, 83
EMN (Empresas multinacionais), *57, 58*
Engenheiros de *software*, *ver* Hackers
Equipes, 13, 14, *113*; *ver também* 3H, equipes
  encontros, 34, 36, 44, 198
  equipes X equilibradas, *140*
  multidisciplinares, 19, 109, 110
Escalar, *143*, 150
  API (*application program interface*), 174
  capacidade de inovação, 165–167
  ecossistema de inovação, 169, *170*
  importância de, 142, 145, 155
Escritório modelo, conceito de, 112, *115*
Estratégia, 6
  alinhada com inovação, 63, 79, 162–164
  Avaliação de final de ano, 150–154
  Bússola da estratégia Digital, 61–63, 66, 75, 79, *94*, 194
  Digital até a raiz, 55–57, 75, 83–84, 96, 108, 199
  formulação, 54–61
  Pilares, 56, *58–60*, 75, 76, 104, 151–153
Estratégia da Vitória, 75, 150–151
  definição, 19, 52, 56–57, 62, 67
  plataforma de inovação, 88–89
  testagem, 110
Estrelas, 72, 76, 79
  governança, 168–169, 192
Estrutura organizacional, *45, 78*
Eventos de melhoria (EMs), 67, 75–76, 92, 100, 108, 124
Experimentação, 74
  crédito a PME, 138
  desenvolvimento de produto, 134
  inserida na cultura, 79, 80, 83, 89, 193
  integração, 117, *119–122*
  testagem da facilidade de uso, 141–142, *142*

F

Facilitadores, 44, 104, 135
Farol da transformação, 18–21, *90*, 108
Financiamento de comércio, 185–191
Fintechs, 4, 171–173
  avaliação, 116
  5Ps da colaboração com *fintechs*, 137, 144
  comparadas a bancos, *10, 12*, 30, 194
  e risco, 154–155
  impacto nos bancos tradicionais, 3, 5–7
  integração, 134, 135, 195
FlowBase, plataforma, 98–100, 109, 114
  experimentação, *116*, 117, *118–122*
Flywheel (círculo virtuoso), *196*
Fracasse rapidamente, 38, 136
Fraude, 98, 150, 154, 190
Funcionários, *ver* Pessoas

G

Gargalos, 42n3, 93, 100, 131, 169
Gestão de projetos, *28*, 77, 109
Gestão financeira, 3, 7, *143*, 153–154
  Contabilidade da inovação, 65, 83, 89, 95
  ROI (retorno sobre o investimento), 64, 65, 83, 95, 145, 155

Gestão *lean*, fundamentos da, 75
Gestão visual, 19–21
 eficácia, 26, 100
 facilitador central, 44
 gaps de conhecimento, 35
Ghosh, Elina, 18, 26, 53, 108, 109, 136
Governança, 15–46, 192
 importância da, 65, 93
 sistemas paralelos, 162

H
Habilidades, *ver também* Novas maneiras de trabalhar; Pessoas, sistema
 gap, 35–37, *38*, 42, 62, 194
 habilidades de TI, 37, 176–180, 194
Hackathons, 18, 88, 92, 108, 177
Hackers
 em equipes 3H, 14, 132, 134–136, 139
 mentalidades, 78, 89, 91–92
HiPPo, gestão, 38, *193*
Hipsters
 em equipes 3H, 14, 132, 134–136, 139
 falta de, 109, 123
 mentalidades, 78, 89, 91–92
Hong, Karen, 48, 61, 130, 177, 195
Hoshin kanri, 9n8, 61
Hustlers
 em equipes 3H, 14, 132, 134–136, 139
 falta de, 109
 mentalidades, 78, 89, 91–92

I
IA (inteligência artificial), 114, 196
 capacitação/recurso, *116*, 194
Infraestrutura, 160–162
 Rede de inovação pragmática, 162–165
 TI, 4, 76, 174–175
Innobox, programa, 165–167, *193*
Inovação, 64–66, 72
 alinhada com objetivos estratégicos, *63*, 79, 162–164
 disruptiva, *62*, 64–65, 95
 ecossistema nascente, 169
 Espaços de valor, 79–80
 estrutura, 93–95
 fadiga, 160
 lema, 108, 135–136, 139, 141
 Metáfora da árvore, 160–162
 plataforma, 88–90
 portfolio, 61, *62*, *63*, 66, 81
 sustentada, 80–83
 teatro da, 6, 93
Inovação disruptiva, 64–65, 81, 83, 95
 Mapa da disrupção, *62*
Inovadores, rede de, 81–84, 90, *143*, 162–167, *193*
Integração, 30, *44*, 56
 problemas, 5, 30
 Prova de valor (PoV), 109–115, *121*, 123
Intraempreendedorismo
 mentalidade de, *193*
 programa de treinamento, *59*, 66, 81, 84, 164–167
Jornada do cliente, 18, 21, *22*, 76; *ver também FlowBase*, plataforma
 desenvolvimento de produto, 132–134, 141–142
 inovação digital, 56, *58*
 integração, 30, 109–115, 117–118, 123
 KYTay International, 26, *29*, 30, 106
 principais elementos, 24
 sistema de TI, 44

K
kaizen, 64
KickBox, 165–166
Kupper, Marcus, 48, 164–165
 apoio, 145, 192, 194
 envolvimento, 100, 124
 preocupações, 65
Kwan, Stephen, 46–49, 52–54
 apoio, 123–124, 129, 157, 185
 e Singapura, 46, 99, 144–145
 Presidência, 83–84, 87–88, 98, 112, 114, 151
KYTay International, 2, 5, 184
 Jornada do cliente, 26, *29*, 30, 106
 Persona do cliente, 27

L

Laboratório de aprendizagem, 107–109, 124, 135, *143*, 149
  integração do cliente, *113*
  liderança, 105–107
  locação, 84, 89
Lau, Susan Tse, 127, 174
Lean digital, Equipe, 26, 67, 73, 164–165
Lean startup, 11, 89, 91; *ver também* Agile; Design thinking
Lean, agile, trabalho, 9, 77–78, 108–109, 132–136; *ver também* Agile; Desenvolvimento de produto
  coaching executivo/ mentoria executiva, 34, 109
  lean digital, projetos, 9, 72, *80*, 81; *ver também* Experimentação
  lean digital, roteiro do, 73–77
  Serviços bancário *lean*, 30–31
  TI *lean*, 76
  Três Passos, Receita de, 110–112
Liderança
  do laboratório de aprendizagem, 105–107
  gerência sênior, 15, 23, 73, 84, 144
  líder em forma de T, 106–107, 164–165
  programa de desenvolvimento, 38, 59, 81, 82, 162–163

M

Mandíbulas da cultura, *155*
Mapa da capacitação, *62*
MAS (Autoridade Monetária de Singapura), 7, 147–149, 154
Mentalidade, 37–40, 62, 89, 132
Metáfora da árvore da inovação digital, 160–162
Métricas, *119*, 195
  desempenho, 21, *28*, *191*
  experiência do cliente, 46
  financeiras, 3, 83, 95–96, *143*
  pilares estratégicos, 151–153
Métricas de desempenho, 21, *28*, 191
Microsserviços, 173–174
Mídias sociais, 96, 177
Moedas, 72, 76, 79, 131
  governança, 168–169, 192
  modelo de três raias, 81, 162–164
Momentos da verdade, 25, 26n4, *36*, *74*
Multidisciplinares, equipes, 19, 109, 110, *140*; *ver também* 3H, equipes
Muros da confusão e do conflito, 177, *178*

N

Negócio beta, 83
Novas maneiras de trabalhar, 11, *38*, *59*, 72, *90*; *ver também* Pessoas, sistema de
  programa de treinamento, 177

Novos modelos de negócio, 63, 64, 167, *170–173*

O

Obeya, 18–19n1
Obstáculos, 34–36, 105, 197; *ver também* Resistência à mudança
  adoção do *blockchain*, 187
  cultural, 105, *155*
  data analytics, 176–177
  muros, 177, 178
  pessoas, *36*, 37–40, 91–92
  sistema de gestão, *36*, 44–46
  sistema de trabalho, 36, 40–44
Omni-channel (multicanal), banco, 197
11 homens e um segredo, gestão, 13, 77–78, 194
Open banking, 64, 129, 169–173, 185, 194
Orçamentos
  controle de, 129–130
  inovação, 65, 84, 164
Organização ambidestra, 79–80, 83, 195

P

Pesquisa etnográfica, 21, 25
Pessoal de vendas; *ver Hustlers*
Pessoas, 11, 135–136
  reação à inovação, 66–67, 100, 198–199
  reciclagem, 67, 88, 100, 154

Pessoas, sistema de; *ver também* Novas maneiras de trabalhar
  como vantagem competitiva, 177–178
  gap de habilidades, 35–37, *38*, 42, *62*, 194
  pesquisas de RH, 37, *39*
  programas de desenvolvimento, *59*, 81, 164–167, 177–180
Phau, Stanley, 48, 91, 123, 131
  preocupações, 145, 154
Picard, Martin, 1–3, 9
  aceleração da mudança, 185, 191
  análises do progresso, 150–151, 154, 197–198
  e gerentes-chave, 47–49, 54–55, 123–124, 128–129, 157
  e pessoal de linha de frente, 66–67, 100, 103–105, 198–199
  identificação do problema, 1–8, 11, 13, 30–31, 51–52, 87–88
  mentoria, 15, 109
Pilares estratégicos, 56, *58–60*, 75, 76, 104
  métricas, 151–153
Pipeline, modelo de negócio de, 171, 196
Piratas, métricas, 95–96
Plataforma, modelo de negócio de, 171, 196
PMEs (pequenas e médias empresas), *58*, 130
  crédito a, *57*, 88, 110, 124, 131, 136–145

Pontos de aprendizagem, 194–199
Pontos de contato, 25, 26n4, *36*, 74
Pontos de dor, 88
  e sistemas de TI, 42
  identificação de, 21, *28*, *29*, 30
Praticabilidade, *91*, *93*, *139*, *141*
Pré-lançamento, *94*, *144*, 166–167
Pretótipos, 166–167
Processos, 30
  desempenho, *44*, 76, 151
  desenho de, 40, 64
  fraquezas, 37, 98
  gap de capacitação, 35, 40–42
  gargalos, 42n3, 93, 100, 131, 169
  paralelo, 112, 117
  simplificação de, *111*, 87, 112, 114, *115*, 135, 141
Propósito, 19, *62*
  compartilhamento, 199
  digital até a raiz, 55–57, 83–84
  gestão visual, 20, 44
Prototipação, 5, 89, *91*, 166–167
Prova de valor (PoV), 93–94, 153
  Financiamento de comércio baseado em *blockchain*, 186
  integração, 109–115, *121*, 123
  principais atividades, 97

QuickLoan, 135, 136–145

Q

QuickLoan, 128, 131–132, 135, 149
  Prova de valor (PoV), 136–145
QuickPay, 99

R

Reciclagem, 67, 88, 100, 154
Rede de Inovação Pragmática, 81–84, *90*, *143*, 162–167, *193*
Regulamentação, 7, 147–149, 154, 194
Reinvenção 195, 197
Resistência, 145, 149
Resistência à mudança, 65, 123–124, 151, 153–157; *ver também* Obstáculos
Resolução do problema na causa raiz (RPCR), 19, 30, 37, 93
responsabilidade pessoal, 153–154
Restrições, Teoria das, 130–131
Retorno, 23, 112, 114, 138
RH, sistema de, *ver* Pessoas, sistema de
Rigor, 40, 144
Risco, 7, 11, 154–155, 156
  gestão de, 150, 197
  risco de mercado, 65
Risco zero, cultura de, *80*
Ritmo operacional, *45*, *90*, 194

ROI (retorno sobre o investimento), 64–65, 83, 95, 145, 155

Roteiro da transformação, 73–77

S

Saito, Andy, 8–9, 105–106
   mentoria, 13–14, 15, 34, 51–51
   resistência, 145

Saito, Yumi, 8–9, 71–72
   análises do progresso, 151, 153, 162, 191–192, 195–197
   desenvolvimento de novos negócios, 134–136
   e gerentes-chave, 47–49, 106, 123–124, 128–130, 148–151
   envolvimento, 3–5, 9–11, 13–15
   mentoria, 15, 72–73, 92–93, 109
   pesquisa de cliente, 25–26, 30–31
   plano de transformação, 14–15, 18–23, 84

Segurança, 128–129, 154–155, 190

6Rs do *stack* tecnológico, revisar e renovar, 175–176

Sequenciamento inteligente, *62*, 73, 76, 79, 180

Serviço bancário varejista, 6, 55

Shan, Stephanie, 48
   apoio, 56, 87, 194–195

Conselho de inovação, 108, 110
   preocupações, 53, 65, 66, 145, 153–154

Silos, 10–11
   persistência de, 91–92, 123
   TI/dados, *41*, 176–177, 178–179
   trabalhando junto, 15, 44, 106, 117, 156, 194

Singapura, 8, 33–34, 184–185, 202
   fintechs, 18, 183
   inovação financeira, 96, 98–99, 144–145, 149, 154, 156
   locais de reunião, 51–52, 71–72, 87
   porto de, 2–3

Sistema de gestão, 35, *36*, 135, 161–162
   gaps, 40, 44–46, *62*
   ritmo operacional, *45*, 90, 194
   "Two in a Box", gestão, 130

Sistemas legados, 43, 46, 100, 124, 176, 194

Smart Contracts, 184, 190

Smartphones, 2, 124, 131, 138
   iPhone, 171

SmartWealth, 99

Software como serviço (SaaS), 175–176

Soh, Kenny, 66–67, 100, 198–199

Sprints, 19, 75, 132–135

Stark, Nancy, 48, 147–150, 154, 194

Sustentação, inovação de, 64, 80–83, 92, 95

T

T, líder em forma de, 106–107, 164–165

Tay, Amy, 1–2, 25, 26–27, 183–184

Tecnologia de registro distribuído (DLT), *ver* Blockchain

Tecnologia, *gap* de, 42–44

Testagem da facilidade de uso, 141–142, *142*

TI, sistema de, 37, 44, 60, 170–175; *ver também* Dados
   API (*application program interface*), 42–43, 174, 192
   conectividade, 41, 42–43, 123, 124, 156
   fraquezas, 30–31
   infraestrutura, 4, 76, 174–175
   segurança, 128–129
   6Rs do *stack* tecnológico, revisar e renovar, 175–176

Toyota, 8, 46

Trabalho, fluxos de, *28*

Trabalho, sistema de, 35, *36*, 40–44, 62, 161–162; *ver também* Novas maneiras de trabalhar

Transação, custo de, 55

Treinamentos de imersão, 61, 81, 88, 92, 108

Três passos, receita de, 110–112, 117
Três raias, modelo de, 81, 162–164
Três raias, modelo de, 81–82, 161–164
Três raias, modelo de, 81–83, 162–164
3C, análise (*Challenge* [Desafio]–Causa–Contramedida), 192–193

3H, equipes, 14, 132, 180, 193
   mentalidades, 78, 89, 91–92
Two-in-a-Box, gestão, 130

U
Uber, 171

V
Valor, espaços de, *62*, 66

Valor, fluxos de, *45*, 46, 64
Valor, métricas de, 95–96
Viabilidade, *91*, 93, 139

W
White Label, 173

Z
Zebra, gestão, 48, 54